全国财政职业教育教学指导委员会审定
全国高职高专院校电子商务专业规划教材

国际商法

（第二版）

刘艳华　郎晓瑛　主　编
韩　旭　李玉静　副主编

中国财政经济出版社

图书在版编目（CIP）数据

国际商法／刘艳华，郎晓瑛主编. —2版. —北京：中国财政经济出版社，2011.9
全国高职高专院校国际贸易专业规划教材
ISBN 978－7－5095－3077－1

Ⅰ.①国… Ⅱ.①刘…②郎… Ⅲ.①国际商法－高等职业教育－教材 Ⅳ.①D996.1

中国版本图书馆 CIP 数据核字（2011）第 175964 号

责任编辑：张　铮　　　　责任校对：张全录
封面设计：大盟文化　　　版式设计：董生平

中国财政经济出版社 出版
URL：http://www.cfeph.cn
E－mail：cfeph@cfeph.cn
（版权所有　翻印必究）
社址：北京市海淀区阜成路甲28号　邮政编码：100142
营销中心电话：010－88190406　北京财经书店电话：010－64033436
北京财经印刷厂印刷　　各地新华书店经销
787×1092毫米　16开　14印张　289 000字
2011年9月第2版　2011年9月北京第1次印刷
定价：27.00元
ISBN 978－7－5095－3077－1/D·0148
（图书出现印装问题，本社负责调换）
本社质量投诉电话：010－88190744

编委会名单

主　任　李乃君　姚钟华　宫相荣

编　委　（排名不分先后）

　　　　　贺存乡　孟凡明　张君斐　鲁鸿雁　钱琳伊

　　　　　李　富　王锡耀　马诗琴　徐　冉　谢厚华

　　　　　张　莉　毛卫娟　叶卫玲　刘艳华　郎晓瑛

　　　　　张法坤

序

我国对外贸易迅猛发展，贸易增长速度超过了世界上其他任何一个发展中国家，成为继欧盟和美国之后的第三大贸易实体。随着对外贸易的不断扩大，我国外贸行业人才短缺"瓶颈"凸显，各类外贸企业急需大量熟悉外贸业务的复合型、应用型、技能型人才。

近年来，随着我国高等职业教育的迅速发展，高职院校外贸类专业已经为外贸行业输送了一批又一批具有一定理论知识和实践操作能力的专业人员，在一定程度上缓解了外贸企业的人才需求压力。然而，作为承担为企业培养生产、管理、服务第一线人才的高职院校，在探索和培养合格"职业人"的过程中，设置什么样的课程，使用什么样的教材，一直备受关注。国务院《关于大力发展职业教育的决定》中指出：要"实施国家技能型人才培养培训工程，加快生产、服务一线急需的技能型人才的培养，特别是现代制造业、现代服务业紧缺的高素质高技能专门人才的培养"；要"针对高等职业院校学生特点，培养学生的社会适应性，教育学生树立终身学习的理念，提高学习能力，学会交流沟通和团队协作，提高学生的实践能力、创造能力、就业能力和创业能力"。该决定还特别指出：要"加大课程建设与改革的力度，增强学生的职业能力；加强教材建设，开发紧密结合生产实际的实训教材，让优质教材进课堂"。

目前我国高等职业教育的特点是：第一，我国高等职业教育发展迅猛，社会对高素质技能型人才需求旺盛。第二，职业教育办学思想已从计划培养向市场驱动转变，从政府直接管理向宏观引导转变，从传统的升学导向向就业导向转变，明确了"坚持以服务为宗旨，以就业为导向"的职业教育办学方针，提出了"职业教育教学与生产实践、技术推广、社会服务紧密结合"的具体要求。第三，高职学生应具备的主要能力为交流沟通的能力、实践的能力、就业和创业的能力、创造的能力和继续学习的能力。

我们认为，高职教育的教材要彻底改变以往的学科式、压缩饼干式、面面俱到式、平分秋色式的教学方式，要面向生产、建设、服务和管理第一线需要，努力开发体现产学结合、工学交替、融教学为一体的教材。为此，我们组织高等职业技术学院第一线具有创新理念和丰富教学经验的教师，在充分调研的基础上，结合目前各高等职业技术学院教改、教研的实际情况，围绕教育部［2006］16号文件精神，编写了此套高职高专国际贸易专业系列教材。在教材的编写过程中，既考虑到教材体系的完整性和科学性，又考虑到高职教育自身的特点，突出教材的实务性和实操性，按照"理论够用，重实践操作"的编写思路，尽量减少对概念和原理的深入阐述，并且教材各单元模块的设计充分体现了本教材"面向岗位、面向流程"的特点。

本套教材的编写特色是：

1. 职业性、实践性和开放性。本套教材汲取了大量国内外本专业教材的特点与精华，在突出高职教育特色上下功夫，注重培养学生的实践能力。专业基础知识贯彻"实用为主、够用为度"的教学原则，采用广而不深、点到为止的教学方法，强调"学一点、会一点、用一点"，不把知识作为一门学问来学，而是作为一门技艺来学；不强调打下厚实的理论知识基础，而是突出实际技能的培养。

2. 模块式、教案化和流程化。本套教材采用模块式的编写思路，每个模块既是教材的有机组成部分，又是相对完整、独立的教学单位，具有一定的可剪裁性和拼接性。教材可根据不同的教学对象或不同专业的培养目标将内容模块裁剪、拼接，使前后课程互相衔接，不但避免了重复讲述造成的时间浪费，而且也杜绝了因教师个体在表述上的偏差，给学生的学习带来不必要的障碍。同时，所有模块的活动设计流程化，以期最大限度地减轻教师备课、查询资料及设计活动的负担。

3. 任务驱动、项目导向。本套教材注重课程设计，强调教学内容的操作性，把教学目标进一步细化为知识目标和技能目标，并对教与学提出了具体的要求，让教师和学生在教与学的过程中做到心中有数；体现"工学结合"理念，根据职业岗位（群）操作流程来选择并设计内容；学生在模拟具体的国际贸易实务中由浅入深、反复操练，达到记忆深刻、上手快的目的，能迅速适应工作岗位的要求。

本套教材适用于高等职业技术学院、高等专科学校、成人高校、民办高校、各级各类继续教育学院国际贸易专业使用，也可作为外贸从业人员自学进修、专业技能考试和国家相关证书考试的教学参考用书。本套教材是对高素质技能型人才培养适用教材编写进行的探索和尝试，难免存在疏漏，还需不断完善，但所秉承的理念和知识体系、结构及内容，相信会对我国的高职高专教育发展起到积极的推动作用，也希望得到高职院校广大师生的认可和赞同。

全国高职高专院校国际贸易专业规划教材
编 审 委 员 会
2011 年 5 月

编写说明

国际商法作为一门正在兴起的法律学科，是国际法学的一个重要组成部分，是高等院校法学、国际经济与贸易、经济管理学、国际商务等专业的必修课程。为满足我国高等院校相关专业国际商法课程教学以及对外经济与贸易实际工作的需要，特别是考虑到 WTO 法律规则对国际商务活动的重要影响，我们在深刻领会教育部教高［2006］16 号文件，即《关于全面提高高等职业教育教学质量的若干意见》精神的情况下，在深入调研职业院校学生就业需要和社会需求之后我们编写了这本《国际商法》教材。

鉴于国际商法的抽象性、复杂性和技术性的特点，我们在教材编写过程中力求贯彻如下精神：

1. 内容体系上的"全"。本教材的内容包括国际商法概述、商事组织法、国际商事代理法、国际商事合同法、国际货物买卖法、国际服务贸易法、国际产品责任法、国际知识产权法、国际票据法、国际商事救济法等。确保了国际商法体系的完整性，可以更好地适应不同专业的需要。

2. 内容发展上的"新"。本教材编著者根据多年从事国际商法教学研究的实践，在借鉴国内众多国际商法教材与论著的基础上，力求充分吸收国际商法理论研究与实务发展的最新成果，故本教材引用的资料一般截至 2008 年 5 月，反映了当前国内外商法领域的最新立法、司法的理论研究成果。

3. 内容表述上的"简"。本教材力求用简明的语言阐述国际商法的基本原理，克服晦涩难懂的缺陷。特别是在案例的选取上，力求简洁、通俗、直观，提高可阅读性，也可适应不同基础者学习国际商法的需要。

4. 内容应用上的"实"。本教材注重实际、实践和实用，在编写中尽量契合应用型人才培养对国际商法知识与技能的要求，既阐述了国际商法基本理论，又特别侧重实务知识与操作技能的训练，安排了案例分析、练习与思考。因此，本书既可以作为高等职业技术学院、高等专科学校、成人高校、民办高校法学类、对外经济与贸易专业及其他财经类专业的教材，也可以作为各类国际商务与法律培训的读物，或外贸实务工作者的参考资料。

本书出版以来，受到广大读者的欢迎与好评。同时，也指出了书中的某些不足。此次修订，我们吸取了使用院校的合理化建议，并对教材中的疏漏进行了订正。本次修订由刘艳华（白城职业技术学院）和郎晓瑛（白城市行政学院）担任主编，韩旭（嘉兴职业技术学院）、刘琪（安徽财贸职业学院）和李玉静（吉林省委党校）担任副主编，全书最后由刘艳华和郎晓瑛进行了修改和总纂。具体编写分工如下：第一章和第二章由郎晓瑛执笔；第三章和第八章由李玉静执笔;第四章由刘艳华执笔;第五章由韩旭执笔;第六章和第七章由刘琪执笔;第九章由黄海燕执笔;第十章由周蕴芝执笔。

本书在编写过程中,参考了大量的论文、著作、教材等,鉴于本书的教材性质,引注可能挂一漏万,在此向广大专家学者表示衷心感谢。本书难免存在疏漏和不足,敬请读者批评指正。

编 者
2011 年 7 月

目 录

第一章　国际商法概述 …………………………………………………………（1）
　第一节　国际商法的概念 ………………………………………………………（2）
　第二节　两大法系与国际商法 …………………………………………………（6）
　第三节　中国现代商事立法的产生和发展 ……………………………………（9）
　第四节　世界贸易组织（WTO）及其基本法律原则 ………………………（10）
　思考练习题 ……………………………………………………………………（14）

第二章　国际商事组织法 ……………………………………………………（16）
　第一节　国际商事组织法概述 ………………………………………………（17）
　第二节　个人独资企业 ………………………………………………………（17）
　第三节　合伙企业 ……………………………………………………………（21）
　第四节　公司 …………………………………………………………………（26）
　思考练习题 ……………………………………………………………………（35）

第三章　国际商事代理法 ……………………………………………………（39）
　第一节　国际商事代理法律制度概述 ………………………………………（40）
　第二节　代理法律关系 ………………………………………………………（46）
　第三节　承担特别责任的代理人 ……………………………………………（49）
　第四节　代理制度的国际统一立法 …………………………………………（51）
　思考练习题 ……………………………………………………………………（54）

第四章　国际商事合同法 ……………………………………………………（57）
　第一节　合同法概述 …………………………………………………………（58）
　第二节　合同的成立 …………………………………………………………（60）
　第三节　合同的履行 …………………………………………………………（71）
　第四节　合同的变更与转让 …………………………………………………（74）
　第五节　合同的消灭 …………………………………………………………（75）
　第六节　违约责任与救济方法 ………………………………………………（77）
　思考练习题 ……………………………………………………………………（85）

第五章　国际货物买卖法 (88)
- 第一节　国际货物买卖法概述 (89)
- 第二节　国际货物买卖合同 (95)
- 第三节　国际货物买卖合同中买卖双方的义务 (97)
- 第四节　违约及违约的救济方法 (99)
- 第五节　货物所有权与风险的转移 (102)
- 第六节　国际电子商务合同 (104)
- 思考练习题 (108)

第六章　国际服务贸易法 (110)
- 第一节　国际服务贸易法概述 (111)
- 第二节　《服务贸易总协定》 (113)
- 思考练习题 (118)

第七章　国际产品责任法 (121)
- 第一节　产品责任概述 (122)
- 第二节　美国的产品责任法 (123)
- 第三节　欧盟产品责任指令的主要内容 (128)
- 第四节　《关于产品责任的法律适用公约》的主要内容 (130)
- 第五节　中国的产品责任法 (131)
- 思考练习题 (133)

第八章　国际知识产权法 (135)
- 第一节　知识产权法概述 (136)
- 第二节　中国的知识产权法律制度 (138)
- 第三节　《保护工业产权巴黎公约》 (146)
- 第四节　《商标国际注册马德里协定》 (148)
- 第五节　《与贸易有关的知识产权协定》 (149)
- 思考练习题 (153)

第九章　国际票据法 (155)
- 第一节　票据法概述 (156)
- 第二节　汇票 (165)
- 第三节　本票 (170)
- 第四节　支票 (172)
- 思考练习题 (174)

第十章　国际商事救济法律制度 (176)

第一节　国际商事救济概述 ……………………………………………… (177)
第二节　国际商事仲裁 …………………………………………………… (178)
第三节　国际商事诉讼 …………………………………………………… (183)
第四节　WTO 国际贸易争端解决办法 …………………………………… (186)
思考练习题 ………………………………………………………………… (188)

附　　录 ………………………………………………………………… (191)
　　附一　联合国国际货物销售合同公约 ………………………………… (191)
　　附二　外商代理协议样本 ……………………………………………… (207)
　　附三　国际货物贸易合同 ……………………………………………… (211)

主要参考文献 …………………………………………………………… (212)

第一章
国际商法概述

【知识目标】

- 知晓商法的概念和特征、我国的商事立法、WTO 的主要协议和协定
- 掌握国际商法的概念、渊源、两大法系的特点、WTO 的基本规则

【技能目标】

- 熟悉国际商法的概念、渊源
- 熟练掌握 WTO 的基本规则

 案例导读

中国光大公司与美国戴尔公司签订进口特种钢的合同。合同规定装运期为 2006 年 11 月,价格条款为 CIF 天津 1000 美元/吨。合同订立之后,光大公司开出信用证,规定最晚装船期为 2006 年 11 月 30 日。11 月 27 日,正当戴尔公司租的船舶要进港装运时,突遇飓风袭击,船舶紧急到临近港口避难。戴尔公司通知光大公司,因发生飓风,交货要延迟几天;随后提交了当地公证机关出具的不可抗力证明。由于市价下跌,光大公司接到通知后立即向戴尔公司发出通知,要求解除合同。戴尔公司坚持将货物运到天津。12 月 10 日货到目的港,光大公司拒收货物。戴尔公司以 800 美元/吨的价格将货物转卖,并向仲裁机构提起仲裁。买方拒收货物是否符合规定?买卖双方的权利义务是什么?买方可以索赔损失吗?卖方有理由抗辩吗?

回答和解决这些问题需要国际商法知识。

第一节 国际商法的概念

一、商法的概念和特征

（一）商法的概念

商法是调整商事关系的法律规范的总和。它不仅存在于商法典中，也存在于其他有关商事的法律、法规之中。在市场经济条件下，由于商事关系的存在，必须有对其进行调整的商法。

商法的调整对象是商事关系。商事关系具有如下特点：

1. **商事关系是平等的商事主体之间的社会经济关系**。在社会生活中，社会经济关系的主体多种多样，但无非是两种主体，即私法上的主体和公法上的主体。商事主体是私法上的主体。商事关系只能发生在平等的商事主体之间。

2. **商事关系是商事主体基于营利动机而建立的**。营利是为了谋取超出资本的利益并将其分配于投资者的行为。商事关系种类繁多，但任何一种商事关系都反映着商事主体的营利动机。商事关系只可能在商事主体为了实现营利目的之中建立。

3. **商事关系仅发生在持续的营业之中**。商事活动可以随时发生，其中相当多数的商事活动是偶尔发生的，它并不表现为持续性，因而不会产生商事关系。有些商事活动是反复进行的，它已成为商事主体的一种营业，商事关系就发生在这种营业之中，其中，大多发生在企业经营中。

（二）商法的特征

1. **商法的私法性与公法性**。商法本质上属于私法，对于其所调整的私人关系主要采用自由主义。虽然现代商法以私法规定为中心，但为了保障其私法之规定的实现，又多采取强制干涉主义，从而导致了商事法的公法化倾向。

2. **商法的国内性与国际性**。商法属于国内法范畴。但随着国际贸易的发展，逐渐形成了一些普遍接受的贸易惯例和习惯做法。商法的国际性在各种商事法律中都有不同程度的体现，在海商法、票据法等领域中尤为明显。

3. **商法的实体性和程序性**。商法是实体法，但同时具有非常强烈的程序性。商法中的程序性规范有诉讼程序规范和非诉讼程序规范之分。商法最为典型的诉讼程序规范有：一是破产程序（Bankruptcy Procedure），即在破产法中相当多的内容都是关于司法程序上的规定，如破产宣告、债权人会议、破产清算以及破产和解、破产整顿等；二是公司法中的股东派生诉讼（Shareholder Derivative Litigation），即股东间接诉讼或股东代表诉讼，是指当公司利益受到不法侵害时由股东代表公司提起的诉讼；三是证券集团诉讼（Class Action），在证券欺诈所引起的民事损害赔偿诉讼的原告往往人数众多，所以往往采取集团诉讼的方式，而证券法通常会对这种集团诉讼程序予以专门规定。

提示

商法中的非诉讼程序规范随处可见。例如，公司法中的公司设立程序、股东会议程序、董事会议程序、分立与合并程序、解散与清算程序等；证券法中的证券发行与交易程序等；票据法中的票据承兑程序、付款程序、行使追索权程序，以及票据遗失后的挂失止付程序等；保险法中的索赔与理赔程序等；商业银行法中的各种银行业务的办理程序，如银行贷款程序、结算程序以及客户账户的查询、冻结、扣划程序等。

在商法中，实体规范与程序规范并重，几乎每一个实体权利都会有相应的程序规范，其目的在于确保当事人权利的实现。

二、国际商法的概念及其调整对象

（一）国际商法的概念

国际商法（International Commercial Law or International Business Law）**是指调整国际商事交易和国际商事组织的各种法律规范的总称**。国际商法既不同于国际经济法，也不同于国际私法，是法学体系中一门新兴的独立学科。关于国际商法的概念，我们可以从下列四个方面来理解：

1. "国际"的含义。国际商法中的"国际"不能理解为"国家与国家之间"的含义，而是指"跨越国界"的含义。在国际上从事国际商事交易的主体基本上是公司、企业等商事组织，特别是跨国公司，而不是国家，它们之间的交易属于不同国家的商事组织之间的交易，而不是不同国家之间的交易。因此，国际商法又被称为跨越国界的商法。

2. 调整范围的界定。国际商事交易活动是国际商法的主要调整对象。传统的国际商法是以有形商品的买卖为主而形成的体系，但伴随着当今国际经济交往的不断拓宽，出现了各种无形商品的交易关系，也产生了许多新型的国际商事交易方式。

3. 法律主体的范围。国际商事组织是参与国际商事活动的主体，主要包括各类非法人组织与法人组织。从国际商事活动的交易主体与交易内容上分析，表明国际商法具有很明显的私法性质，国际商法的这一特性与带有明显公法性质的国际经济法存在着明显的区别。

4. 法律规范的性质。国际商法主要是实体法。国际商法直接规范国际商事交易和国际商事组织，国际商法的这一特性与国际私法的冲突法性质具有明显的区别。

（二）国际商法的调整对象

国际商法是调整国际商事关系的。国际商法的调整对象主要包括以下三个部分：

1. **国际商事主体关系**。这类法律规范包括公司法和各类企业法，这类法律规范主要涉及国际商事主体的类型、特征、形式与破产等内容。

2. **国际商事交易关系**。这类法律规范包括代理法、合同法、国际货物买卖法、国际货物运输法、国际货物运输保险法、国际商品责任法等。

3. **国际商事救济关系**。这类法律规范包括国际商事诉讼法与国际商事仲裁法等。

三、国际商法的渊源

国际商法的渊源是指具有约束力的国际商事法律规范的各种表现形式,包括国际渊源和国内渊源。国际商法的国际渊源包括国际商事条约、国际商事惯例;国际商法的国内渊源是指各国的国内商事立法。

(一) 国际商事条约

国际商事条约是作为国际商事主体的国家和国际组织缔结的关于确立、变更或终止其相互间国际商事关系的国际书面协议。就国际条约对缔约方的法律约束力而言,可分为国际双边条约和国际多边条约。

目前,世界上有许多有效的国际商事条约,为国际商事主体从事国际商事交易活动提供了一般的国际商事准则,主要有如下几类:

1. 调整最广泛的国际商事关系的最主要的国际商事公约。1994年4月15日由104个国家的政府代表签署的《关于建立世界贸易组织协定》,宣告以世界贸易组织替代关税与贸易总协定,扩大了世界各国的商事领域,使世界经济贸易进一步走向国际化。

2. 调整国际货物贸易关系的国际商事条约。主要有:1964年的《关于国际货物买卖合同成立统一法公约》、1964年的《国际货物买卖统一法公约》、1974年的《国际货物买卖时效期限公约》、1980年的《联合国国际货物买卖合同公约》、1980年的《建立商品共同基金协定》、1983年的《商品名称及编码协调制度的国际公约》、1984年的《设立国际纺织品和服装局的安排》等。

3. 调整国际票据关系的国际商事条约。主要有:1930年的《关于本票、汇票的日内瓦公约》、1931年的《关于支票的日内瓦公约》、1988年的《联合国国际汇票和国际本票公约》等。

4. 调整国际投资关系的国际商事条约。主要有:1965年的《关于解决国家与他国国民之间投资争议公约》,1985年的《多边投资担保机构公约》等。

5. 调整国际海商关系的国际商事条约。主要有:1924年的《统一提单的若干法律规定的国际公约》(《海牙规则》),1968年的《关于修改海牙规则的议定书》(《维斯比规则》)、1978年的《联合国海上货物运输公约》(《汉堡规则》)等。

6. 调整国际运输关系的国际商事条约。主要有:1929年的《统一国际航空运输某些规则的公约》(《华沙公约》)、1890年的《关于国际铁路货物运送规则的伯尔尼公约》(《国际货约》)、1951年的《国际铁路货物联运协定》(《国际货协》)、1980年的《联合国国际货物多式联运公约》等。

7. 调整国际知识产权关系的国际商事条约。主要有:1883年的《保护工业产权的巴黎公约》、1886年的《保护文学艺术作品伯尔尼公约》、1891年的《商标国际注册马德里协定》、1952年的《世界版权公约》、1967年的《成立世界知

> **注意:**
> 双边国际商事条约和数个国际商事主体缔结的多边国际商事条约仅对缔约方有法律约束力;多数国际商事主体,特别是世界上绝大多数国际商事主体缔结的多边国际商事条约,即国际商事公约,则具有普遍的法律约束力。

识产权组织的公约》、1970年的《国际专利合作条约》、1973年的《商标注册条约》、1989年的《集成电路知识产权条约》等。

8. 关于国际商事争端解决方法的国际条约。主要有：1905年的《国际民事诉讼程序公约》、1958年的《关于承认与执行外国仲裁裁决公约》、1965年的《民事及商事司法文件和非司法文件在国外送达与通知的公约》、1976年的《联合国国际贸易法委员会仲裁规则》等。

（二）国际商事惯例

国际商事惯例是在国际商事交易活动中，经过国际商事主体长期不断的实践和频繁运用而逐渐形成的不成文的习惯性行为规范。国际惯例（International Custom）是国际商法的另一个重要渊源。《国际法院规约》（Statute of the International Court of Justice）第38条规定，法院适用法律时对"国际惯例"的解释是：作为通例之证明而经接受为法律者。国际商事惯例也称国际贸易惯例，是指具有相对确定的内容、对当事人不具有当然约束力、但在一定领域内为大家所普遍遵循的商事性规范。

关于国际贸易惯例，《联合国国际货物买卖合同公约》第9条第2款指出："在国际贸易上，已为有关特定贸易所涉合同的当事人所广泛知道并为他们所经常遵守。"

国际商事惯例的发展是一个循序渐进的过程。一般而言，某一特定领域内的惯例由习惯形成，而习惯又来源于一般做法。国际商事惯例在过去曾有成文的，也有不成文的；而在现代社会，国际商事惯例几乎都是成文的。

 提示

一般认为，国际商事惯例应具备以下三个条件：

1. 具有确定的商事内容，即包括了确定参加国际商事活动的当事人权利和义务的规则。
2. 已成为国际商事活动中反复使用的习惯。
3. 是各国普遍承认具有拘束力的通例。

国际商事惯例的表现形式多种多样，主要包括示范法、统一惯例、统一规则、标准合同等。成文的国际商事惯例一般由非政府间国际组织制定。目前，国际上通行的成文的国际商事惯例有：国际商会于1930年拟订、1993年第六次修订的《跟单信用证统一惯例》，国际法协会1932制定的《华沙——牛津规则》，国际商会于1936年制定、2000年第六次修订的《国际贸易术语解释通则》，国际商会于1958年拟订、1978年修订的《托收统一规则》等。

第二节 两大法系与国际商法

一、法系的概念及划分

法系是在对各国法律制度的现状和历史渊源进行比较研究的过程中形成的概念。当代世界主要法系有两个：大陆法系、英美法系。其他的法系还有伊斯兰法系、印度法系、中华法系、犹太法系、非洲法系等。对资本主义法影响最大的是大陆法系和英美法系。

（一）大陆法系

大陆法系，又称罗马法系、罗马—日耳曼法系、民法法系、成文法系、法典法系，是世界上历史最长、影响最大、包罗国家最多的一个法系，是指欧洲大陆大部分国家从19世纪初以罗马法为基础建立起来的、以1804年的《法国民法典》和1900年的《德国民法典》为代表的法律制度，以及仿效这种法律制度的其他国家或地区的法律制度的总称。

大陆法系所分布的国家和地区的数量是世界最多的。以法国、德国为代表的欧洲大陆国家，包括比利时、意大利、荷兰、瑞士、西班牙、葡萄牙、奥地利、匈牙利等国，以及曾是法国、西班牙、荷兰、葡萄牙四国殖民地的国家和地区，包括拉丁美洲大部分国家，非洲的埃及、刚果、阿尔及利亚、摩洛哥、扎伊尔、索马里等国，还有亚洲的日本、泰国、土耳其、韩国及我国台湾地区，都属于大陆法系。另外，加拿大魁北克省、美国的路易斯安那州也属于大陆法系。

（二）英美法系

英美法系又称普通法系、英国法系、海洋法系或判例法系，是世界第二大法系。英美法系是指英国从11世纪起主要以源于日耳曼习惯的普通法为基础逐渐形成的一种独特的法律制度，以及仿效英国的其他一些国家和地区的法律制度的总称。

英美法系分布范围极为广泛，绝大多数以英语为官方语言的国家都属于英美法系，其中包括英国（苏格兰除外）、美国（路易斯安那州除外）、爱尔兰，以及曾作为英国殖民地、附属国的许多国家和地区，如加拿大（魁北克省除外）、澳大利亚、新西兰，亚洲的印度、巴基斯坦、孟加拉、缅甸、马来西亚、新加坡以及非洲的苏丹和拉丁美洲的一些英语国家。据有关资料统计，目前世界有近33%的人口在属于英美法系或深受英美法系影响的国家和地区。

二、大陆法系和英美法系的特点

（一）大陆法系的特点

1. 全面继承罗马法。吸收了许多罗马私法的原则、制度，如赋予某些人的集合体以特定的权利能力和行为能力；所有权的绝对性，取得财产的各种方法，某人享有他人所有物的某些权利；侵权行为与契约制度；遗嘱继承与法定继承相结合制度等。还接受了罗马法学家的整套技术方法，如公法与私法的划分，人法、物法、诉讼法的私法体系，物权与债权的分类，所有与占有、使用、收益权，地役权以及思维、推理的方式。

2. 实行法典化，法律规范的抽象化、概括化。

3. 明确立法与司法的分工，强调制定法的权威，一般不承认法官的造法功能。

4. 法学在推动法律发展中起着重要作用。法学创立了法典编纂和立法的理论基础，如自然法理论、分权学说、民族国家理论等，使法律适应社会发展需要的任务由法学家来完成。

（二）英美法系的特点

1. 在法律的思维方式和运作方式上，英美法系运用的是区别技术。这一方法的模式可以归纳为：（1）运用归纳方法对前例中的法律事实进行归纳；（2）运用归纳方法对待判案例的法律事实进行归纳；（3）将两个案例中的法律事实划分为实质性事实和非实质性事实；（4）运用比较的方法分析两个案例中的实质性事实是否相同或相似；（5）找出前例中所包含的规则或原则；（6）如果两个案例中的实质性要件相同或相似，则根据遵循先例的原则，前例中包含的规则或原则可以适用于待判案例。

2. 在法律的形式上，判例法占有重要地位。从传统上讲，英美法系的判例法占主导地位。判例法一般是指高级法院的判决中所确立的法律原则或规则。这种原则或规则对以后的判决具有约束力或影响力。除了判例法之外，英美法系国家还有一定数量的制定法，但和大陆法系比较起来，它的制定法和法典很少，而且对法律制度的影响远没有判例法大。各国受英国法的影响，法律渊源一般都分为普通法、衡平法和制定法，其中判例法地位很高。

3. 在法律的分类方面，英美法系没有严格的部门法概念，即没有系统性、逻辑性很强的法律分类，它们的法律分类比较偏重实用。其原因有以下几点：第一，英美法系十分重视令状和诉讼的形式。第二，英美法系重判例法，而反对法典编纂；判例法偏重实践经验，而忽视抽象的概括和理论探讨。第三，在英美法系的发展过程中，起主要推动作用的是法官和律师。

与大陆法系相比，英美法系多采用不成文法，尤其是判例法，强调"遵循先例"；审判中采取当事人主义和陪审团制度，极端注重司法程序；法律制度和法学理论的发展往往依赖于司法实务人员（尤其是高等法院法官）的推动。英美法系的立法精神在于：除非某一项目的法例因为客观环境的需要或为了解决争议而需要以成文法制定，否则，只要根据当地过去对于该项目的习惯而评定谁是谁非。目前美国国内虽然制定了多部法典，但是多不像大陆法系国家一样具有官方效力，往往是民间组织自行订立，供各州参考。简单地说，大陆是习惯法，是刚硬的法；英美法是判例法，弹性较大。

注意：

在对待先例的问题上有三种做法：一是遵循先例，一般来讲，下级法院应当遵循上级法院的判例，上诉法院还要遵循自己以前的判例。二是推翻先例，在美国的联邦最高法院和各州最高法院有权推翻自己以前的判决。三是避开先例，主要适用于下级法院不愿适用某一先例但又不愿公开推翻它时，可以以前后两个案例在实质性事实上存在区别为由而避开这一先例。

三、普通法和衡平法

（一）普通法（Common Law）

普通法最早是指英国12世纪左右开始形成的一种以判例形式出现的适用于全国的法律。从1066年诺曼底公爵威廉征服英国以后，英国的法律制度随之发生重大变化。诺曼人为了维护从撒克逊贵族那里夺来的土地，镇压农民的反抗，不得不加强王权，实行中央集权制，由亲信顾问组成御前会议（一译御前库里亚或王国法院），协助国王统治全国行政、司法和财务等事务。征服者威廉为了缓和同撒克逊人的矛盾，继续保留地方自治权和日耳曼人的习惯法，但同时又从御前会议派出国库专员监督地方政权、巡回征税和审理涉及税务的诉讼。亨利二世（1154—1189年在位）在位时，实行司法改革，扩大上述专员的审判权，并在这些专员的基础上建立中央巡回法院，进一步削弱各地封建领主的司法审判权；同时废除神明裁判和决斗，吸收骑士和富裕农民为陪审官，参加某些审判活动。被委派定期到各地巡回审判的专员，即法官，在办案时，除依据国王诏书敕令外，主要是依据日耳曼人的习惯法和地方习惯。凡是他们认为正确、合理，并与国王的立法不相抵触的习惯和惯例，便被确认为判决的依据。他们经常聚集在中央所在地威斯敏斯特交换意见，彼此认可各自的判决。这样，一些被引为依据的习惯便成了以判例法形式出现的普通法。英国的这种判例法之所以又叫普通法，就是因为它已不同于以往的地方习惯，它是国家确认的、通行于全国的法律。所谓普通是相对于特殊而言，具有"共同"、"普遍"、"通行于全国"的意思。

（二）衡平法

衡平法是英国自14世纪末开始与普通法平行发展的、适用于民事案件的一种法律，是英美法系中法的渊源之一。14世纪以前，按照英国的普通法制度，当事人在普通法法院提起诉讼，须先向大法官申请以国王的名义发出的令状。令状载明诉讼的条件和类别，法官只能在令状的范围内进行审判。但是令状的种类和范围都有限，因此，许多争议往往由于无适当令状可资依据，而无法在普通法法院提起诉讼。同时，有的讼案即使在普通法法院审理，也由于普通法规定的刻板和救济方式的有限而难以获得"公允"的解决。还有，普通法对于违反契约或侵权行为的诉讼，只能判处损害赔偿或准予恢复动产与不动产，不能颁发执行令，强制履行契约；也不能颁布禁止令，防止重大不法行为的发生等。遇到上述情况，当事人为保护自己的权益，根据古老的习惯，可向国王提出请愿，通过王权进行直接干预，开始通常是委托大法官根据国王的"公平正义"原则来审理；1349年起，允许原告人直接向大法官提出申请，由大法官审理。15世纪末又进一步设立衡平法院，专门负责审理衡平案件。大法官和衡平法院在处理这类案件时，采用"遵循先例"的原则，其判例逐渐形成一整套独特的衡平法的基本原则或准则，如"衡平法决不许可过失者得以逍遥法外"、"求助于衡平者须自身清白"等。

同普通法相比较，衡平法的诉讼程序比较简单，不设陪审团，一般采用书面形式审理，判决由衡平法院直接负责执行，违抗者以蔑视法庭论处，重者可下

提示：

从普通法的这一最初含义出发，又引申出其他四种含义：

（1）与制定法相对而言，普通法是指判例法；（2）与衡平法相对而言，是指上述普通法法院的判例；（3）与大陆法系相对而言，是指英美法（见英美法系）；（4）与教会法相对而言，是指世俗政权或法庭发布的法律。

狱。这样，在民事案件中便形成了两种法律、两种法院、两种诉讼程序。尽管"衡平法遵从法律"，不得有意推翻普通法，只是补充普通法，但衡平法院毕竟拥有干预普通法院审判的手段，特别是执行令和禁止令。如原告在普通法院控诉被告，被告可以以这种控诉违背衡平原则为由向衡平法院请愿。衡平法院可以借此向原告发出禁止令，使原告放弃起诉，其结果往往引起两种法院之间的对立。19世纪，随着工商业经济的发展，社会矛盾的加剧，这种繁琐复杂而又不时发生对立的双轨法制已明显不能适应统治者的需要。为简化司法制度，议会于1873年通过《最高法院审判法》，于1875年生效，对英国的司法机构作了重大改革，废除了普通法法院和衡平法法院之分，建立起单一的法院体系，统一适用普通法和衡平法，并明确在普通法规则和衡平法规则发生抵触或不一致时，以衡平法规则为准。

第三节 中国现代商事立法的产生和发展

一、新中国民商法简介

1949年新中国成立后，国家废除了旧中国的一切法律法规，逐步建立起社会主义的法律体系。但由于当时我国实行高度集中的计划经济体制，国家主要通过计划调拨方式对社会物质产品进行分配和调节，我国社会主义民商法的产生和发展缺少良好的商品经济环境。党的十一届三中全会标志着我国进入了改革与开放的新时期。1979—1988年，我国先后通过的《中外合资经营企业法》、《外资企业法》和《中外合作经营企业法》，开创了新中国商事立法的先河。1981年颁布的《经济合同法》、1985年颁布的《涉外经济合同法》、1987年颁布的《技术合同法》及相关的一系列行政法规、地方法规及规章，标志着我国已经初步建立比较完备的商事合同法律制度。1982年8月通过的《商标法》、1984年3月颁布的《专利法》和1990年9月通过的《著作权法》，使我国知识产权法已经完备。

与我国发展社会主义商品经济和改革开放同步，1986年4月制定并颁布了《民法通则》。《民法通则》共9章，156条，主要调整平等主体的公民之间、法人之间、公民和法人之间的财产关系和人身关系。虽然《民法通则》还称不上一部完整的民法典，但它作为新中国第一部调整民事关系的基本法，是我国民商法发展史上的一座里程碑，具有划时代的意义。

党的十四大确立社会主义市场经济体制以来，我国已制定和颁布了大量的商事法律、法规。如1992年11月颁布的《海商法》，1993年12月颁布的《公司法》，1995年颁布的《票据法》、《保险法》、《商业银行法》，1997年颁布了《合伙企业法》，1999年8月通过了《个人独资企业法》，1998年4月施行了

提示：

《合同法》的通过实现了我国三部商事合同法律的统一，对完善市场交易规则、发展社会主义市场经济具有重要的意义。

《证券法》,1999年3月通过了《合同法》,2006年8月颁布《企业破产法》,2007年3月颁布《物权法》。至此,我国比较完备的商事法律制度已初步形成。

二、中国商法的构成

目前,我国商法主要由规范商事主体和商事交易的八种法律规范构成,即商业登记法、公司法、合同法、票据法、保险法、海商法、破产法、证券法和知识产权法。这些法律规范的对象如下:

1. 商业登记法:主要规范商业登记的内容、条件与程序。
2. 公司法:主要规范公司的设立、组织机构、股份的发行与转让、公司债券、公司财务会计、公司的合并与分立、公司的破产、解散和清算、外国公司的机构以及法律责任。
3. 合同法:主要规范合同的订立、效力、履行、变更和转让、终止及违约责任和十几种具体类型的有名合同。
4. 票据法:主要规范票据的种类、形式和内容、票据的出票、背书、承兑、保证、付款、追索权、涉外票据的法律适用以及法律责任。
5. 保险法:主要规范保险合同、保险公司、保险经营规则、保险代理人和保险经纪人以及法律责任。
6. 海商法:主要规范船舶、船员、海上运输合同、船舶的租用合同、船舶的碰撞、海难救助、共同海损、海上赔偿责任限制、海上保险合同及涉外关系的法律适用。
7. 破产法:主要规范破产条件和破产程序。
8. 证券法:主要规范证券的发行和交易活动。
9. 知识产权法:主要规范知识产权的取得、使用和保护。

第四节 世界贸易组织(WTO)及其基本法律原则

WTO 是致力于监督世界贸易和使世界贸易自由化的国际组织。现有149个成员国,32个观察员。其前身为1947年创立的《关税及贸易总协定》。中国是关贸总协定的创始国之一。

一、WTO 的基本规则

WTO 的基本原则是在继承关税与贸易总协定(Genrealon Tariffs and Trade, GATT)基本原则的基础上,进行必要的补充和修改而来的。它们源自于1994年的关税与贸易总协定(GATT)、服务贸易总协定和历次多边贸易谈判所达成的一系列协议。最主要的几项原则如下:

1. **最惠国待遇原则**。最惠国待遇是指缔约一方现在和将来给予任何第三方的优惠，也给予所有缔约方。在国际贸易中，最惠国待遇是指签订双边或多边贸易协议的一方在贸易、关税、航运、公民法律地位等方面，给予任何第三方的减让、特权、优惠或豁免时，缔约另一方或其他缔约方也可以得到相同的待遇。

2. **国民待遇原则**。国民待遇是指在贸易条约或协议中，缔约方之间相互保证给予对方的自然人（公民）、法人（企业）和商船在本国境内享有与本国自然人、法人和商船同等的待遇。就是把外国的商品当作本国商品对待，把外国企业当作本国企业对待。其目的是为了公平竞争，防止歧视性保护，实现贸易自由化。

3. **无歧视待遇原则**。又叫无差别待遇原则，是WTO最重要的原则之一。它规定缔约方在实施某种限制或禁止措施时，不得对其他缔约方实施歧视待遇。无歧视待遇的原则要求每个缔约方在任何贸易活动中，都要给予其他缔约方以平等待遇，使所有缔约方能在同样的条件下进行贸易。

4. **互惠原则**。互惠是指两国或多国之间在贸易利益或特权方面的相互或相应让与。互惠原则体现在关税、运输、非关税壁垒方面削减和知识产权方面的相互保护等。

5. **关税减让原则**。关税和非关税措施是国家管制进出口贸易的两种常用方式。与名目繁多的非关税措施相比，关税的最大优点是它具有公开性和可计量性，能够清楚地反映关税对国内产业的保护程度。在WTO中，关税是唯一合法的保护方式。不断地降低关税是WTO最重要的原则之一。

6. **取消数量限制原则**。数量限制是非关税壁垒中最常用的方法，是政府惯用的手段，常被用来限制进出口数量。WTO倡导贸易自由化，主张取消任何非关税壁垒。数量限制的主要形式是：配额、进口许可、自动出口约束和禁止。

7. **透明度原则**。贸易自动化和稳定性是WTO的主要宗旨，而实现这一宗旨，有赖于增强贸易规章和政策措施的透明度。因此，WTO为各缔约方的贸易法律、规章、政策、决策和裁决规定了必须公开的透明度原则。其目的在于防止缔约方之间进行不公平的贸易。透明度原则已经成为各缔约方在货物贸易、技术贸易和服务贸易中应遵守的一项基本原则，它涉及到贸易的所有领域。

注意：

目前，关税的总体水平，发达国家大约在4%以下，发展中国家约为10%左右。

二、多边货物贸易主要协议

WTO有关货物贸易的多边协议主要包括：（1）1994年《关税与贸易总协定》。（2）农产品协议。（3）实施动植物卫生检疫措施的协议。（4）纺织品与服装协议。（5）技术性贸易壁垒协议。（6）与贸易有关的投资措施协议。（7）关于履行1994年《关税与贸易总协定》第六条的协议。（8）关于履行1994年《关税与贸易总协定》第七条的协议。（9）装运前检疫协议。（10）原产地规则协议。（11）进口许可程序协议。（12）补贴与反补贴措施协议。（13）保障措施协议。这些内容涉及关税与非关税各个方面，是货物贸易领域的重要多边规则。

三、服务贸易总协定（GATS）

《服务贸易总协定》是世界贸易组织第一次将国际服务贸易纳入多边贸易体制调整的范围，是经《关贸总协定》（GATT）乌拉圭回合多边贸易谈判达成的、历史上第一部管理全球服务贸易的、具有法律约束力的多边协议。GATS 对国际服务贸易的定义从四个方面作出了规定：（1）过境交付，即指从一参加方境内向任何其他参加方境内提供服务。（2）境外消费，即指在一参加方境内向任何其他参加方的服务消费者提供服务。（3）商业存在，即指一参加方在其他任何参加方境内通过提供服务的实体的介入而提供服务。（4）自然人流动，即指一参加方的自然人在其他任何参加方境内提供服务。

四、与贸易有关的知识产权协定

WTO 中的《与贸易有关的知识产权协定》（Agreement on Trade-Related Aspects of Intellectual Property Rights，TRIPS）是当前世界范围内知识产权保护领域中涉及面广、保护水平高、保护力度大、制约力强的一个国际公约。协议共 73 条，分为 7 个部分，即一般规定和基本原则，知识产权效力、范围和使用的标准，知识产权的执法，知识产权的取得、维持和相关程序，争端的防止和解决，过渡安排，机构安排，最后条款。其主要内容为：

1. 协议的基本原则。协议强调了国民待遇和最惠国待遇的原则。协议在此援引了《保护工业产权巴黎公约》、《保护文学艺术作品伯尔尼公约》等知识产权国际公约，称这些公约中的例外条款也适用于本协议。这可以说是本协议的一个特点，即建立在其他国际公约的基础之上，明确规定各成员依其他主要国际公约所承担的义务并不由于本协议的规定而受到减损。

2. 协议的适用范围。协议适用于版权和邻接权、商标、地理标志、工业品外观设计、专利、集成电路布图（拓扑图）设计、未披露过的信息的保护，以及对许可协议中反竞争行为的控制。

3. 知识产权的执法。协议要求，各成员应确保在其国内法中提供协议所规定的执法程序，以有效打击任何侵犯知识产权的行为，包括可迅速阻止侵权的救济措施和遏制进一步侵权的救济措施。但实施这些程序时，应避免对合法贸易造成障碍，并为防止其滥用而规定保障措施。协议除以上主要内容外，还要求在世贸组织协议于 1995 年 1 月 1 日生效后，发达国家应在一年内使其法律和做法符合知识产权协议的要求。

2003 年 8 月 30 日，世贸组织全体成员就修改与贸易有关的知识产权协定，就发生公共健康危机时，发展中国家和最不发达国家可对专利药品实行强制许可达成共识，作为临时性措施实施。2005 年 12 月 6 日通过将该修正纳入《与贸易有关的知识产权协定》的决定，以帮助发展中成员和最不发达成员解决公共健康问题。在世贸组织 2/3 的成员批准这项修正后，它将正式生效。世贸组织成员将各自立法机构批准该修正的最后期限设为 2007 年 12 月 1 日。

五、与贸易有关的投资措施协议

《与贸易有关的投资措施协议》的前言中明确指出,某些管辖投资待遇的措施会对贸易造成限制或扭曲。因此,协议规定任何成员不得实施违背《1994年关贸总协定》第3条国民待遇和第11条一般禁止使用数量限制的任何措施。《与贸易有关的投资措施协议》主要包括命令禁止措施、措施取消程序和例外三个方面。

1. 协议明文禁止的有关措施。

当地成分要求:即要求公司保持一定比例的当地来源;

贸易平衡要求:即依据公司出口的数量或价值对公司购买或使用的进口产品数量或价值加以规定;

进口用汇规定:即依据公司流入的外汇额对公司的进口量加以规定;

国内销售要求:即限制公司产品出口,不论其以下列何种方式表达:具体品种、产品数量或价值、在当地生产的产量或产值的一定比例。

2. 有关投资措施取消的程序性规定。

3. 例外规定。考虑到发展中国家,特别是最不发达国家在贸易、发展和金融方面的特殊要求,可以允许他们暂背离国民待遇和一般禁止使用数量限制原则,但必须符合《1994年关贸总协定》第18条的规定,即只能是为了扶持国内幼稚产业而采取的修改或撤销其关税减让表中关税减让以及数量限制等措施。另外,货物贸易理事会又以应发展中国家和地区成员要求,扩展其过渡期,但申请方必须证明其在实施协议中的特殊困难。在过渡期内,成员方不得修改其所提交的与贸易有关的投资措施清单,以增加与国民待遇和一般禁止使用数量限制原则不一致的程度。到世界贸易组织协议生效之日,实施不足180天并与协议不符的投资措施不适用过渡期的规定。在过渡期内,为了不对已建立的公司造成不利影响,成员方不可在下列两种情况下将那些适用于已建立公司的与贸易有关的投资措施用于新建公司:第一,新建公司生产的产品与已建公司相类似;第二,有必要避免在新建公司与已建立公司间造成竞争扭曲。

本章知识结构图

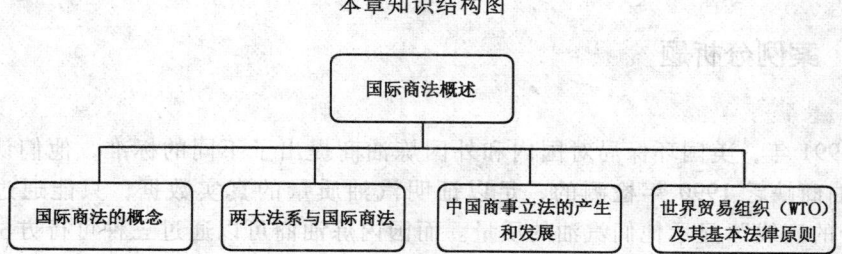

思考练习题

一、选择题

1. ( )属于英美法系的特征。
A. 判例被认为是正式的法律渊源
B. 实行职权主义的诉讼模式
C. 法律编纂方面采用法典形式
D. 法官审理案件运用演绎性思维方式

2. 国际商法的国际渊源包括( )。
A. 国际商事条约 B. 国际商事惯例
C. 国内商事法律规范 D. 商事判例

3. 根据WTO协议,各国一般不得在其贸易伙伴之间造成歧视。一国给予另一贸易伙伴的贸易优惠,必须给予其他所有WTO的成员方。这是( )原则规定的。
A. 最惠国待遇 B. 国民待遇
C. 公平竞争 D. 透明度

二、判断题

1. 各国国内商事法律立法是国际商法的重要渊源。 ( )
2. 国际商法属于公法性质。 ( )
3. 国际商法中的"国际"是指国家与国家的意思。 ( )

三、简答题

1. 国际商法有哪些渊源?
2. 英美法与大陆法的主要区别是什么?
3. WTO基本法律原则的主要内容有哪些?

案例分析题

1991年,美国环保局对国内和外国炼油商提出了不同的标准,他们认为国外炼油商缺乏1990年检测的、足以证明汽油质量的真实数据,只能通过一个"法令的底线"显示他们汽油的质量。而国内炼油商可以通过三种可行方法制定"独立的底线"。这一标准对外国炼油商采取了歧视政策,造成市场竞争的不均衡,从而引起一场贸易纷争。委内瑞拉在给WTO的诉状中强调,美国石油标准违背了GATT中的最惠国待遇,因为它对从某一第三国(加拿大)进口的石油采用了"独立底线"方案。同时,美国也违背了国民待遇,因为对美国国内石油公司采取了更优惠的待遇。

[问题]　WTO争端解决机制将如何处理此案？说明理由。

[分析提示]　此案号称"WTO第一案"，WTO争端解决机制裁定美国违反了WTO的国民待遇原则和最惠国待遇原则，要求美国修改汽油标准，使其与WTO的规则相一致。最惠国待遇和国民待遇是WTO给予各成员的最基本的权利和义务。伤害国民待遇或最惠国待遇，就会引起贸易争端。本例中美国石油标准违背了GATT中的最惠国待遇，因为它对从某一第三国（加拿大）进口的石油采用了"独立底线"方案；同时，美国也违背了国民待遇，因为对美国国内石油公司采取了更优惠的待遇，故构成了对委内瑞拉等国的歧视。

第二章
国际商事组织法

【知识目标】

- 知晓商事组织、个人独资企业、合伙企业、公司的概念与特征，公司的分类、设立合并、分立和解散
- 掌握个人独资企业、合伙企业、公司的设立，个人独资企业的事务管理，普通合伙企业内外部关系，入伙和退伙，公司的组织机构，董事对公司的义务

【技能目标】

- 熟悉个人独资企业、合伙企业、公司的设立
- 熟练运用这些基本知识分析实际案例

案例导读

德国康德公司于2007年5月在北京依法设立了一商务办事处，指定王某为代理人，登记名称为德国康德公司北京办事处，注册资金为50万元。由于康德公司的大部分业务在上海，于是康德公司联合德国另一家公司在上海共同投资设立康达公司。2007年10月，经批准，工商机关颁发营业执照，康达公司成立，其组织形式为有限责任公司，注册资本300万元，另康德公司在北京的办事处欠远大公司200万元，远大公司目前要求康达公司承担连带责任。康德公司北京办事处和康达公司的法律地位如何？远大公司的要求是否合法？

第一节 国际商事组织法概述

一、商事组织的概念和特征

在国际商法中,**商事组织又称为商事企业,是指能够以自己的名义从事商事经营活动,并具有一定规模的经济组织**。商事组织是市场经济的基本主体,以法律明确其权利、义务是维护其合法利益、保护第三人利益、保障社会交易安全的必要方式,各国都通过民事立法或商事立法对企业的法律地位加以明确。

国际商事组织具有如下特征:

1. 国际商事组织能够以自己的名义从事商事经营活动。依各国民商法的规定,能够以自己的名义从事商事经营活动的组织,应是具有必要财产或经费,有自己的名称、组织机构和活动场所,能够独立地享有民事权利、承担民事义务,并经法定程序依法成立的经济组织。这些商事组织具有一定规模的资金、较为健全的组织机构和经营活动场所,可依法独立进行生产经营活动,并能以自己的名义享有和承担其法律行为产生的各项权利、义务,承受其生产经营活动中所产生的利益和风险。

2. 国际商事组织应是具有一定规模的经济组织。一些国家的民商法除规定法人成立的一般条件和程序外,还依据法人创立目的和活动内容的不同,分为企业法人、事业法人、社团法人等。在商事领域从事生产经营活动的主要为企业法人。企业法人作为专门从事生产经营活动的商事组织,由于其经营性性质和活动目的营利性,都要求其组织形式达到一定规模。

二、国际商事组织的主要形式

在西方国家,商事组织有各种各样的组织形式,不同类型的商事组织在法律地位、设立程序、投资者的收益与责任、资金的筹措、管理权的分配、税收等各方面均有很大不同。选择适当的企业形式,对于投资者实现自己的期望值有着极为重要的意义。

一般来说,西方国家的商事组织主要有三种基本的法律形式,即个人企业、合伙企立和公司。

第二节 个人独资企业

一、个人企业的概念与特征

(一) 个人企业的概念

个人企业(Individual Proprietorship),又称独资企业,是指由一人单独出资并且财产完全归出资者个人所有和经营管理，同时出资者对企业债务承担无限责任的企业。我国《个人独资企业法》第二条规定："本法所称个人独资企业，是指依照本法在中国境内设立，由一个自然人投资，财产为投资人个人所有，投资人以其个人财产对企业债务承担无限责任的经营实体。"

（二）个人企业的法律特征

个人企业与其他商事组织相比较，具有如下法律特征：

1. 企业的投资主体具有单一性。个人企业仅有一名出资者，这一特征也是个人企业与合伙企业或公司（当然，也存在一人有限责任公司）的基本区别。而且，个人企业的出资者只能是自然人，不包括法人或者其他社会团体组织。

2. 个人企业性质的非法人性。个人企业虽以企业的名义参与商事活动，但其并非完全独立的法律实体，实质上是出资者直接支配其个人财产参与商品经济流转的一种表现形式，因此，如果出资者死亡，其所投资的个人企业也将不复存在。这一特征也是个人企业与一人公司的基本区别。

3. 企业的财产所有权的出资者专有性。个人企业本身不具有独立的法人资格，因此也就不可能成为企业财产的所有者，企业财产所有权自然归属于出资者。企业财产由出资者投资形成，并且也由出资者承担经营风险，按照风险收益相当的原则，企业经营的收益由出资者享有。

4. 企业的经营管理权专属性。个人企业的经营管理权虽然可以通过委托关系交由代理人行使，但是，该经营管理权本质上是属于出资者的。个人企业是由一名出资者单独出资兴办的，该出资者自然享有对企业的完全控制权，所以，聘任代理人的目的还是出资者为了更好地实现对企业的经营管理。

5. 投资者承担企业债务的无限性。个人企业虽然可以有自己的名称或者商号，并以企业的名义开展经营活动，但是，个人企业本身不具有独立的法人资格，在企业的存续期间，企业财产往往与投资者的其他个人财产无法区分，因此，出资者以其个人财产对企业债务承担无限责任。

二、中国个人独资企业法的主要内容

（一）个人独资企业的设立条件

我国《个人独资企业法》规定个人独资企业的设立条件包括：

1. 投资人为一个自然人，且只能是一个具有完全民事行为能力的中国公民，法律禁止从事营利性活动的人不能成为投资人。

2. 有合法的企业名称。个人独资企业应有独立于投资人的名称，从而使该经营实体特定化；个人独资企业的名称应当与其责任形式和所从事的营业相适应，其名称中不得使用"有限"、"有限责任"、"公司"等字样。

3. 有投资人申报的出资。在出资方式上，投资人出资的方式可以是货币，也可以是能折算成货币数额的实物、土地使用权、知识产权或者其他财产权利；在出资数额上，要求投资人申报的出资额应当与企业所申请从事的经营活动相适应；在出资的性质上，投资人可以其个人财产出资，也可以以其家庭共有财产作为其个人的出资，但后者应当在企业设立或变更登记的申请书上予以注明。

4. 有固定的生产经营场所和必要的生产经营条件。个人独资企业应有确定的住所和开展其业务所必备的相关条件，企业应以其主要办事机构所在地为其法定住所，并应有开展业务所需的必要环境、设施等。

5. 有必要的从业人员。个人独资企业应有适量的从业人员，其人数应与企业的生产经营范围和规模相适应。

（二）个人独资企业的设立程序

1. 提出设立申请。设立个人独资企业，应由投资人或者其委托的代理人向个人独资企业所在地的登记机关提出书面申请，一般应提交下列文件：（1）设立申请书，该申请书应载明企业的名称和住所、投资人的姓名和居所、投资人的出资额和出资方式、企业经营范围等事项；（2）投资人身份证明，如身份证、户籍证等；（3）生产经营场所使用证明，如房屋产权证书、土地使用证书、房屋及土地的租赁合同等。

另外，委托代理人申请设立登记时，还应当出具投资人的委托书和代理人的合法证明；企业拟从事法律、行政法规规定须报经有关部门审批的业务的，还应当在申请登记时提交有关部门的批准文件。

2. 核准登记。登记机关应当自收到设立申请文件之日起15日内，对符合上述法定条件的予以登记，发给营业执照；对不符合法定条件的不予以登记，并应当给予书面答复，说明理由。个人独资企业以营业执照的签发日期为企业成立日期，在领取营业执照前，投资人不得以个人独资企业的名义从事经营活动。

个人独资企业设立分支机构的，应当由投资人或者其委托的代理人向分支机构所在地的登记机关申请登记，领取营业执照。分支机构经核准登记后，应将登记情况报该分支机构隶属的个人独资企业的登记机关备案，其民事责任由设立该分支机构的个人独资企业承担。

（三）个人独资企业的事务管理

个人独资企业的投资人可以自己管理企业事务，也可以委托或者聘用其他具有民事行为能力的人负责企业事务的管理。

投资人自己管理企业事务的，在法律赋予企业的权利与义务的范围内，对外代表该企业，其行为后果归属该企业；投资人委托或者聘用他人管理个人独资企业事务的，应当与受托人或者被聘用的人签订书面合同，明确委托的具体内容和授予的权利范围，但是，投资人对受托人或者被聘用的人员的职权的限制，不得对抗善意第三人。

受托人或者被聘用的人员应当履行诚信、勤勉义务，按照与投资人签订的合同，负责个人独资企业的事务管理，并且不得有下列行为：（1）利用职务上的便利，索取或者收受贿赂；（2）利用职务或者工作上的便利侵占企业财产；（3）挪用企业的资金归个人使用或者借贷给他人；（4）擅自将企业资金以个人名义或者他人名义开立账户存储；（5）擅自以企业财产提供担保；（6）未经投资人同意，从事与本企业相竞争的业务；（7）未经投资人同意，同本企业订立合同或者进行交易；（8）未经投资人同意，擅自将企业商标或者其他知识产权转让给他人使用；（9）泄露本企业的商业秘密；（10）法律、行政法规禁止的其他行为。

注意：

管理个人独资企业事务的人，即为该企业的负责人，对外代表企业。

（四）个人独资企业的解散和清算

个人独资企业有下列情形之一时，应当解散：（1）投资人决定解散；（2）投资人死亡或者被宣告死亡，无继承人或者继承人决定放弃继承；（3）被依法吊销营业执照；（4）法律、行政法规规定的其他情形。

个人独资企业解散，由投资人自行清算或者由债权人申请人民法院指定清算人进行清算。投资人进行清算的，应当在清算前15日内书面通知债权人，无法通知的，应当予以公告。债权人应当在接到通知之日起30日内、未接到通知的应当在公告之日起60日内，向投资人申报其债权。清算期间，个人独资企业不得开展与清算目的无关的经济活动。在清偿企业债务前，投资人不得转移、隐匿财产。

个人独资企业清算偿债时，其财产应当按照下列顺序清偿：（1）所欠职工工资和社会保险费用；（2）所欠税款；（3）其他债务。

前一顺序的债务未清偿的，不得偿还后一顺序的债务。个人独资企业的财产不足以清偿债务的，投资人应当以其个人的其他财产予以清偿；投资人在申请企业设立登记时，以其家庭共有财产作为个人出资的，应当以其家庭共有的其他财产清偿。

对清算时未能清偿的个人独资企业存续期间的债务，在企业解散后，原投资人仍应承担偿还责任。

个人独资企业清算结束后，投资人或者人民法院指定的清算人应当编制清算报告，于15日内到登记机关办理注销登记。注销登记即由登记机关缴销企业的营业执照，企业法律主体资格因此而消灭。

注意：
债权人在5年内（该5年为不变期间，不适用于民法上关于时效的中止中断和延长的规定）未向债务人提出偿债请求的，该责任消灭。

三、国外一些国家关于个人独资企业的法律规定

个人企业在现代社会中大量存在，但是，由于个人独资企业有投资主体单一、企业组织结构简单、企业与投资者混为一体等特性，因此，国外很多国家并未像我国一样专门制定单行的《个人独资企业法》。

美国国内的企业形式包括个人企业、合伙企业与公司，但是，依据美国的法律，个人企业与个人在法律上实质上是相同的，所以，美国联邦与各州均没有关于个人企业的专门立法，美国对于个人企业进行调整和规范的法律主要是通过适用相关的法律实现的。

德国是一个典型的民商分立体制的国家，个人企业是德国商法意义上的商人，受德国《商法典》的约束，一般称为个体商人、个体企业或个体户。

法国的商法也是独立于民法的一个基本法律部门，关于个人企业的法律主要体现在《商法典》中。法国《商法典》将商人分为自然人商人和法人商人，自然人商人是指个人企业，法人商人是指合伙企业与公司。

第三节 合伙企业

一、合伙企业与合伙企业法

合伙企业是一种人们以合伙的形式进行共同经营的企业组织形式。我国《合伙企业法》第二条规定:"合伙企业是指自然人、法人和其他组织依照本法在中国境内设立的普通合伙企业和有限合伙企业。"

与其他商事组织相比,合伙企业主要具有以下法律特征:

1. 合伙企业法律基础的协议性。合伙协议是合伙企业处理内、外部事务的基本准则。因此,合伙人通过订立合伙协议来明确各合伙人在合伙企业中所享有的权利和承担的义务,合伙协议是合伙企业成立的必要法律文件。对于合伙协议是口头的还是书面的,发达的市场经济国家一般不作限制性要求。我国《合伙企业法》要求设立合伙企业的合伙人必须达成书面合伙协议。

2. 合伙企业主体资格的非法人性。世界上多数国家的合伙法承认合伙企业是独立的商事主体,趋向于合伙企业不是法人,不具有一个独立的法律人格;但也有少数国家,如法国、日本、荷兰、比利时等,规定合伙企业是独立的法人。在我国,合伙企业处于非法人企业的地位,虽然不是法人,但它却是与法人企业并列的另一种独立的法律主体,如合伙企业应以自己的名义独立履行纳税义务,在诉讼中,合伙企业以自己的名义起诉和应诉等。

3. 合伙企业具有较强的人合性。合伙企业是"人的组合",而不是"资本的组合"。因此,合伙人的变化,如合伙人的死亡和退出,都直接影响合伙企业的存续。

4. 合伙人内部管理关系的平等性。尽管不同合伙企业所赖以成立的合伙协议有很大的差别,但是都遵循共同的准则。每个合伙人,不论其出资方式和出资额的多少,在决定合伙事务时,权利是平等的,原则上实行"一人一票"的表决方法,这与公司实行的"一股一票"表决制截然不同。

5. 合伙人承担合伙企业债务的无限连带性。合伙人以个人的全部财产为合伙债务的担保,一旦合伙企业的财产不足以清偿债务,债权人有权向任何一位合伙人请求履行全部债务。这是合伙企业区别于其他类型企业的最为显著的特征。

二、普通合伙企业

(一) 普通合伙企业概念

普通合伙企业是指全体合伙人享有平等参与合伙企业经营管理的权利,同时承担无限连带责任的合伙企业。

(二) 普通合伙企业的设立

根据各国法律的一般规定,设立合伙企业应当具备下列条件:

提示：

普通合伙企业是最早出现的一种合伙企业形式，也是最典型的合伙企业形式。作为与有限合伙企业相对应的概念，其基本特性就是全部合伙人都要对合伙债务承担无限连带清偿责任。

1. 合伙须有两个以上合伙人。大多数国家法律要求合伙人为自然人，并且应当具有完全民事行为能力。不过，也有些国家没有这样的限制，如美国法律即允许法人成为合伙人。我国《合伙企业法》规定自然人、法人和其他组织可以依法在中国境内设立的普通合伙企业和有限合伙企业。

2. 有合伙协议。合伙协议是规定合伙人之间权利、义务的法律文件，是确定合伙人出资、利润分配、风险及责任分担、合伙企业的经营等方面的基本法律依据。大多数国家法律要求合伙协议为书面形式，一般应包括以下条款：（1）合伙企业的名称和主要经营场所的地点；（2）合伙目的和合伙经营范围；（3）合伙人的姓名或者名称、住所；（4）合伙人的出资方式、数额和缴付期限；（5）利润分配、亏损分担方式；（6）合伙事务的执行；（7）入伙与退伙；（8）争议解决办法；（9）合伙企业的解散与清算；（10）违约责任。

3. 有各合伙人实际缴付的出资。合伙企业的出资形式比较灵活，《合伙企业法》第十六条规定，合伙人可以用货币、实物、知识产权、土地使用权或者其他财产权利出资，也可以用劳务出资。

4. 有合伙企业的名称和生产经营场所。很多合伙企业的名称多以合伙人的姓氏命名，在合伙人的姓氏之后可加上"商行"（Firm）或"企业"（Company or Enterprise）的字样。许多国家法律都要求合伙企业名称必须向主管机关进行登记，而且合伙企业还须具备符合自己所从事业务特点的生产经营场所。

合伙企业设立的手续一般比较简便，但是否须经过注册登记程序才能成立，不同的国家有不同的态度。大陆法系国家一般要求设立合伙企业时必须履行申请登记手续，并领取营业执照。营业执照签发日期为合伙企业的成立日期，在领取合伙企业营业执照前，合伙人不得以合伙企业的名义从事经营活动。比如我国的《合伙企业法》就有此规定；法国对合伙的登记也作出了类似规定；英美国家则不同，法律并不要求合伙企业必须登记，只要合伙协议已经签订、资金已经到位，合伙即可以认为成立，但要求所有的合伙企业必须有合法的目的。

（三）合伙企业的内部关系

合伙企业的内部关系是指合伙企业与各合伙人以及各合伙人之间的权利、义务关系，这是合伙企业人合性的内部体现。

1. 合伙人的权利。根据各国法律关于合伙人权利的规定，合伙人的权利主要包括以下几个方面：

（1）参与经营管理与决策的权利。除合伙协议另有约定外，合伙人对执行合伙事务享有同等的权利。

（2）分享利润的权利。合伙人根据合伙协议的约定分享利润。如果合伙协议没有约定，有些国家法律规定平均分配利润，而不考虑合伙人出资的多少，诸如英国、美国、德国等国家；而有些国家法律规定按合伙人出资比例分享利润，诸如法国等国家。

（3）合伙企业事务的监督权。无论何种类型的合伙，各合伙人都是合伙企业的监督人。合伙人为了解合伙企业的经营状况和财务状况查阅财务账册并提出质询，其他合伙人有义务接受，不得拒绝。

（4）获得补偿的权利。合伙人为处理企业的正常的业务或维持企业的正常经营、维护企业的财产利益而垫付的个人费用或因此遭受的个人财产的损失，有权从合伙企业中获得补偿，但除合伙企业的协议另有规定者外，任何合伙人不得向合伙企业请求支付报酬。

2. 合伙人的义务。根据各国法律关于合伙人义务的规定，合伙人的义务主要包括以下几个方面：

（1）缴纳出资和出资转移合法的义务。缴纳出资义务是合伙人最基本的义务。合伙人在签订合伙协议之后，有义务按照协议规定的时间、数额、方式缴纳出资。如果合伙人到期拒不缴纳出资而致使合伙企业无法成立或者给其他合伙人造成损失的，其他合伙人有权要求赔偿。各国关于合伙企业的出资方式有些差异，但是合伙人出资一般包括货币、实物等。合伙人不得随意转让出资的义务。许多国家法律都明文规定，合伙人未经其他合伙人同意，不得将其在合伙企业中的份额或权利转让给第三人。

（2）谨慎和注意的义务。参加经营管理的合伙人在执行合伙事务过程中，必须谨慎和小心。如因合伙人失职而造成合伙企业的损失，其他合伙人有权要求赔偿。

（3）忠实义务。合伙人必须为合伙企业的最大利益服务，不得擅自利用其合伙人的地位以及合伙企业财产为自己牟利；还要求合伙人禁止与合伙企业竞业等。

（4）竞业禁止义务。每个合伙人不得经营与合伙企业相竞争的业务。合伙人如果利用其职权或充分了解本合伙企业的内部情况的有利地位，与合伙企业竞争，所获得的全部利益，必须全部转交给合伙企业。

（5）分担亏损的义务。除合伙协议另有规定外，每个合伙人必须按其投资比例承担合伙企业的亏损，除有限合伙人以外的合伙人，对第三人要负无限连带责任。

（四）合伙企业的外部关系

合伙企业的外部关系是指合伙企业与交易对象的关系。合伙企业的外部关系主要包括合伙企业在执行事务时与善意第三人的关系以及合伙企业在交易过程中与债权人的关系。

1. 合伙企业与善意第三人的关系。合伙企业不具有独立的法人资格，合伙人均享有对外代表企业的权利。

2. 合伙企业与债权人的关系。一般认为，合伙人对于合伙企业债务的清偿责任的性质属于补充性责任。我国《合伙企业法》规定，合伙企业对其债务应先以其全部财产进行清偿；合伙企业不能清偿到期债务的，合伙人承担无限连带责任。

（五）入伙与退伙

1. 入伙。入伙是指在合伙企业存续期间，合伙人以外的第三人加入合伙企业并取得合伙人地位的法律行为。由于合伙企业具有人合性，合伙企业的建立主要基于合伙人之间的信任，因此新合伙人入伙时应当经全体合伙人同意，并依法

提示：
美国《统一合伙法》规定，未经所有合伙人同意前，任何人不能成为合伙人，但合伙协议另有约定的除外。

提示：
《合伙企业法》第四十四条规定，新合伙人对入伙前合伙企业的债务承担无限连带责任。美国《统一合伙法》规定，准备入伙的合伙人仅以其出资对其入伙前的合伙债务承担责任。

订立书面合伙协议。

订立入伙协议时,原合伙人应当向新合伙人告知原合伙企业的经营状况和财务状况,并可就原合伙企业的债务清偿情况作出规定。

新合伙人是否承担其入伙前的合伙企业的债务,各国立法规定不一。

 案例分析

被告帕哈姆医疗协会是一个合伙组织,原告B银行向该合伙组织提供了200万美元的分期偿还的贷款,后来,在知悉该贷款仍未还清的情况下,H等三人仍然加入了此合伙组织。该合伙组织后来发生了不能偿付的情形,除变卖该合伙组织财产所得外,原告仍有120万美元的债务未得到清偿。原告为索赔这120万美元,便将该合伙组织和包括H等新三位合伙人在内的所有合伙人作为共同被告。美国法院判决认为,鉴于贷款协议签订于H等三位新合伙人加入之前,该三位新合伙人对原告的责任仅限于合伙财产。

资料来源:张圣翠编:《国际商法》,上海财经大学出版社2006年版。

提示:
当然退伙的主要情形有:合伙人死亡或者被依法宣告死亡;个人丧失偿债能力;作为合伙人的法人或者其他组织依法被吊销营业执照、责令关闭、撤销,或者被宣告破产;法律规定或者合伙协议约定合伙人必须具有相关资格而丧失该资格;合伙人在合伙企业中的全部财产份额被人民法院强制执行。前款规定的退伙事由实际发生之日为退伙生效日。

2. 退伙。退伙是指在合伙企业存续期间,已经取得合伙人身份的合伙人退出合伙企业,丧失合伙人资格的法律行为。根据退伙的原因,可以分为自愿退伙和法定退伙。

(1) 自愿退伙。自愿退伙又称声明退伙,是指合伙人按照自己的意愿而退出合伙。《合伙企业法》第四十五条列举了四种声明退伙情形:(1) 合伙协议约定的退伙事由出现;(2) 经全体合伙人一致同意;(3) 发生合伙人难以继续参加合伙的事由;(4) 其他合伙人严重违反合伙协议约定的义务。

(2) 法定退伙。法定退伙是指合伙人因出现法律法规规定的事由而退伙。其法定事由可分为两种:当然退伙和除名退伙。

当然退伙是指出现了某种难以预料的客观情况,合伙人丧失法律合伙资格的情况。

除名退伙,一般是指在合伙人的行为严重损害合伙企业和其他合伙人的利益或者合伙协议约定的其他事由的情况下,经其他合伙人的一致同意决议将其除名,使该合伙人丧失合伙人法律资格的情况。合伙人的除名决议应当书面通知被除名人。被除名人接到除名通知之日除名生效,被除名人退伙。被除名人对除名决议有异议的,可以自接到除名通知之日起30日内向人民法院起诉。

(六) 合伙企业的解散与清算

合伙企业的解散是指合伙企业因某些法律事实的出现而解散。一般情况下,合伙企业解散分以下两种情况:

1. 自愿解散。合伙企业依合伙协议或合伙人的一致同意而解散,如合伙协议约定的经营期限届满或出现合伙协议约定的解散事由。

2. 法定解散。合伙企业出现法定事由而依法解散。《合伙企业法》规定合伙企业解散的主要情形有:(1) 合伙人已不具备法定人数满30天;(2) 依法被吊销营业执照、责令关闭或者被撤销;(3) 法律、行政法规规定的其他原因。

合伙企业解散后,应当由清算人进行清算。合伙企业的清算人一般由全体合伙人担任,清算人在清算期间主要执行清理合伙企业财产,清理债权、债务,处理合伙企业清偿债务后的剩余财产等事务。合伙企业财产在支付清算费用和清偿工资、保险、税款之后,清偿债务后的剩余财产依照约定的比例分配或平均进行分配。

三、有限合伙企业

有限合伙是指至少一名普通合伙人(General Partner)和至少一名有限合伙人(Limited Partner)组成的企业。其中,普通合伙人负责执行合伙事务,对外代表合伙组织,并对合伙组织的债务承担无限连带责任,而有限合伙人不参加合伙组织的经营,不对外代表合伙组织,只按一定的比例分配利润和分担亏损,且仅以出资为限对合伙组织的债务承担责任。

有限合伙起源于欧洲,是英美法系中的法律概念,类似于大陆法系的两合公司。1807年《法国商法典》首次对有限合伙作了规定。1890年英国《合伙法》也规定了有限合伙,1907年又制定了单行的《英国合伙法》。美国统一州法委员会于1916年制定了《美国统一有限合伙法》,现已被大多数州所采纳。德国和日本的有限合伙企业是以两合公司的形式出现。我国2006年修订的《合伙企业法》在第三章中也增加了有关有限合伙的规定。

根据我国《合伙企业法》的有关规定,有限合伙制度的主要法律特征有:

1. 有限合伙企业由两个以上50个以下合伙人设立,但是至少应当有一个普通合伙人。

2. 普通合伙人执行合伙事务,对外代表合伙组织,并对合伙组织的债务承担无限连带责任,而有限合伙人不参加合伙组织的经营,不对外代表合伙组织,只按一定的比例分配利润和分担亏损,且仅以出资为限对合伙组织的债务承担责任。

3. 有限合伙仍属于一种合伙企业,也仅仅是在其内部对承担责任的合伙人进行了分类,但这也没有在本质上改变该合伙组织对外整体上承担无限责任的特征。

4. 有限合伙人不得以劳务出资。

5. 有限合伙人的死亡、破产不影响合伙的存在。我国《合伙企业法》第七十九条规定:"有限合伙人的自然人在有限合伙企业存续期间丧失民事行为能力的,其他合伙人不得因此要求其退伙";第八十条规定:"作为有限合伙人的自然人死亡、被依法宣告死亡或者作为有限合伙人的法人及其他组织终止时,其继承人或者权利承受人可以依法取得该有限合伙人在有限合伙企业中的资格。"

6. 有限合伙人和普通合伙人在一定条件下可以相互转化,但应当经全体合伙人一致同意。

提示:

有限合伙人转变为普通合伙人的,对其作为有限合伙人期间有限合伙企业发生的债务承担无限连带责任。普通合伙人转变为有限合伙人的,对其作为普通合伙人期间合伙企业发生的债务承担无限连带责任。

第四节 公 司

一、公司和公司法

(一) 公司的概念及特征

公司是依照法定条件和程序设立，以营利为目的的企业法人。我国《公司法》第二条规定："本法所称公司，是指依照本法在中国境内设立的有限责任公司和股份有限公司。"

根据公司的本质属性、法律地位以及与其他企业形态的区别，公司具有以下几个方面的法律特征：

1. 公司的法人性。公司具有独立的法人人格，这是公司最主要和最基本的法律特征，也是公司区别于合伙的一个重要特征。大多数国家的公司法都明确规定，公司具有法人资格。日本《商法典》规定，公司为法人。法国《民法典》规定，除第三章规定的隐名合伙公司以外的公司，自登记之日起享有法人的资格。法人具有人格的独立性、财产的独立性与责任的独立性，这已是国际通例。因此，公司应当拥有独立的财产、设有独立的组织机构以及独立承担财产责任。

2. 公司的营利性。以营利为目的从事经营活动是公司又一重要特征。公司必须通过其经营活动追求经济效益，获得利润，实现资产的保值增值，并通过合理的利润分配制度使股东获得收益，最大限度地保障投资者的利益。这是公司区别于从事社会公益事业的法人组织与作为公法人的国家机关等非商事主体的特征。

3. 公司的法定性。由于公司是法人，而法人的资格需要经过国家的承认，即依照法律规定的条件和程序设立，并经注册登记，方能取得法人资格，这已是大多数国家法律对公司设立的要求。

(二) 公司法

公司法是调整公司设立、组织、活动和解散以及股东权利义务的法律规范的统称。为规范、调整公司活动，各个国家都制定了富有特色的公司法。

目前世界各国的公司法主要采用两种法律形式：一种为单行法规；另一种是包含在民法或商法之中，作为民商法的一个组成部分。大陆法系国家早期的公司法的主要规定在商法典中；随着公司在社会经济活动中的作用和影响日益扩大，以及公司本身问题的复杂性与特殊性，许多国家将公司法从商法典中分离出来，制定为单行的法规。目前，大陆法系中仅有日本等少数国家仍将公司法放在商法中。英美法系的国家关于公司的规定一般采取单行法的形式。

1. 英美法系国家的公司法。英国的公司立法对英美法系国家和地区有很大影响。英国最早于1720年颁布实施了有关公司制度的《布伯尔法》。1825年以后，英国颁布了一系列单行的公司法规，诸如1835年的《贸易公司法》、1844

年的《共同股份法》、1855 年的《有限责任法》、1907 年的《有限责任合伙法》、1908 年的《公司合并法》、1929 年的《公司法》和 1948 年颁布的新《公司法》等。

美国公司法是受英国公司法影响而制定的。但美国作为联邦制国家，其公司法是各州自行制定的，没有统一的联邦公司法。由于各州的公司法之间存在很大的差异，为了减少和消除这些差异给公司的发展造成的不利影响与法律障碍，美国律师协会（American Bar Association，ABA）于 1933 年起草了《标准商事公司法》（The Model Business Corporation Act），作为各州立法机关制定公司法时的参考。1984 年，美国律师协会又制定了《标准修订商事公司法》（The Model Revised Business Corporation Act），作为各州修订公司法时的参考与指导。

2. 大陆法系国家的公司法。大陆法系国家的公司法以德国和法国最为典型。德国的公司立法在世界范围内具有举足轻重的地位。1892 年专门颁布了《有限责任公司法》，这是世界上第一部有限公司法，以后世界许多国家有关有限公司的立法也均以单行法形式出现。1897 年德国制定的《德国商法典》，设立专编规定了有关无限公司、两合公司、股份有限公司和股份两合公司四种公司法律制度。1937 年德国又颁布了《股份法》，包括股份有限公司和股份两合公司。

法国公司法以其规定严格而著称，对各国公司法的发展有着重要影响。法国早在 1673 年就制定了世界第一部系统编纂的《商事条例》，该条例中已有关于公司的规定，这是世界上最早规定公司的成文法。拿破仑于 1807 年颁布了《商法典》，在该法典第 1 编商行中的第 3 章有关于公司的规定。1867 年另外颁布了《公司法》，对公司制度作了专门规定，并设专章规定了股份两合公司和股份有限公司。1925 年另外颁布了《有限公司法》，正式承认并规定了有限公司的法律制度。1940 年法国政府制定了一部统一的全面规定所有形式公司的《公司法》。

3. 我国的公司法。我国最早的公司立法可以追溯到 1904 年 1 月 21 日颁布的《公司法》，而现代意义的公司立法则是民国政府于 1929 年颁布的《公司法》。新中国成立后，废除了旧的法律制度和法律体系。1993 年 12 月 29 日第八届全国人民代表大会常务委员会第五次会议通过了《公司法》，自 1994 年 7 月 1 日正式施行，后经 1999 年、2004 年、2005 年三次修订，其中 2005 年 10 月 27 日修订是修改幅度最大的一次。

二、公司的分类

根据不同的标准，可以对公司进行不同的分类。

1. 按照公司股东对公司债务的责任为标准的分类。这是大陆法系国家的一种分类方法，按照这一标准，可以将公司划分为无限责任公司、有限责任公司、两合公司、股份有限公司与股份两合公司。

（1）无限责任公司（Unlimited Company），又简称为无限公司，是指全体股东对公司债务承担无限连带责任的公司。

（2）有限责任公司（Limited Company），又称为有限公司，是指全体股东以其出资额为限对公司承担责任，公司以其全部财产对公司的债务承担责任的公司。

提示：
我国的《公司法》仅规定了有限责任公司和股份有限公司，因此我国的公司股东均承担有限责任，公司均具有法人资格。

（3）两合公司（Limited Partnership），是指一部分股东就公司债务负无限责任，而另一部分股东就公司债务仅负有限责任的公司。

（4）股份有限公司（Stock Corporation or Company Limited by Share），又称为股份公司，是指注册资本由等额股份构成并通过发行股份筹集资本，股东以其认购的股份为限对公司承担责任，公司以其全部财产对公司的债务承担责任的公司。

（5）股份两合公司是指将公司资本分为等额股份，由一个以上的对公司债务负无限责任的股东与一个以上以其所认购股份为限对公司债务承担有限责任的股东所组成的公司。

2. 按照公司的股份募集与转让方式为标准的分类。这是英美法系国家的一种分类。按照股份募集与转让的方式不同，将公司划分为封闭式公司与开放式公司。

（1）封闭式公司（Private Company or Close Corporation），又称为不公开公司、不上市公司、私公司，是指股份全部由发起人认购，股东人数有限，股份转让受到严格限制，股票也不能在证券交易所公开挂牌交易的公司。

提示：
这类公司类似于大陆法系国家的股份有限公司中的非上市公司及有限责任公司。

（2）开放式公司（Public Company or Publicly Held Corporation），又称为公开公司、上市公司、公众公司，是指股份公开募集并可以自由流通转让、股票在证券交易所公开挂牌交易、股东人数不受限制的公司。这类公司类似于大陆法系国家的股份有限公司中的上市公司。

3. 按照公司设立的信用基础为标准的分类。大陆法系国家公司法理论上按信用基础不同，可以将公司划分为人合公司、资合公司与人合兼资合公司。

（1）人合公司是指公司的设立和经营建立在股东的个人信用基础之上的公司。如无限责任公司是典型的人合公司。

（2）资合公司是指公司的设立和经营建立在公司资本基础之上的公司。如股份有限公司是典型的资合公司。

（3）人合兼资合公司是指公司的设立和经营既以股东的个人信用为基础，又以公司的资本为基础，兼有人合与资合双重性质。如两合公司、股份两合公司和有限责任公司均为此类公司。

4. 按照公司之间的控制和依附关系为标准的分类。在许多国家的公司立法和公司法理论上，按照公司与公司的控制和依附关系的程度不同，可以将公司划分为母公司与子公司。

（1）母公司，又称控股公司，是指拥有另一家公司半数以上股份，并直接控制其经营活动的公司。

（2）子公司，是指半数以上股份为其他公司所拥有，在业务上受母公司控制，但仍然具有独立法人资格的公司。

5. 按照公司的管理与被管理关系为标准的分类。在许多国家的公司立法和公司法理论上按照公司的管理与被管理关系进行分类，将公司划分为总公司与分公司。

（1）总公司，又称为本公司，是指依法设立的，管辖所属全部分支机构的总机构。

（2）分公司，是指在业务、资金、人事等方面受本公司管辖而不具有法人资格的分支机构。

6. 按照公司的国籍为标准的分类。按照公司的国籍为标准进行分类，可以将公司划分为本国公司、外国公司与跨国公司。

（1）本国公司是指具有本国法认可的法律人格的公司。

（2）外国公司是指非本国法认可成立的公司。

（3）跨国公司是指以本国为基地或中心，在不同国家或地区设立分支机构、子公司或其他企业形式，从事跨国性生产经营活动的经济组织。

三、公司的设立

（一）公司的设立原则

公司的设立原则是指一个国家在法律上对公司设立的规定，即以怎样的程序限制来规范公司的设立。综观各国公司法律，公司设立的原则大体经历了以下几个阶段：

1. 自由主义。自由主义又称放任主义，是指公司的设立没有任何法定条件和程序，无须注册登记。自由主义产生于公司制度萌芽时期，在现代公司制度中已经消失。

2. 特许主义。特许主义是指公司的设立须经国家元首或立法机关予以特许。特许主义盛行于17—19世纪的英国、荷兰等国家。例如，1600年成立的英国东印度公司就是英国女王伊丽莎白一世特许成立的。因其设立手续极其繁琐，特许设立不能普及，而且特许本身具有特权，不利于大规模发展公司，逐渐被各国所舍弃。

3. 核准主义。核准主义是指公司的设立除必须具备法律规定的条件和履行法定程序外，还须经政府行政主管机关的审查和批准。核准主义创设于法国路易十四时期制定的《商事条例》，后被德国等许多国家所采纳。核准主义虽然比特许主义有了很大进步，简化了公司设立的手续，但随着社会经济的高速发展，不能满足公司发展的需要，逐步为准则主义所取代。

4. 准则主义。准则主义是指由法律对公司设立的条件作出规定，凡是具备这些法定条件的，不必经政府行政主管机关批准，可直接向登记机关申请成立公司。

目前许多国家采用以准则设立为主，核准设立为辅的方式。我国对一般的有限责任公司采取准则主义，对涉及国家安全、公共利益和关系国计民生的特殊行业和特别经营项目的有限责任公司、股份有限公司则采取核准主义。

（二）设立方式

公司设立的方式基本为两种，即发起设立和募集设立。

1. 发起设立。发起设立又称共同设立或单纯设立，是指由发起人认购公司全部出资或应发行的全部股份而设立的公司。这种设立方式对社会公众利益影响相对较小，设立程序简单，设立所需时间短、成本低。有限责任公司、无限责任公司及两合公司大多采取此种方式，股份有限公司也可采用此种设立方式，但更经常采取的是募集设立方式。

2. 募集设立。募集设立又称渐次设立或复杂设立,是由发起人认购公司应发行股份的一部分,其余部分向社会公开募集而设立的公司。这种方式仅适用于股份有限公司。由于募集设立的股份有限公司资本规模较大,涉及众多投资者的利益,故各国公司法均对其设立严格限制,一般对发起人认购的股份比例有一定的限制。如我国《公司法》规定发起人认购的股份不得低于公司发行股份总额的35%。

(三) 设立条件

各国公司法对公司设立条件的规定不尽相同,但一般都具备三个条件:发起人、资本和公司章程。

1. 发起人。公司发起人,是负责筹建公司并对公司设立承担相应责任的人。由于发起人所具有的权利、承担的义务及责任的特殊性,各国公司法对公司发起人的人数及资格都有具体而严格的规定。

发起人应符合法定最低人数。多数国家规定发起人必须为两人以上,但一些国家也允许设立一人公司,如美国。我国新修订的公司法也增加了关于一人公司的规定。

发起人可以是自然人,也可以是法人或其他经济组织,有的国家还可以是政府。对于发起人的国籍和居所地问题,各国公司法一般没有强制性规定,但也有个别国家和地区对此加以限制。如意大利《公司法》规定,外国人拥有意大利公司30%以上的股份时,须经意大利财政部批准。我国《公司法》规定,股份有限公司发起人5人以上200人以下,须有半数以上的公司发起人在中国境内有住所。

发起人对所设立的公司负有忠实的义务,必须在其权限范围内为投资者和公司的利益服务,并负有出资或认购公司法定比例股份的义务,在公司成立后即成为公司的首批股东。发起人因履行公司设立义务或履行过程中本人的过失所发生的法律责任由公司承担,但若公司未能成立,则由所有发起人共同承担连带责任。

2. 注册资本。公司注册资本是指由全体发起人或股东认缴的出资额或股本总额。公司的资本是公司开展经营活动的前提、承担责任的基础。

(1) 最低注册资本要求。为了保护股东和债权人的合法权益,防止滥设公司,保障公司的偿债能力和社会交易安全,许多国家的公司法对公司的资本都规定最低限额。

> **提示**
>
> 英美法系国家一般对公司设立的注册资本无严格要求,甚至无须最低注册资本要求。我国《公司法》规定,一般有限责任公司的注册资本最低限额为3万元,一人公司的最低限额为10万元,股份有限公司的最低限额为500万元,法律另有规定的除外。

我国公司法还规定了注册资本可分期缴付，公司全部股东的首次出资额不得低于注册资本的20%，也不得低于法定的注册资本最低额，其余部分由股东自公司成立之日起两年内缴足，投资公司可以在5年内缴足。

（2）出资形式。有限责任公司和股份有限公司的资本由货币、实物、知识产权及土地使用权等构成；无限公司和两合公司的资本构成则更广泛，还可以包括股东的信用和劳务出资等。我国《公司法》规定，股东可以用货币出资，也可以用实物、知识产权、土地使用权等可以用货币估价并可以依法转让的非货币财产作价出资，但是法律、行政法规规定不得作为出资的财产除外。其中，全体股东的货币出资金额不得低于有限责任公司注册资本的30%。

3. 公司章程。公司章程是规定公司的性质、宗旨、名称、资本构成、组织机构及公司经营活动基本规则的法律文件，一般由公司发起人制定，是作为公司申请募股和申请设立的必要文件和行为准则，已为各国公司法普遍确立。

关于公司章程的形式，英美法系国家公司章程由组织大纲和内部细则两个文件组成。组织大纲是规定公司对外关系的纲领性文件，而内部细则是在组织大纲的基础上订立的、关于公司内部事务准则的基本文件。内部细则一般只能在公司内部有效，不能对抗善意第三人，一般由董事会制定、修改或废除。大陆法系国家的公司章程由单一文件组成，并根据内容的重要程度区分为绝对记载事项、相对记载事项和任意记载事项三个部分。

各国的公司章程一般包括以下内容：公司名称和住所；公司经营范围；公司注册资本；股东的姓名或者名称；股东的出资方式、出资额和出资时间；公司的机构及其产生办法、职权、议事规则；公司法定代表人；公司章程的修改规则等。

案例分析

甲、乙、丙、丁4人拟在中国成立一家以生产经营为主的有限责任公司。甲出资现金10万元，乙以其土地使用权和房屋作价15万元出资，丙以其非高新技术的非专利技术作价15万元出资，丁以其劳务按5万元作价出资。为此，4人以注册资本45万元向工商行政管理机关申请设立登记。该有限责任公司能否成立？

该有限责任公司能合法成立。因为公司的设立必须严格依照法律，必须以法定的出资方式达到法定出资限额。我国新修订《公司法》规定有限责任公司的注册资本不少于人民币3万元，股东可以用货币出资，也可以用实物、知识产权、土地使用权等可以用货币估价并可以依法转让的非货币财产作价出资。

资料来源：张海峡编：《司法考试案例突破教程——商法》，法律出版社2006年版。

四、公司的组织机构

（一）股东会（Board of Shareholders）

1. 股东会的性质和职权。股东会由全体股东（Shareholder）组成，是公司的最高权力机关。股东会行使的职权主要包括：（1）决定公司的经营方针和投

提示：

股东会一般对内不直接对公司业务进行经营管理，对外也不代表公司，而是通过选举和控制董事会来间接行使管理和领导权。

资计划。(2) 选举和更换非由职工代表担任的董事、监事，决定有关董事、监事的报酬事项。(3) 审议批准董事会的报告，审议批准监事会或者监事的报告。(4) 审议批准公司的年度财务预算方案、决算方案，审议批准公司的利润分配方案和弥补亏损方案。(5) 对公司增加或者减少注册资本作出决议，对发行公司债券作出决议。(6) 对公司合并、分立、解散、清算或者变更公司形式作出决议，修改公司章程。(7) 公司章程规定的其他职权。

2. 股东会会议的种类和召集。股东会会议分为定期和临时两种。

(1) 定期会议。定期会议是指依据法律和公司章程的规定在一定时间内必须召开的股东会议。定期会议应当按照公司章程的规定按时召开。对于股东大会定期会议每两次会议之间的最长间隔期限，各国规定有所不同。我国《公司法》规定每年召开一次，英国公司法规定两次会议之间的间隔一般不得超过 15 个月。

(2) 临时会议，也称特别会议，是指定期会议以外的必要时候，由于发生法定事由或者根据法定人员、机构的提议而召开的股东会议。各国公司法一般规定以下情况可以召开临时会议：

第一，持有一定比例股份的股东申请。我国《公司法》规定，有限责任公司代表 1/10 以上表决权的股东提议时，股份有限公司单独或者合计持有公司 10% 以上股份的股东请求时，应当召开临时股东大会。

第二，根据董事提议或在董事会认为必要时。如我国《公司法》规定，有限责任公司 1/3 的董事或董事会提议时，股份有限公司董事会认为必要时，应当召开临时股东大会。

第三，根据监事提议或在监事会认为必要时。我国《公司法》规定，有限责任公司监事会或者不设监事会的公司的监事提议时，股份有限公司监事会提议时，应当召开临时股东大会。

提示：

我国《公司法》规定，有限责任公司设董事会，其成员为 3～13 人；股东人数较少或者规模较小的有限责任公司，可以设一名执行董事，不设董事会；股份有限公司董事会的成员为 5～19 人。

第四，发生法定事由时。对于法定事由，各国公司法规定内容不一，我国《公司法》规定，股份有限公司当董事人数不足本法规定人数或者公司章程所定人数的 2/3 时，或者公司未弥补的亏损达实收股本总额 1/3 时，应当在两个月内召开临时股东大会。

(3) 会议的召集和主持。我国《公司法》规定，股东会会议由董事会召集，董事长主持；董事长不能履行职务或者不履行职务的，由副董事长主持；副董事长不能履行职务或者不履行职务的，由半数以上董事共同推举一名董事主持。董事会或者执行董事不能履行或者不履行召集股东会会议职责的，由监事会或者不设监事会的公司的监事召集和主持；监事会或者监事不召集和主持的，有限责任公司代表 1/10 以上表决权的股东可以自行召集和主持，股份有限公司连续 90 日以上单独或者合计持有公司 10% 以上股份的股东可以自行召集和主持。

3. 股东会的议事规则。股东会的决议一般须由代表表决权多数的股东通过方为有效。对于多数，我国《公司法》规定，有限责任公司是代表 1/2 以上表决权的股东；股份有限公司是出席会议代表 1/2 表决权的股东。对于特别事项的表决，如公司的合并、分立、解散或变更公司形式，修改公司章程，增加或减少资本，有限责任公司是代表 2/3 以上表决权的股东；在股份有限公司是出席会议代表 2/3 表决权的股东。

（三）董事会（Board of Directors）

董事会依法由股东会选举产生，是代表公司并行使经营决策权和管理权的公司常设机关。它对内管理公司事务，对外代表公司行使职权。

1. 董事会的组成。董事是由股东在股东会上选举产生的，对公司的业务活动进行决策和领导的专门人。

各国公司法都对董事人数作了不同的规定，但一般只规定最高和最低人数，具体人数由各公司章程规定。

为了维护公司、投资者及社会的公共利益，董事一般由股东大会选出，各国《公司法》都在身份、年龄品行等方面对董事资格作出了一定限制。

董事会作为公司执行机构，对股东会负责，依法行使职权。

提示

我国《公司法》规定有下列情形之一的，不得担任公司的董事：无民事行为能力或者限制民事行为能力；因贪污、贿赂、侵占财产、挪用财产或者破坏社会主义市场经济秩序，被判处刑罚，执行期满未逾 5 年，或者因犯罪被剥夺政治权利，执行期满未逾 5 年；担任破产清算的公司、企业的董事或者厂长、经理，对该公司、企业的破产负有个人责任的，自该公司、企业破产清算完结之日起未逾 3 年；担任因违法被吊销营业执照、责令关闭的公司、企业的法定代表人，并负有个人责任的，自该公司、企业被吊销营业执照之日起未逾 3 年；个人所负数额较大的债务到期未清偿。

2. 董事会会议。董事会会议有定期会议和临时会议。定期会议是董事会根据公司章程而定期召开的会议；临时会议是董事会认为必要时随时召开会议。我国《公司法》规定，有限责任公司的董事会会议由董事长召集和主持；董事长不能履行职务或者不履行职务的，由副董事长召集和主持；副董事长不能履行职务或者不履行职务的，由半数以上董事共同推举一名董事召集和主持。股份有限公司的董事会每年度至少召开两次会议，每次会议应当于召开 10 日前通知全体董事和监事。

3. 董事对公司的义务与责任。公司的董事拥有公司的执行权和监督权，实际控制着公司的运营，各国立法都不同程度地强调董事等高级管理人员对公司的义务，主要体现在以下两个方面：

其一是董事必须诚实正当地行使职权，不得背信弃义，利用职权损害公司利益。董事作为公司的受托人，行使职权应以公司利益为准则，衡量其是否诚实正当行使职权的标准在于公司利益是否是董事行使职权的主要动机。

其二是在自身利益与公司利益相冲突场合，董事不得使个人利益优于公司利益。主要包含以下三种基本情况：（1）董事在自身交易中不得违反公司章程的规定或者未经股东会、股东大会同意，与本公司订立合同或者进行交易；（2）董事履行职务时获得的秘密利益应归于公司，董事不得未经股东会或者股东大会

提示：代表 1/10 以上表决权的股东，1/3 以上董事或者监事，可以提议召开董事会临时会议。董事长应当自接到提议后 10 日内，召集和主持董事会会议。董事在董事会上表决权为一人一票。一项决议经符合法定人数的出席会议的董事的简单多数通过即为有效。董事对所议事项的决定作成会议记录，出席会议的董事应当在会议记录上签名。

同意，利用职务便利为自己或者他人谋取属于公司的商业机会；(3) 董事不得与公司竞争营业，董事不得自营或者为他人经营与所任职公司同类的业务。

董事执行公司职务时违反法律、行政法规或者公司章程的规定，给公司造成损失的，应当承担赔偿责任。

（四）监事会

监事会又称监察委员会，是公司依法设立的，对董事、高级管理人员的经营管理行为及公司财务进行监督的常设机构。从各国立法来看，监事会不是必设机构，是否设置应根据公司经营规模或者股东人数而定。如我国《公司法》规定，股东人数较少或者规模较小的有限责任公司，可以设1~2名监事，不设监事会。

监事或监察人员由股东会选任，可以是股东，也可以是律师、会计师等专业人士。德国、法国等国家公司法规定，须由职工选任1/3以上、1/2以下的监事。我国《公司法》第五十二条规定，监事会应当包括股东代表和适当比例的公司职工代表，其中职工代表的比例不得低于1/3，具体比例由公司章程规定。监事会中的职工代表由公司职工通过职工代表大会、职工大会或者其他形式民主选举产生。各国公司立法一般都规定，董事、高级管理人员不得兼任监事，以保证监督的公正性。

我国《公司法》规定，监事会、不设监事会的公司的监事行使下列职权：(1) 检查公司财务；(2) 对董事、高级管理人员执行公司职务的行为进行监督，对违反法律、行政法规、公司章程或者股东会决议的董事、高级管理人员提出罢免的建议；(3) 当董事、高级管理人员的行为损害公司的利益时，要求董事、高级管理人员予以纠正；(4) 提议召开临时股东会会议，在董事会不履行本法规定的召集和主持股东会会议职责时召集和主持股东会会议；(5) 向股东会会议提出提案；(6) 按照法律的规定，对董事、高级管理人员提起诉讼；(7) 公司章程规定的其他职权。

监事会每年度至少召开一次会议，监事可以提议召开临时监事会会议。监事会决议应当经半数以上监事通过。监事会主席召集和主持监事会会议；监事会主席不能履行职务或者不履行职务的，由半数以上监事共同推举一名监事召集和主持监事会会议。监事会应当对所议事项的决定作成会议记录，出席会议的监事应当在会议记录上签名。

五、公司的合并、分立和解散、清算

（一）公司的合并和分立

公司的合并是指两个或两个以上的公司依法达成合议，归并为一个公司或创设一个新的公司的法律行为。公司的合并通常有两种行为：吸收合并和新设合并。吸收合并是指两个以上公司中，一个公司存续，其他公司解散，在美国又称兼并。新设合并是指两个或两个以上的公司组建成一个新的公司，原公司都解散。此种合并在美国又称为联合。

公司的分立是指一个公司通过签订协议，不经过清算程序，分为两个或两个以上的公司的法律行为。公司分立主要有派生分立和新设分立两种形式。派生分立是指一个公司分立成两个以上公司，本公司继续存在并设立一个以上新的公司。新设分立是指一个公司分解为两个以上的新公司，原公司解散。

（二）公司的解散和清算

公司的解散是指公司法人资格消灭的法律行为。各国公司法对公司解散的原因都有具体规定。根据公司解散是否为公司自主决定，可将解散的原因分为任意解散和强制解散。

任意解散是指由公司发起人或股东约定或决议引起的公司解散，主要有以下几种情形：公司章程规定的营业期限届满或者公司章程规定的其他解散事由出现；股东会决议解散；因公司合并或者分立需要解散；章程规定的某些解散事由出现。

强制解散是指因主管机关决定或法院判决所导致的公司解散、主要有主管机关命令其解散、法院判定公司解散、公司被宣告破产。我国《公司法》第一百八十三条规定了股东请求法院解散的情形："公司经营管理发生严重困难，继续存续会使股东利益受到重大损失，通过其他途径不能解决的，持有公司全部股东表决权10%以上的股东，可以请求人民法院解散公司。"

公司的清算是指公司在解散过程中，清理公司的债权债务，并在股东间分配公司剩余财产，最终结束公司所有法律关系的一种法律行为。一般来说，公司解散应成立清算组进行清算。但并非所有的公司解散都要进行清算，因公司合并或分立导致公司解散的，可以不进行清算。清算组由股东会确定其人选，可由董事、股东担任清算人，也可根据债权人的要求，由法院指派清算人。清算组在清算期间一般行使下列职权：（1）清理公司财产，分别编制资产负债表和财产清单；（2）通知、公告债权人；（3）处理与清算有关的公司未了结的业务；（4）清缴所欠税款以及清算过程中产生的税款；（5）清理债权、债务；（6）处理公司清偿债务后的剩余财产；（7）代表公司参与民事诉讼活动。

本章知识结构图

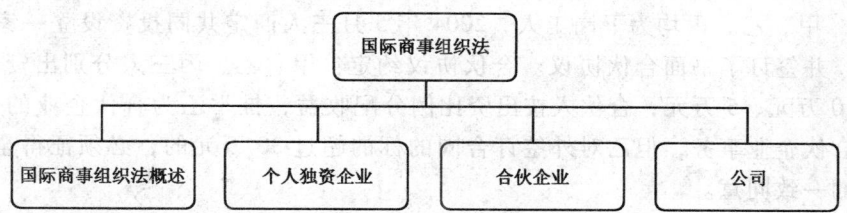

思考练习题

一、选择题

1. 甲投资设立了某个人独资企业，对于该企业的债务，甲应当（　　）。

A. 以登记机关载明的出资额为限承担责任

B. 以企业的财产承担无限责任

C. 以其个人财产对企业债务承担无限连带责任
D. 以其个人财产对企业承担无限责任

2. 依大陆法，合伙人之间如对任何一个合伙人的权利有所限制，不得用以对抗（　　）。
A. 不知情的第三人　　　　　　B. 知情第三人
C. 恶意第三人　　　　　　　　D. 知情第三人的代理人

3. 依公司法原理，董事对公司的义务包括（　　）。
A. 谨慎地履行职责
B. 不得从事与公司相竞争的业务
C. 不应使自己的私人利益与公司的利益发生冲突
D. 不能购买公司的股票

二、判断题

1. 根据法国的商事法律，法人商人包括个人企业。（　　）
2. 按英、美等国的合伙法规定，合伙人应平均分配企业的利润，不考虑合伙人的出资多少。（　　）
3. 我国公司法规定股份有限公司的发起人为5人以上200人以下。（　　）

三、简答题

1. 合伙企业具有哪些特征？
2. 在何种情况下可以召开临时股东会？
3. 董事对公司负有哪些义务？

案例分析题

1. 甲、乙、丙均为下岗工人，2004年5月三人商定共同投资设立一家合伙企业，并签订了书面合伙协议。合伙协议约定：甲、乙、丙三人分别出资15万元、10万元、5万元，合伙人按出资比例分配收益，推举乙为合伙企业的代表，执行合伙企业事务，但乙对外签订合同的标的超过30万元的，必须征得全体合伙人的一致同意。

该合伙企业经营一段时间后，丙合伙人书面申请，经全体合伙人一致同意，将丙的财产份额全部转让给丁。丁入伙后又经营了一段时间，该合伙企业的负债总额已达100万元，且已经到期，而企业资产总额只有50万元。在债务的清偿过程中，发生了争议：

甲合伙人认为，全部债务中，有20万元属于乙合伙人违反合伙协议约定，私自与一家个人独资企业签订总标的为50万元的合同造成的，该部分债务与合伙企业无关。

乙合伙人认为，某公司欠合伙企业货款20万元，乙合伙人欠该公司10万元,两者相互抵消。

丙合伙人认为,自己早已经退伙,与债务无关。

丁合伙人认为,全部债务中有 20 万元属于自己入伙前合伙企业已经形成的,与自己没有关系,当初与丙的约定是对入伙前的债务不承担责任。

[问题]　合伙人甲、乙、丙、丁的观点是否符合法律规定？为什么？合伙企业资产不足清偿债务的部分应如何处理？

[分析提示]　合伙人甲、乙、丙、丁的观点均不符合法律规定。因为：

本例中的合伙企业应为普通合伙企业。根据《合伙企业法》规定,普通合伙企业由普通合伙人组成,合伙人对合伙企业债务承担无限连带责任。所以合伙企业欠某独资企业的货款,先应由合伙企业及其他合伙人承担偿还责任,以保证债权人的正当经济利益得到实现。然后,再根据合伙协议追究合伙人乙的责任。

合伙企业、某公司及乙合伙人之间的债权债务不能抵消。乙合伙人欠某公司的债务,属于个人的债务,与合伙企业无关。而该公司欠合伙企业的货款,直接会影响合伙企业债权人的利益。

根据《合伙企业法》规定,丙合伙人在退伙后,仍然对退伙前合伙企业的债务承担连带责任。

根据《合伙企业法》的规定,丁作为后入伙的合伙人,对其入伙前合伙企业的债务承担连带责任。虽然丙、丁之间有协议,但该协议违反《合伙企业法》,所以协议无效。

合伙企业资产不足清偿债务的,差额部分由合伙企业的全体合伙人承担无限连带责任。

2. 万泉食品有限责任公司是由赵某、尹某、谢某三人于 1997 年初出资设立的。2000 年 3 月,因谢某个人欠债权人王某借款 7 万元未还而形成诉讼,某县人民法院判令谢某在 10 日内偿还王某借款及利息共计 9 万余元。由于谢某到期未履行还款义务,法院下达民事裁定书：因谢某在万泉食品有限责任公司投入股金 28 万元,现裁定查封、扣押公司恒温库、低温库及库内货物,并通知公司法定代表人赵某协助执行,从谢某 28 万元股金中提取 11 万元作为还款及执行费用。万泉食品有限责任公司接到裁定书后立即提出异议。

资料来源：冯大同：《国际贸易法》,北京大学出版社 2005 年版。

[问题]

(1) 法院查封、扣押万泉食品有限责任公司的财产的做法是否正确？

(2) 法院裁定从谢某 28 万元股金中提取 11 万元现金作为还债及执行费用是否合法？

[分析提示]

(1) 法院查封、扣押万泉食品有限责任公司的财产是错误的。公司是法人,具有独立的法律人格,公司与组成公司的股东在法律上是两个完全不同的主体。股东谢某欠王某借款是谢某个人的债务,而不是公司的债务。因此,法院不能查封、扣押公司的财产。

(2) 法院裁定从谢某 28 万元股金中提取 11 万元现金作为还债及执行费用

是不合法的。公司拥有自己的财产，股东的出资在法律上属于公司所有，股东因投资而形成投资权益或股权，公司的财产与股东个人财产在法律上是分离的。谢某投入的 28 万元股金应属于公司的财产，而不是谢某的个人财产。因此，谢某不履行人民法院判决，法院可以对谢某的投资权益或股权采取冻结措施，并可以提取谢某应分得的股息或红利用于清偿债务，或者依法转让谢某的股权，用转让所得的收益清偿债务，而不应当从谢某的 28 万元股金中提取 11 万元现金。

第三章
国际商事代理法

【知识目标】

- 知晓代理法律关系当事人的义务、代理制度的国际公约
- 掌握代理、国际商事代理的概念与特征,代理权的产生,代理关系的终止,无权代理,代理的法律关系

【技能目标】

- 熟悉代理权的产生、代理关系的终止、无权代理的各种情况
- 熟练运用所学内容分析案例

 案例导读

　　张某是德大公司的销售主管,业务能力很强,深得公司董事会的赏识。公司总经理惧怕张某对自己的职位构成威胁,无故解雇了他。被解雇后,张某仍以德大公司的名义与多年的老客户广宇公司订立合同,收取并挟巨额货款失踪。广宇公司要求德大公司交付货物,德大公司以不知情为由拒绝交付。广宇公司坚持并不知道张某已被德大公司解雇,而且也未收到德大公司解雇张某的通知,属于不知情的善意的第三人,所以德大公司应履行张某订立的合同。广宇公司的要求是否合法?德大公司是否应履行合同?此损失应该由谁承担?这些问题都需要国际商事代理法来解决。

第一节　国际商事代理法律制度概述

一、代理的概念与特征

（一）代理的概念

代理（Agency）是指一方（代理人，又称受托人，Agent）以另一方（被代理人，又称委托人或本人，Principal）的名义，按照授权（Authoration）或法律的规定，同第三方订立合同或为其他法律行为，由此产生的权利与义务直接对被代理人发生法律效力的行为。

按照西方国家有关代理法律制度的规定，如果代理人是在被代理人的授权范围内行事，他的行为就对被代理人具有拘束力，即被代理人既取得由此产生的权利，也须承担由此产生的义务，而代理人则一般不对此承担个人责任。因此，只要代理人的行为没有超出授权的范围，被代理人就要对此负责。

（二）代理的特征

1. 代理行为必须是具有法律意义的行为。代理人所进行的代理活动必须是能够产生权利和义务、产生法律效果的行为。如代为订立合同、代为房产登记等。凡不能产生相应的法律后果的行为，如代人撰写文稿、代人进行具体的劳动等不属于代理。

2. 代理行为是代理人以被代理人的名义进行的活动。代理人只有以被代理人的名义行事，才能为被代理人设定权利和义务。这正是代理行为和行纪行为的区别所在。代理人如果用自己的名义为他人办事，不是代理，而是他自己的行为，如委托商行以自己的名义出售受托商品，则由委托商行承担法律后果。

3. 代理人在代理权限范围内实施代理行为是代理人独立的意思表示。这一特征表现出代理和一般地把被代理人的话转达给第三方不同，他体现了代理人的意思。但超越代理权限所作出的意思表示，对于被代理人不发生任何效力，其造成的损害应由行为人自己承担责任。

4. 代理行为直接对被代理人产生权利和义务。代理人在被代理人授权范围内，以被代理人的名义进行意思表示，以实现被代理人的权利和履行其义务，这实际上等同于被代理人直接与第三方发生经济法律关系，其法律后果理应由被代理人享有或承担。

（三）国际商事代理的概念

国际商事代理是指代理人为取得佣金，按照被代理人的授权，为被代理人的利益与第三方签订国际商事合同或为其他法律行为，由此产生的权利和义务直接对被代理人产生法律效力。这里的商事行为指一切营利性的营业行为，如货物买卖、货物运输、仓储保管、代理、保险、金融等。

国际商事代理不同于国内商事代理，其主体带有国际因素。国际因素，就某一具体国家而言，就是涉外因素。目前，各国和国际代理公约对国际因素的界定标准并不完全一致，主要有两种标准：一是国籍标准；二是地域标准。国籍标准是指商事代理所涉及的三方当事人中至少有两方的国籍不同，而三方当事人的营业地不予考虑。地域标准就是指商事代理所涉及的三方当事人中至少有两方的营业地不同或代理行为地与营业地不同，而当事人的国籍不予考虑。国际代理公约采纳的均是地域标准。

基于以上情况可以看出国际商事代理具有如下几个特征：

1. 国际商事代理的"国际性"。这主要是指国际商事代理行为中的代理人、被代理人或者第三人的营业地不在同一个国家或者地区，或者他们尽管营业地在一个国家或地区，但其国籍或者住所不在同一国家或者地区。

2. 国际商事代理的"商事性"。这主要是指国际商事代理行为发生在商事领域或者发生商事性质的行为。如前所述，"商事性"中的商事领域或者商事行为表现就是，带有营业性质的领域或者行为。

3. 国际商事代理的"代理性"。这主要是指国际商事代理从本质上来说是一种代理行为，完全符合代理的几个特征。除此而外，还有一层含义是国际商事代理的行为在法律上必须具有可代理性，比如某跨国公司老板代理全体职工看望病中住院的东道国同事，就不属于法律意义上的可代理性。

二、代理权的产生

代理权的产生方式，大陆法系和英美法系的规定有所不同。

（一）大陆法系的规定

大陆法把代理权产生的原因分为两种：一种是由于被代理人的意思表示而产生的，称为意定代理；另一种是基于法律规定而产生的，称为法定代理。

1. 意定代理。意定代理是指根据本人的意思表示而产生的代理。这种代理是基于被代理人的委托授权而产生的代理，故也称委托代理。相应地，被代理人又称为委托代理人，代理人又称为被委托人。被代理人授予代理人代理权的意思表示，可以采用口头方式，也可以采用书面方式，可以向代理人表示，也可以向同被代理人打交道的第三人表示。

意定代理一般建立在特定的法律关系基础之上，可以是劳动合同关系、合伙关系、工作职务关系，而多数是委托合同关系，即委托人和受托人约定，由受托人处理委托人事务的合同。同时，还必须经过被代理人向代理人授予代理权，委托代理关系才能确立，因而被代理人的授权意志是委托代理关系最终建立的关键。如甲公民委托律师代理民事诉讼，不仅要与律师事务所订立委托合同，还必须向律师交付授权委托书，该委托代理才得以成立，可见，意定代理赖以存在的基础法律关系一般是委托合同，而代理权的产生根据则是授权行为。因此意定代理应具备如下两个特征：（1）该意思表示必须是一种有相对人的意思表示。（2）授予委托代理权的意思表示原则上无形式上的要求。

2. 法定代理。法定代理是意定代理的对称，是指代理人的代理权是根据法律的直接规定而产生的一种代理关系。与意定代理的区别在于：法定代理人的代理权非基于本人的授权行为，而是直接由法律根据一定社会关系的存在而确定。

大陆法系国家民法一般认为，法定代理存在于以下的两种情况：（1）民法上的法定代理。如无民事行为能力人、限制民事行为能力人的监护人为其法定代理人。（2）商事法上的法定代理。如股份有限公司的董事对于公司取得法定代理权。

我国《民法通则》只规定了无民事行为能力人和限制民事行为能力人的法定代理。民法上的法定代理存在的根据是被代理人与代理人之间存在血缘关系、婚姻关系或其他亲缘关系。商事法上的法定代理则是基于被代理人与代理人之间存在特定的组织关系。法定代理是法律为保护被代理人合法权益而设立的一项法律制度。对法定代理人来说，担任代理人既是法律赋予的民事权利，也是一项民事义务。

提示：
法定代理人没有充分理由，不得拒绝代理。

（二）英美法系的规定

英美法系规定代理权的产生有如下原因：

1. 明示授权。明示授权（Express Authorite）是指被代理人以明示的方式指定某人为代理人而产生的代理权。这是英美法系国家中产生代理权最基本的途径。明示授权的代理协议并不要求特定的方式，可以是书面形式，也可以是口头形式。在授权表示上，有的代理权限作了明确的表述，也有的对代理权限大小没有作具体规定，只是泛泛指出一个合理的范围。

2. 默示授权。默示授权是指除明示授权以外的因双方存在的关系或特别的行为而产生的代理权。包括两种情况：（1）以言辞、行为默示而产生。被代理人的行为和语言中包含有默许代理人代理其签订合同的意图，就可以推定被代理人和代理人之间存在着有效的代理关系，被代理人应受代理人所签订的合同的拘束。（2）以身份关系、合作行为而推定产生。根据当事人之间的双方关系或合作关系而推定当事人之间存在真实有效的代理关系，如配偶之间的默示代理、合伙人之间的默示代理。

3. 表见代理。表见代理（Ostensible Agnecy）是指代理人并不具有本人的明示或默示授权，但因本人的言行使第三人有合理根据认为存在授权，则该代理人有关行为的法律后果由本人承担的代理。表见代理的情形有：（1）本人向第三人表示代理人有代理权，或代理人自己向第三人表示有代理权而本人不作反对；（2）本人对代理人的代理权限有限制，但未通知第三人；（3）本人已撤回代理人的代理权或代理人的代理权限已经终止，但未通知第三人。

在英美法上，表见代理又称为不容否认的代理（Agence by Estoppel）。表见代理虽然属于无权代理，但各国都规定：一旦表见代理成立，就产生与有权代理相同的法律效力，即本人对第三人要付授权的责任。设立这一制度的目的是保护善意的第三人，维护市场交易安全。因此，表见代理成立必须具备以下两个要件：（1）客观上必须存在使第三人相信行为人有代理权的事实依据。（2）相对第三人必须是善意且无过失，即第三人根本不知也无法得知无权代理人的行为是无权代理。

4. 职业或惯常授权。职业或惯常授权即以某种代理行为为职业的人，其所享有的代理权可以扩大到其职业通常所享有的权利范围。如代理商、拍卖商、不动产代理人、合伙人、律师、公司总经理或公司秘书等。根据英美法规定，职业授权规则的适用范围是有限制的。如果代理人所为行为不属于其职业惯常权利范围之内，或者代理人所为行为非为被代理人利益或者根本不属于被代理人业务范围，则不适用职业授权规则。

5. 客观必须的代理。客观必须的代理权是在一个人受委托照管另一个人的财产，为了保存这种财产而必须采取某种行动时产生的，在这种情况下，虽然受委托管理财产的人并没有得到采取这一行动的明示授权，但由于客观情况的需要必须视为其具有某种授权。根据英美法判例，行使这种代理权必须具备以下三个条件：（1）行使这种代理权是实际上或商业上必须的；（2）代理人在行使这种权利前无法与委托人取得联系并得到委托人的明示；（3）代理人所采取的措施必须是善意的，并且必须考虑到所有有关当事人的利益。之所以这样规定，是为了保证此种代理权不被滥用。

6. 追认的代理。追认的代理（Sgency by Ratification）是指代理人在无权或越权的情况下实施代理行为，本人予以追认或者不明示否认而产生的一种代理权。一般情况下，如果代理未经授权或超出了授权范围而以被代理人的名义同第三人订立了合同，这个合同对被代理人是没有约束力的，但是被代理人可以在事后批准或承认这个合同，这种行为就叫做追认。追认既可以明示的口头或书面方式作出，也可以被代理人的作为或不作为的默示形式形成。责任的效果就是使该无权代理或越权代理行为对本人具有拘束力。追认具有溯及力，即该合同成立时起就对本人生效。

提示

设立追认制度的目的是保护第三人和本人的合法权益。所以，很多国家一方面赋予本人的追认权，另一方面又赋予了第三人的撤销权。

在英美法中，追认必须具备以下几个条件：（1）代理人在与第三人订立合同时，必须声明他是以被代理人的名义订立合同。（2）合同只能由订立该合同时已经指定姓名的被代理人或可以确定姓名的被代理人来追认。（3）追认合同的被代理人必须是在代理人订立合同时已经取得法律人格的人，这项条件主要针对法人而言，即该法人必须在订立合同时已合法成立了。（4）被代理人在追认该合同时必须了解其主要内容。（5）追认必须是对整个合同的追认。本人不能只追认合同中对自己有利的部分，而否认对自己不利的部分。（6）追认必须及时，超过规定的履行期限的合同不能追认；如果该合同没有履行期限，本人必须在知悉该未经授权行为的一般合理时间内追认。

三、无权代理

（一）无权代理的概念

无权代理（Unauthorized Agency）是指欠缺代理权的人所进行的代理。无权代理与有权代理的区别仅仅在于无权代理人欠缺代理权，但其行为在形式上完全具备代理行为的其他条件（如以被代理人名义实施民事行为等）。

无权代理发生的原因主要有以下几种：

1. 没有代理权的代理。没有代理权的代理即行为人以本人名义实施民事行为没有任何法律根据，具体包括以下三种情形：（1）行为人未经授权而擅自以本人名义为代理行为；（2）不是法定代理人却以法定代理人的资格从事代理活动；（3）附延缓条件或附始期的代理权，其条件尚未成就或期限尚未届至，但代理人即提前擅自开始进行代理活动。

2. 越权代理。越权代理是指代理人本来有代理权，但其活动超出了授权范围，其超出授权范围的部分代理活动即属于无权代理。

3. 代理权终止后又进行的代理。因代理人已完成代理事务或其他原因，代理权已告终止，但代理人仍继续以被代理人名义进行代理活动，其行为构成无权代理。

4. 授权行为无效的代理。

（二）大陆法系的规定

大陆法系规定，无权代理有广义和狭义之分。广义上的无权代理泛指行为人不具有代理权，却以本人的名义与第三人进行民事活动的情形。包括狭义的无权代理和表见代理两种。狭义的无权代理是指行为人完全没有代理权而以被代理人名义实施法律性行为，即行为人既没有法定或意定的代理权，也没有令人相信其有代理权的事实或理由，却以被代理人的名义实施法律行为。这种行为非经本人追认，对本人没有拘束力。在本人没有追认前，狭义的无权代理行为处于效力待定的状态。如果善意的第三人因此遭受了损失，该行为人应当对该第三人负责。但第三人知道或应当知道该行为人无权代理的，法律不予保护。表见代理是指行为人虽无代理权，但善意的第三人在客观上有充分的理由相信行为人具有代理权，而与其实施法律行为。该法律行为的后果应直接由本人承担。表见代理实质上也是一种无权代理。原则上，无权代理对本人不发生法律效力，但是由于无权代理往往涉及相对第三人的利益，如果完全否认无权代理行为对被代理人的效力，会损害第三人的利益。因此，在一定条件下使被代理人承担无权代理的后果，有利于保护善意第三人的正当利益，也符合公平合理的原则。

（三）英美法系的规定

英美法系把大陆法系的无权代理称为违反代理权的默示担保（Breach of Implied Warranty of Authority）。根据英美法系的解释，当代理人同第三人实施法律行为时，代理人对第三人有一种默示的担保，即保证他是经被代理人授权的。此种情况下，第三人就可以无权代理人违反有代理权的默示担保对其提起诉讼。该无权代理人就需要对第三人承担责任。对于此种情况，需要注意以下几点：（1）这种诉讼只能由第三人提起，不能有被代理人提起；（2）无权代理人的行为不论是出于恶意还是不知情，他都要对此负责；（3）如果第三人明知或应知行为人欠缺代理权，或者知道代理人并没有提供有代理权的担保，或者合同中已经排除了代理人的责任，则代理人可以不承担责任；（4）如果由于被代理人的代理意思表示不清，而且代理人是以善意行事的，那么即使代理人对代理指示作出了错误的解释，也不承担责任；（5）代理人对违反代理权的默示担保所承担的损害赔偿金额，一般按照第三人所遭受的实际损失计算。

四、代理权的终止

代理权的终止是指根据代理关系中双方当事人的协议、或者行为表示以及某些法定事由的出现，致使代理关系终止，代理权消灭。代理关系终止后，被代理人必须将终止事实通知第三方，通知可以采用口头、书面、公告等形式。

（一）代理权终止的情形

代理权终止的情形通常有以下两类：

1. 根据当事人的行为终止代理权。根据代理人与被代理人双方当事人的行为终止代理权的情形主要有以下几种：（1）因代理期限届满而终止。当事人在代理合同中订有期限，代理权在期限届满时终止。（2）因代理目的实现而终止。由于代理任务完成，代理目的实现，代理权终止。（3）因合同约定而终止。当事人在代理合同中约定了合同终止的条件，该条件成就时，代理权终止。（4）因当事人协议而终止。当事人可以通过双方协议的方式终止代理关系，以此终止代理权。（5）因一方当事人撤回代理权而终止。一些大陆法国家为了保护商业代理人的利益，规定被代理人终止代理合同时必须在相当的时间以前通知代理人。英美法系国家对被代理人单方面撤回代理权也有一定的限制，根据英美的判例，如果代理权的授予是与代理人的利益结合在一起时，本人就不能单方面撤回代理权。例如，甲向乙借了一笔钱，并指定乙为代理人代其收房租，以清偿借款，在这种情况下，代理权的授予就同代理人的利益结合在一起，在其借款清偿完毕之前，不能单方面撤回对乙的代理权。（6）因代理人辞去代理权而终止。代理人也可以经过事先通知被代理人辞去其代理的职责，终止代理权。

2. 根据法律终止代理权。各国法律规定，在下列情况下，代理关系即告终止，代理权消灭：

（1）本人取得或恢复行为能力。如果本人是无民事行为能力的未成年人或精神病人的，在其成年或精神恢复正常后，即具备民事行为能力，法定代理人或指定代理人的代理权终止。

（2）被代理人死亡、破产或丧失行为能力。某些大陆法系国家的民商法规定，该种情况只适用于民法上的代理权，而商法上的代理权应适用商法典的特别规定，不因本人的死亡或丧失行为能力而消灭。我国法律也规定，本人死亡后，代理人不知情而进行的代理，或在本人死亡前已进行、而本人死亡后为了其继承人的利益继续完成的，代理行为仍然有效。

（3）代理人死亡、破产或丧失行为能力。各国法律规定，当代理人死亡、破产或丧失行为能力时，不论是民事上的代理权还是商事上的代理权，均应终止。同时，许多国家法律规定，如果发生代理人死亡等情况影响本人的利益时，代理人的继承人应采取必要的措施。

（4）其他原因。如代理标的物毁损或消灭时、因代理目的无法实现、代理关系履行不可能、法律改变使代理成为非法、本人与代理人之间特定关系解除等致使代理关系终止,代理权消灭。

(二) 代理权终止的法律后果

1. 当事人之间的法律后果。代理关系终止之后,代理人就没有代理权,如该代理人仍继续从事代理活动,即属于无权代理。大陆法系的一些国家为了保护代理人的利益,在商法中规定,在终止代理合同时,代理人对其在代理期间为被代理人建立的商业信誉,有权要求被代理人予以补偿。代理人对于商业信誉的赔偿请求必须在代理合同终止后3个月内提出。英美法系没有这种规定。

2. 对第三人的法律后果。当被代理人撤回代理权或终止代理合同时,对第三方是否有效,主要取决于第三方是否知情。根据各国的法律,当终止代理关系时,必须通知第三人才能对第三人发生效力,如果被代理人在终止代理合同时没有通知第三人,后者由于不知道这种情况而与代理人订立了合同,则该合同对被代理人仍有约束力,被代理人对此仍须负责,但被代理人有权要求代理人赔偿其损失。

提示:
对于此规定,大陆法系和英美法系是一致的。

第二节 代理法律关系

一、被代理人与代理人之间的关系

代理人与被代理人之间的关系一般是合同关系,属于代理的内部关系。通常情况下,代理人与被代理人都是通过订立代理合同或代理协议来建立他们之间的代理关系,并据以确定他们之间的权利和义务以及代理人的权限范围及报酬。

(一) 代理人的义务

1. 勤勉地履行其代理职责的义务。代理人应该对被代理人委托的财产和事务给予合适注意。即代理人在被代理人的授权范围内,竭尽其能力和经验来完成其事务。

2. 服从的义务。代理人应服从被代理人的合法的指令。

3. 忠实的义务。代理人应对被代理人忠实,主要体现在:(1) 自己代理之禁止(即代理人禁止在代理权限内与自己为法律行为);双方代理之禁止(即同一个代理人同时为一份合同的双方作代理的情况)。(2) 不与被代理人竞争。(3) 不密谋私利。(4) 不泄露商业机密。

4. 申报账目的义务。代理人有义务对一切代理交易保持正确的账目,并根据代理合同的规定,或在被代理人提出要求时申报账目。

5. 通知的义务。代理人应把代理过程中的一切真实重要的事实通知被代理人,以使被代理人作出进一步判断。

6. 亲自履行代理职责的义务。代理关系是基于被代理人对代理人的知识、技能、信用的信赖而产生的。因此,一般情况下,代理人不得把被代理人授予的代理权委托他人，代理人必须亲自实施代理行为。如果本人同意、客观情况需要或者贸易习惯上允许，则可以将代理权委托他人。

（二）被代理人的义务

1. 支付佣金。被代理人必须按照代理合同的规定给付代理人佣金或其他约定报酬。

2. 偿还代理人因履行义务而产生的费用。一般地讲，除合同规定外，代理人履行代理任务时所开支的费用不能向被代理人要求偿还。但如果代理人因执行被代理人指示的任务而支出费用或遭受损失时，则有权要求被代理人予以赔偿，例如，代理人根据被代理人的指示在当地法院对违约客户进行诉讼所遭受的损失或支出的费用，被代理人必须负责予以赔偿。

3. 让代理人检查核对其账册。一些大陆法系国家强制规定，代理人有权检查被代理人的账目，以便核对被代理人支付的佣金是否准确无误。

案例分析

马里兰钢铁有限公司（原告）曾雇用特纳（被告）从事废旧钢铁的买卖交易，在生意兴隆时，被告与原告的另一名职员也准备创立一个类似的钢铁公司，并在业余时间积极准备，后两人辞职并于一年后正式成立了一家钢铁公司。原告认为被告在任职期间不忠诚，所以应赔偿损失，并要求法院禁止被告开业，法院认为，被告在任职期内并未开办类似的公司与被代理人竞争，业余时间的准备是合理的，辞职一年后才开业，也未违反商业信誉原则，故不涉及不忠诚问题，原告败诉。

资料来源：王亦平：《经济法案例题解》，法律出版社2006年版。

二、代理人与第三方之间的关系

代理人依据代理权与第三方之间的关系，属于代理关系中的外部关系（External Relationship）之一。

（一）代理人的义务

1. 权利担保的义务。权利担保义务是指代理人应担保其行为是在被代理人的授权范围内进行的有权代理。对于此项义务，大陆法系和英美法系有着不同的规定。

大陆法系国家的法律规定，在直接代理中，只要代理人在代理权限内，以代理人的名义与第三方订立合同，合同的当事人双方就是被代理人和第三方。代理人只承担权利担保义务，不承担合同履行义务。而在间接代理中，代理人要对第三方承担合同履行义务。

英美法系国家的法律规定，代理人对第三方承担担保责任有两种情况：其一是显名代理中代理人的义务。代理人在从事代理业务时，是在代理权限内并明示被代理人的身份的情况下与第三方订立的合同，合同的当事人双方就是被代理人和第三方。代理人只承担权利担保义务，不承担合同履行义务。其二是代理人在从事代理业务时，无论是否明示被代理人的身份，只要代理人在代理权限内以代理人的名义与第三方订立合同，合同的当事人双方就是被代理人和第三方。代理人只承担权利担保义务，不承担合同履行义务。

2. 诚实信用的义务。诚实信用的义务是指代理人应以善意的方式、合法的手段从事代理业务，不应有损害社会公共利益和第三方合法权益的故意和过失。

（二）第三方的义务

代理人是接受被代理人的授权，以代理人的身份与第三方订立合同。一般情况下，合同一经成立，合同中规定的权利义务归于被代理人和第三方，第三方对代理人不承担个人责任。在无权代理和越权代理的情况下，第三方要承担合同履行责任。

三、被代理人与第三方之间的关系

被代理人与第三方之间存在承受代理行为后果的关系，也是代理关系中的外部关系之一。

（一）被代理人的义务

对于被代理人对第三方的义务，大陆法系和英美法系有着不同的规定。

大陆法系国家的法律规定有：

1. 直接代理中全面履行合同的义务。在直接代理中，代理人在代理权限内，以代理人的名义与第三方订立合同，合同的当事人双方就是被代理人和第三方。被代理人直接对第三方负责，承担履行合同的义务。

2. 间接代理中转让的合同履行义务。在间接代理中，代理人和第三方所订立的合同中的权利义务转让给被代理人后，被代理人对第三方承担履行合同的义务。

英美法系的国家法律规定有：

1. 显名代理中履行合同的义务。合同当事人双方是被代理人和第三方，因此被代理人要承担合同履行义务。

2. 隐名代理中履行合同的义务。代理人在从事代理业务时，未明示被代理人的身份，但代理人在代理权限内，以代理人的身份与第三方订立合同，所以合同当事人双方是被代理人和第三方，被代理人要承担合同履行义务。

3. 未披露代理的被代理人的义务。代理人在从事代理业务时，拥有代理权，但以代理人自己的名义与第三方订立合同，合同的当事人双方就是代理人和第三方。被代理人不承担合同履行义务。但被代理人依法行使了介入权并得到第三方的认可后，被代理人承担合同履行义务。

（二）第三方的义务

代理人若是依被代理人的授权并以代理人的身份与第三方订立合同，被代理人与第三方就是该合同的当事人。第三方就须按照合同的有关约定对被代理人承担履行义务。如果代理人在办理代理事项中没有披露被代理人的身份，或者发生无权代理或越权代理的情况下，只要第三方认可了被代理人事后所行使的追认权或介入权，那么第三方也必须按照合同约定向被代理人承担履约责任。此外，如果第三方串通代理人侵害了被代理人的利益，承担连带赔偿责任。

第三节 承担特别责任的代理人

一般情况下，代理人在授权范围内同第三方订立合同后，就不再对被代理人或第三方承担个人责任，这是各国代理制度的一般原则。但在国际商事实践中，各国法律或商业习惯也承认，某些代理人在一定条件下须对被代理人或第三方承担个人责任，这种代理人叫做承担特别责任的代理人。这些代理人活动在国际商事交易的各个领域，发挥着十分重要的作用。

承担特别责任的代理人可分为两类：一类是对本人承担特别责任的代理人，如信用担保代理人、出口保理人；另一类是对第三方承担特别责任的代理人，如保付代理人、保兑银行、保险经纪人、运输代理人、广告代理人、证券经纪人、期货经纪人等。

一、对被代理人承担特别责任的代理人

（一）信用担保代理人

信用担保代理人（Delcredere Agent）是在资本市场上对被代理人承担特别责任的代理人。信用担保代理人作为国内卖方（被代理人）的代理人，在他所介绍的国外买方（即第三方）不付货款时，由他负责赔偿被代理人因此遭受的损失。采用信用担保代理人的好处是可避免委托人因不了解买方资信问题而带来的违约风险。

大陆法系的国家对信用担保代理人都有专门的规定，信用担保代理在直接代理和间接代理两种情况下都可以成立。英美法系的国家没有关于信用担保代理人的成文法，但判例法已形成了一套完整的规则。根据英国法院的判例，信用担保代理人的责任是属于第二位的责任，即只有当买方无力支付货款或因类似原因致使本人不能收回货款时，信用担保代理人才有赔偿本人的义务。同时，信用担保代理人的责任仅限于担保买方（第三方）的清偿能力，即仅对买方无力支付货款负责；如果由于委托人（本人）没有如约履行合同，致使买方（第三方）拒付货款，则代理人不负责任。

（二）出口保理人

出口保理人（Factor）是一种向出口商（被代理人）提供一套包括买方资信调查、金额的风险担保、催讨资款、财务管理及融通资金等综合性代理服务的代理人。出口保理人是在信用担保代理人的基础上发展起来的，国际保理业务（International Factoring）是国际贸易中在承兑交单、赊销方式下，保理公司对出口商应收账款进行核准或购买，从而使出口商获得出口后收回货款的保证。

在国际保理业务中，出口商在与外国进口商订立买卖合同前，必须先与出口

> **注意：**
> 从法律上看，在被代理人与代理人之间实际上存在着两个合同关系：一是普通的代理合同；二是担保合同（Delcredere Contract），代理人根据担保合同对本人承担个人的特别责任。

保理人联系，将准备订约的进口商名称和地址告知保理人，在得到出口保理人认可并签订保理协议（Factor Agreeirient）后，方可在协议规定的限度内与进口商订立正式的买卖合同。买卖合同签订后，出口商应按合同规定提交货物，并向保理人提交发票、汇票及提单等有关凭证，再由保理人通过其在进口地的分支机构或代理人向进口商收取货款。如进口商不按时付款或拒付，保理人应负责追偿和索赔，并按保理协议向出口商支付赔款。但是，如果出口商因自己违反买卖合同而遭受进口商的拒付或延迟支付，保理人则不负赔偿责任。

二、对第三方承担特别责任的代理人

（一）保付代理人

保付代理人（Confirming Agent）的业务是代表国外的买方（被代理人）向本国的卖方（第三方）订货，并在国外买方的订单上加上保付代理人自己的保证，由他担保国外的买方履行合同。如果国外的买方不履行合同或拒绝付款，保付代理人负责向本国的卖方支付货款。保付代理人通常由出口商担任，所以又称为出口商行（Export House）或保付商行（Confirming House）。

在保付代理中通常存在两方面的法律关系：一方面是与国外委托其购货的买方间的关系，这是普通的代理关系；另一方面是与本国卖方间的关系，这是代理人和第三方的担保关系，即保付代理人以代理人的身份为国外买方订货，同本国的卖方（第三方）订立买卖合同，但同时加上代理人自己的保证，对本国卖方（第三方）承担支付货款的责任。如果在合同履行前，国外买方（被代理人）无正当理由取消订单，保付代理人仍须对本国卖方（第三方）支付货款，但在付清货款之后，有权要求国外买方（被代理人）偿还他所付的货款，在某些情况下，还可要求损害赔偿。

（二）保兑银行

保兑银行（Confirming Bank）是应商业跟单信用证开证行的请求，对其开出的不可撤销信用证再加保兑的银行，也是一种对第三方承担特别责任的代理人。

在国际贸易中，普遍使用商业跟单信用证（Letter of Credit）的方式支付货款。为了保证收款安全，往往通过买方要求该开证行对他开出不可撤销的信用证取得其他银行的保兑。一般的程序是：由国外的买方通过进口地的银行（被代理人）向出口地的保兑银行或代理银行开出一份不可撤销的信用证，委托该出口地的代理行对其不可撤销的信用证加以保兑，即在其上加上"保兑"字样，并将该信用证通知卖方（第三方，在银行业务上称为受益人）。卖方只要提交信用证所规定的单据，就可以向设在出口地的保兑银行要求支付货款。

（三）货物运输代理人

货物运输代理人（Foryvarding Agent）是接受客户委托，以自己的名义代客户向承运人办理货物运输的人。货物运输代理人在国际贸易中起着重要的作用，这些代理人精通海、陆、空运输的复杂知识，特别是了解经常变化的国内外海关手续、运费与运费回扣、海港与机场的习惯和惯例及业务做法、海空货物集装箱运输的组织以及出口货物的包装和装卸等。他们有时还代理商品检验、办理投保

提示：
保付商行与信用担保代理人都是承担特别责任的代理人，都起着代理人和担保的作用，它们之间的区别在于：前者对第三方承担责任，而后者对本人承担责任。

和催收账款的业务。

在这种代理关系中，客户是被代理人，承运人为第三方。根据国际运输行业的惯例及英国运输代理机构制定的标准交易条件，如果运输代理人受客户（本人）的委托，向轮船公司（第三方）预订舱位，他们自己须向轮船公司负责。如果客户届时未装运货物，使轮船空舱航行，代理人须支付空舱费（Dead Freight）。在这种情况下，代理人可要求客户给予赔偿。客户拖欠代理人的佣金、手续费或其他报酬，代理人对其占有下的物有留置权（Lien），直到客户付清各项费用为止。

（四）保险代理人

保险代理人（Insurance Broker）有时也称保险经纪人，是指基于投保人的利益，为投保人和保险人提供中介服务并依法收取佣金的人。保险经纪人的具体业务是代投保人向保险人洽定保险合同，办理投保手续，代交保险费或者代为索赔。在这种代理关系中，投保人是被代理人，保险人为第三方。

在国际贸易中，进口商或出口商在投保海上货物运输保险时，一般不能直接同保险人（如保险公司）订立保险合同，而必须委托保险经纪人代为办理。例如，英国《海上保险法》规定，凡海上保险合同，由经纪人替被保险人（本人）签订时，经纪人须对保险人（第三方）就保险费直接负责；保险人则对被保险人就保险金额直接负责。如果保险人不缴纳保险费，经纪人须直接负责对保险人缴纳保险费；如果保险物因承保范围内的风险产生损失，则由保险人直接赔付被保险人。

> **提示：**
> 与其他行业代理人或经纪人不同，保险经纪人的佣金是由保险人（第三方）支付的，而不是由他们的委托人（被代理人）支付。

第四节 代理制度的国际统一立法

自20世纪中叶以来，国际社会先后制定了一些具有代表性的关于代理制度的国际公约，如《国际货物销售代理公约》、《代理法律适用公约》、《商务代理合同起草指南》、《代理统一法公约》、《代理合同统一法公约》、《运输代理人公约》、《国际保付代理公约》等。这里主要介绍《国际货物销售代理公约》和《代理法律适用公约》。

一、《国际货物销售代理公约》

《国际货物销售代理公约》（*Convention on Agency in the International Sale of Goods*）简称《代理公约》，由国际统一私法协会于1981年起草，并于1983年2月17日在日内瓦外交会议上正式通过。《代理公约》共5章35条，主要内容包括：第一章，适用范围及规则（第1~8条）；第二章，代理权的设定和范围（第9~11条）；第三章，代理人实施的行为的法律效力（第12~16条）；第四章，代理权的终止（第17~20条）；第五章，最后条款（第21~35条）。

提示：
公约规定，无论代理人以其自己名义或以被代理人名义所实施的行为，均适用本公约。根据该规定，公约所规范的代理既包括直接代理，也包括间接代理。

（一）公约的适用范围

1. 公约适用的当事人代理行为的范围。公约规定，代理人有权或声称有权代表被代理人与第三方订立国际货物销售合同。根据该规定，公约只调整代理的外部关系，不调整被代理人与代理人之间的内部关系。

2. 公约适用的地域范围。公约规定，本公约适用于被代理人与第三方在不同国家有营业地点，而且，代理人在某一个缔约国里有营业地点，或者国际私法规则导致适用某一缔约国的法律。根据该规定，公约所调整的货物销售代理必须具有国际性，当事人的国籍以及民事或者商事性质不影响公约适用的地域范围。

3. 公约适用的代理业务范围。公约只是原则性地规定适用国际货物销售的代理行为，并无具体规定、具体适用哪些方面的代理行为。

> **提示**
> 公约第三条采用排除法，将以下业务排除在公约适用范围之外：（1）证券交易所、商品交易所或其他交易商的代理；（2）拍卖商的代理；（3）家庭法、夫妻财产法或继承法中的法定代理；（4）根据法律或司法授权产生的，代表无行为能力人行为的代理；（5）按照司法机关或准司法机关的决定或在上述机关直接控制下产生的代理。

（二）代理权的设定形式

公约规定，被代理人对代理人的授权可以明示或默示，授权无需以书面形式授予或证明，也不受其他任何形式要求的约束，授权可以任何方式，包括证人加以证实。由此可见，公约对代理权的设定上不作任何形式上的限制。

（三）代理关系的终止

根据公约规定，代理关系在下列情况下终止：

1. 当被代理人与代理人之间达成协议终止时，即被代理人与代理人协议终止代理关系。

2. 当被代理人授权的一笔或数笔交易已经完成时，即代理事项完成时代理关系终止。

3. 无论是否符合其协议条款，当被代理人撤销代理权或代理人放弃代理权时，即被代理人撤销代理权或者代理人放弃代理权时，代理关系终止。

4. 代理人的权利也根据适用法律的规定而终止，即所适用的法律使代理关系终止。

（四）代理行为的法律效力

1. 代理人的行为约束被代理人与第三方的情况。根据公约规定，当代理人在其授权范围内代表被代理人的行为，而且第三方知道或应该知道该代理人身份和范围时，则被代理人与第三方相互之间的关系应直接受到代理人与行为的约束。

2. 代理人的行为只约束代理人和第三方的情况。根据公约规定，如果代理人在授权范围内与第三方订立合同时，第三方不知道也不应当知道代理身份的，由此签订的合同只约束代理人与第三方,不约束被代理人。但是,公约规定在一定情形下,被代理人或者第三方可以取得类似于英美法上关于被代理人的介入权与第三方的选择权,具体如下:

(1) 当代理人未履行或无法履行其对本人的义务时,被代理人可以行使代理人因代表本人而从第三方处取得的权利,但应受到第三方可能对代理人提出的抗辩的限制。

(2) 当代理人未履行或无法履行其对第三方的义务时,第三方可行使本人从代理人处取得的权利,但应受到代理人可能对第三方提出的抗辩以及被代理人对代理人可能提出的抗辩的限制。

3. 代理人无权或者越权代理的法律效力。根据公约规定,当代理人未经授权或者超越代理权限时,其行为对被代理人与第三方无约束力。但是存在以下两种例外情形:

(1) 如果因被代理人的行为使得第三方合理并善意地相信代理人有权代理被代理人的某种行为,并且相信代理人是在授权范围内行事的,则被代理人不得以代理人无代理权为由抗辩第三方。

(2) 代理人未经授权或者超越代理权的行为,可以由被代理人予以追认,经追认的行为视为自始具有经授权的行为的效力。

《代理公约》是在大陆法和英美法兼容并蓄的基础上进行的整合,系统而详尽地概括了各种代理模式,逾越了代理法在两大法系的鸿沟,达成了代理法律关系有限度的统一,它是迄今为止在统一代理法方面最成功、最完备的国际公约。

二、《代理法律适用公约》

《代理法律适用公约》(*Convention on the Law Applicable to Agency*),1978 年 3 月 14 日第十三届海牙国际私法会议通过,1992 年 5 月 1 日生效。公约对被代理人与代理人之间的内部关系,被代理人、代理人与第三方之间的外部关系的法律适用以及其他相关问题作了全面的规定。该公约共 5 章 28 条。

(一) 公约的适用范围

根据公约规定,公约只涉及代理关系的法律适用问题,而不涉及这种关系的实体问题、司法管辖权问题以及法院判决的承认与执行问题。

1. 公约所调整的代理关系。根据公约规定,公约所调整的代理关系包括:(1) 代理人有权代表被代理人的利益与第三者进行交易或打算进行交易的行为;(2) 公约扩大适用到代理人代表他人接收和传达提议或进行谈判等场合;(3) 不管代理人以其自己或以被代理人的名义进行活动,也不管其行为是定期的还是临时的,公约均适用。

2. 公约排除适用的情况。根据公约规定,公约所调整的代理关系不适用于下列事项:(1) 当事人的能力;(2) 形式方面的要求;(3) 家庭法、夫妻财产制或继承法上的法定代理;(4) 根据司法机关或准司法机关决定的代理,或在这类当局直接监督下的代理;(5) 与司法性质的程序有关的代理;(6) 船长执行其职务上的代理。

（二）代理关系的法律适用

1. 被代理人与代理人之间内部关系的法律适用。

（1）意思自治原则。根据公约规定，被代理人与代理人之间的法律适用依双方当事人意思自治的原则选择法律。选择必须是明示的，或者是从当事人间的协议以及案件的事实中合理而可以必然地推定的。

（2）当事人未作选择时的法律适用。根据公约规定，当事人没有选择法律时，适用的法律应是在代理关系成立时，该代理人设有营业所的国家的国内法；或者如果没有营业所，则是其惯常居所地国家的国内法。但如果被代理人在代理人主要活动地国家设有营业所，或虽无营业所但在该国设有惯常居所，则该国国内法应予以适用。在被代理人或代理人有一个以上的营业所时，则上述涉及的营业所系指与代理协议有最密切联系的营业所。

2. 被代理人、代理人和第三方之间外部关系的法律适用。公约采取折衷方案，规定以代理人的营业地和行为地作为连结点。

（三）一般条款和其他问题

规定了与公约适用有关的一些基本问题，如公共秩序保留、公约的保留、国内法强制性规定的优先适用等。根据公约第 16 条的规定，法院应该给予任何一个与特定的代理关系有重要联系的国家的强制性法律优先适用的效力。

本章知识结构图

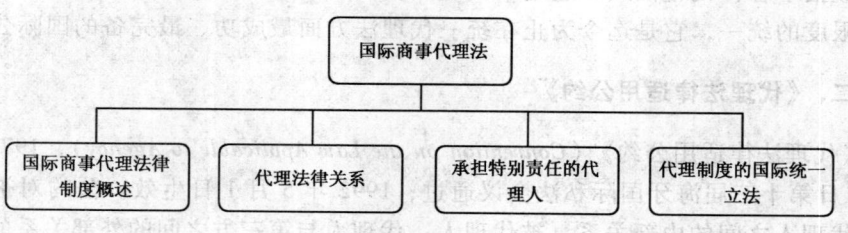

 思考练习题

一、选择题

1. 在下列行为中，不适用代理的是（　　）。
A. 以财产关系为内容的民事法律行为
B. 财产行为以外其他具有实体法律意义的行为
C. 诉讼行为
D. 事实行为

2. 大陆法系规定代理权产生的原因有（　　）。
A. 法定代理　　　　　　　　B. 意定代理
C. 表见代理　　　　　　　　D. 事实代理

3. 表见代理是（　　）。
A. 属于有权代理，由被代理人承担法律效果

B. 属于有权代理，由代理人承担法律效果
C. 属于无权代理，由代理人承担法律效果
D. 属于无权代理，由被代理人承担法律效果

二、判断题

1. 大陆法系的代理制度建立在等同论的基础上，把委任与授权严格区别开来。（　　）
2. 保险经纪人的佣金是由保险人（第三方）支付的，而不是由他们的委托人（被代理人）支付。（　　）
3. 《国际货物销售代理公约》所规范的代理是直接代理。（　　）

三、简答题

1. 国际商事代理的概念和特征。
2. 英美法系规定代理权产生的原因。
3. 代理人对被代理人承担的义务。

案例分析题

1. 张某是宏达贸易公司的业务员，全面负责宏达公司与德国戴尔公司业务的洽谈，有近十年的经历。2007年1月，张某辞职并设立了自己的公司。3月，张某仍以宏达公司的名义与德国戴尔公司签订汽车配件进口合同，合同约定货到验收合格付款。8月宏达公司收到了戴尔公司货物提货单，经查询后方知原委，于是立即电告戴尔公司，说明原因要求取消合同，但是遭到戴尔公司的拒绝。宏达公司则拒绝提货、付款。为此，戴尔公司要求宏达公司承担违约责任。

［问题］　宏达公司是否应当承担违约责任？

［分析提示］　宏达公司应当承担违约责任。甲的行为实际上是"代理权终止后的行为"，但是，戴尔公司却没有得到相关的通知。基于近十年的贸易关系，戴尔公司完全有理由认为张某和宏达公司之间的代理授权关系仍存在，戴尔公司应是不知情的善意第三方。因此，张某与戴尔公司签订进口合同的行为符合表见代理的构成要件，属于表见代理。根据国际商事代理法的有关规则，无权代理一旦构成表见代理，就可发生与有权代理同样的法律效果，对被代理人直接产生法律效力，被代理人受其约束。被代理人不得以代理权已消灭为理由对抗善意的第三方，而拒绝承担责任。而第三方也可行使撤销合同的选择权，而使代理归于无效，向无权代理人追究责任。而戴尔公司没有行使撤销权，所以宏达公司应当承担违约责任。

2. 张某为宏达公司的销售代理人，代理业务包括收集订单、交货和收款。由于市场竞争激烈，销售额下降，为了巩固市场占有率，宏达公司授权所有的销售代理人对订单打九折。张某工作积极努力，订单数量持续增加，但他却一直对

客户打九五折，另外的5%折扣留作己用。由于张某将所有的销售款存入自己的私人账户，每月底又从该账户取出与销售款等额的现金交于宏达公司，所以宏达公司并不知情。后经其他代理人披露，宏达才知真相。

［问题］ 张某违反了代理人的何种义务？

［分析提示］ 根据国际商事代理法的规定，张某违反了诚信忠实、申报账目、通知与披露等义务。在本案中，张某通过收款赚取了利息，在销售折扣上密谋私利，赚取了非法利益，违反了代理人诚信忠实的义务；张某在打九五折的情况下未通知宏达公司，隐瞒了代理中的事实真相，违反了代理人通知与披露的义务；张某将收款存入自己的账户，并将部分款项私吞，违反了代理人申报账目的义务。

第四章

国际商事合同法

【知识目标】

- 知晓合同的概念和特征、合同的分类,各国合同法律规定
- 掌握要约和承诺、对价和约因、订约能力、当事人合意、合同的履行、变更和转让、合同的消灭、违约和救济

【技能目标】

- 熟悉合同的订立、履行、变更、转让、消灭
- 熟练运用合同规则分析案例

案例导读

2005年4月5日,长春某工业供销公司(买方)与德国东方有限公司(卖方)签订一份进口机床的合同。合同规定:卖方在2005年12月7日前交付买方机床100台,总价值5万美元,货到3日内货款一次付清。7月7日,卖方来函:因机床价格上涨,全年供不应求,除非买方同意支付6万美元,否则卖方将不交货。对此,买方表示按合同规定价格成交。买方曾经于7月7日询问另一家公司寻找替代物,新供应商可以在12月7日前交付100台机床并要求支付价款5.6万美元,买方当时未立即补进。12月7日,买方以当时的6.1万美元的价格向另一供应商补进100台机床。对于差价损失,买方向法院提起诉讼,要求卖方赔偿其损失。本例中的补进属于哪种救济方式?买方要求是否合理?解析这些问题,需要掌握和运用国际商事合同法的相关知识。

资料来源:中国进口网(www.import.net.cn)

第一节 合同法概述

一、合同的概念和特征

(一) 合同的概念

合同（Contract）是当代社会进行各种经济活动的基本法律形式。由于社会条件、法律渊源、背景等不同，世界各国对合同的定义并不完全相同。

大陆法系国家基本上认为合同是一种协议。其本质是双方的一种合意（Consensus），即合同双方的意思表示一致。德国《民法典》把合同归入法律行为的范畴，其中第 305 条规定："依法律行为设定债务关系或变更法律关系的内容者，除法律另有规定外，应依当事人之间的合同。"法国《民法典》第 1101 条规定："合同是一人或数人对另一人或数人承担给付某物，作或不作某事的义务的一种合意。"这里的"合意"是指当事人之间的意思表示一致，即只有当事人的意思表示一致，合同才能有效成立。此外，大陆法系普遍认为当事人之间可以达成无利益交换的协议，如赠与协议。

英美法系的国家强调合同的实质是当事人所作的一种"许诺"或"允诺"（Promise），而不仅仅是达成协议的事实。当诺言有了对价时，诺言与对价成为交易的对象，诺言才有了被强制执行的效力，受诺人可以通过法院强制诺言人履行其诺言，此时诺言成为合同。美国《合同法重述》对合同所作的定义是："合同是一个许诺或一系列的许诺，对于违反这种许诺，法律给予救济，或者法律以某种方式承认履行这种许诺乃是一项义务。"

英美法认为，法律上强制执行的是当事人所作的许诺，而大陆法则认为，法律上强制执行的是当事人之间的协议或合意。尽管两大法律体系对合同的概念在理论上存在比较大的分歧，但是实际上无论是英美法系国家，还是大陆法系国家，都把双方当事人的意思表示一致作为合同成立的要件，即如果双方当事人不能达成协议，就不存在合同。在这一点上，双方是没有实质性分歧的。

我国法律认为合同在本质上是一种协议。《民法通则》第八十五条规定："合同是当事人之间设立、变更、终止、民事关系的协议。"《合同法》第二条规定："合同是平等主体的自然人、法人、其他组织之间设立、变更、终止民事权利义务关系的协议。"

(二) 合同的特征

1. 合同是双方或多方的法律行为。民事法律行为根据其意思表示的多寡可以分为：单方行为、双方行为及多方行为。合同是基于双方或多方的意思表示而成立的，双方间成立的合同为双方行为，即双方合同；多方间成立的合同为多方行为，即多方合同。

2. 合同是当事人基于平等地位达成的意思表示一致的法律行为。民事法律行为以意思表示为要素，合同是双方或多方的民事法律行为，意味着合同是在双方或多方都有意思表示、而且各方意思表示一致的条件下成立的。或者说，合同是当事人协商一致的产物。真实的意思产生于当事人的自由和自愿，因此当事人必须在平等自愿的基础上进行协商，才能使其意思表达成一致，如果不存在平等自愿，也就没有真正的一致。

3. 合同是当事人确立、变更、终止权利义务关系的协议。首先，合同当事人签订合同的目的是为了各自的经济利益或共同的经济利益，因而合同的内容为当事人之间财产性的民事权利义务；其次，合同当事人为了实现或保证各自的经济利益或共同的经济利益，以合同的方式来设立、变更、终止财产性的民事权利义务关系。

4. 合同是具有法律约束力的行为。合同一经依法成立即具有法律约束力。所谓法律约束力，是指合同的当事人必须遵守合同的规定，如果违反，就要承担相应的法律责任。

二、合同的分类

1. 双务合同和单务合同。根据当事人双方权利义务的分担方式，可把合同分为双务合同与单务合同。双务合同是指当事人双方相互享有权利、承担义务的合同，如买卖、互易、租赁、承揽、运送、保险等合同为双务合同。单务合同是指当事人一方只享有权利，另一方只承担义务的合同，如赠与、借用合同就是单务合同。

2. 有偿合同与无偿合同。根据当事人取得权利是否以偿付为代价，可以将合同分为有偿合同与无偿合同。有偿合同是指当事人一方只享有合同权利而不偿付任何代价的合同。

3. 诺成合同与实践合同。根据合同的成立是否以交付标的物为要件，可将合同分为诺成合同与实践合同。诺成合同又叫不要物合同，是指当事人意思表示一致即可成立的合同。实践合同又称要物合同，是指除当事人意思表示一致外，还须交付标的物方能成立的合同。

4. 要式合同与不要式合同。根据合同的成立是否需要特定的形式，可将合同分为要式合同与不要式合同。要式合同是指法律要求必须具备一定的形式和手续的合同。不要式合同是指法律不要求必须具备一定形式和手续的合同。

5. 为订约当事人利益的合同与为第三方利益的合同。根据订立的合同是为谁的利益，可将合同分为为订约当事人利益的合同与为第三方利益的合同。为订约当事人利益的合同是指仅订约当事人享有合同权利和直接取得利益的合同。为第三方利益的合同是指订约的一方当事人不是为了自己，而是为第三方设定权利、使其获得利益的合同。在这种合同中，第三方既不是缔约人，也不通过代理人参加订立合同，但可以直接享有合同的某些权利，可直接基于合同取得利益。如为第三方利益订立的保险合同。

6. 主合同与从合同。根据合同间是否有主从关系，可将合同分为主合同与从合同。主合同是指不依赖其他合同而能够独立存在的合同。从合同是指须以其

提示：
有些合同只能是有偿的，如买卖、互易、租赁等合同；有些合同只能是无偿的，如赠与等合同；有些合同既可以是有偿的，也可以是无偿的，由当事人协商确定，如委托、保管等合同。双务合同都是有偿合同，单务合同原则上为无偿合同，但有的单务合同也可为有偿合同，如有息贷款合同。

他合同的存在为前提而存在的合同。

第二节 合同的成立

合同的订立就是合同当事人进行协商，使各方的意思表示趋于一致的过程，这一过程要符合法律规定的各项条件。合同的成立是合同法律关系确立的前提，也是衡量合同是否有效以及确定合同责任的前提。一项合同只有成立以后才谈得上合同效力及合同责任。当事人订立合同的过程一般分为要约和承诺两个阶段。

一、要约和承诺

（一）要约

1. 要约的概念。要约（Offer）在国际贸易中又称为"发盘"，也可称其为发价，是指一方当事人提出的希望和他人订立合同的意思表示。在要约成立的情形下，发出要约的一方为要约人，另一方为受要约人。

要约可以采用书面的形式作出，也可以用口头或行动作出。《联合国国际货物销售合同公约》（1980年）与我国《合同法》都对要约下了明确的定义。《联合国国际货物销售合同公约》第14条规定："向一个或一个以上特定的人提出的订立合同的建议，如果十分确定并且表明发价人在得到接受时承受约束的意旨，即构成发价。一个建议如果写明货物并且明示或暗示地规定数量和价格或规定如何确定数量和价格，即为十分确定。"我国《合同法》第十四条规定："要约是希望和他人订立合同的意思表示。"

2. 要约的有效条件。要约通常具有特定的形式和内容，一项要约要发生法律效力，必须具备如下要件：

（1）要约必须是特定的合同当事人所为的意思表示。一项要约可以由合同当事人任何一方提出。但是，发出要约的人必须是特定的合同当事人。所谓特定的当事人，应当是为外界所能客观确定的人，可以是法人或自然人，也可以是本人或其代理人。

（2）要约必须具有缔结合同的主观目的。要约是一种意思表示，但这种意思表示须具有与被要约人订立合同的真实意愿，其外在表现形式为要约人主动要求与被要约人订立合同。凡不具有以自己主动提出订立合同为目的的行为，尽管貌似要约，也不应视为要约。这是要约与要约邀请的主要区别。

（3）要约的内容必须确定和完整。一般而言，要约的内容应该包括准备签订的合同的主要条款，诸如商品的名称、数量、质量、价款、履行期限、地点和方式等。大陆法系国家与英美法系国家的法律规定基本相同，都认为要约的内容应具备合同的必要条款；但并非要求要约人必须在要约中详细载明合同的全部内容，尤其是英美法系的一些国家对此采取了更为灵活的规定。例如，美国《统一

提示：
在商品交换较为发达的国家广为流行的自动售货机可视为一种要约，原因在于其自动售货机的设置必为特定的人所为。消费者虽可不必了解何人为真正要约者，但只要按指示投币入机，完成承诺行为，整个合同的成立及履行便可由机器自动完成。

商法典》第202~204条规定:"(1)货物买卖合同可以通过任何足以表明当事方已达成协议的方式订立,包括通过承认合同存在的双方的行为而订立;(2)即使达成协议的时刻无法确定,协议仍可构成买卖合同;(3)一项买卖合同,即使缺少某些条款,只要当事方确有订立合同的意图,并且存在合理确定的办法,可以提供适当的救济,合同即不因缺乏确定性而不能成立。"可见,即使在买卖合同中对某一项或某几项条款没有作出规定,但是只要当事人之间确有订立合同的意思,并有合理与确定的依据给予相应的补救,则合同仍然可以成立。

(4)要约必须送达受要约人,而且须受要约人承诺。要约只有在送达到受要约人以后才能为受要约人所知悉,才能对受要约人产生实际的拘束力。如果要约在发出以后,因传达要约的信件丢失或没有传到,不能认为要约已经送达。对话要约不存在送达问题,只要求要约人(包括其代理人)应当将要约的内容告知受要约人,使其了解其内容。对于非对话要约,则应将要约的信件送达到能够为受要约人所能支配的地方。至于受要约人是否实际拆阅了这些信件或文件则不必考虑。受要约人收到要约后,以真实的意思作出表示接受要约的承诺后,一项要约才真正产生法律效力。

只有具备上述四个要件,才能构成一个有效的要约,并使要约发出后产生应有的拘束力。

3. 要约的效力。一项要约如果符合前面所述的构成要件,就会发生法律效力。但对于要约的法律效力还应注意以下问题:

(1)要约的生效时间。要约的生效是指要约发生法律效力。关于要约生效的时间,大陆法系国家采取的是"到达主义"的观点,即认为要约必须在到达受要约人后才能发生法律效力。因为受要约人只有在得知要约的内容后才可能决定是否予以承诺。

 特别提示

《联合国国际货物销售合同公约》采纳了大陆法系的到达主义的原则,根据公约第15条(1)规定:"发价于送达被发价人时生效。"我国《合同法》也采取到达主义,《合同法》第16条规定:"要约到达受要约人时生效。采用数据电文形式订立合同,收件人指定特定系统接收数据电文的,该数据电文进入该特定系统的时间,视为到达时间;未指定特定系统的,该数据电文进入收件人的任何系统的首次时间,视为到达时间。"

(2)要约生效以后将对要约人与受要约人产生法律上的效力。一般而言,要约对受要约人没有约束力。受要约人接到要约后,即在法律上取得了承诺的权利,受要约人不仅没有必须作出承诺的义务,也没有义务就承诺与否通知要约人。但是,在某些国家存在例外的情况。例如,德国《商法典》与日本《商法典》均有规定,商人对于平日经常来往的客户,在其要约法律效力的存续期间,依其要约形式的不同,可以分以下两种情况:

第一,以口头形式发出要约,其要约中定有承诺期限的,受要约人在约定期限内作出的承诺对要约人有拘束力。口头要约中未定有承诺期限的,仅在受要约人立即承诺时,才对要约人有拘束力,如果受要约人没有立即对口头要约作出承诺,要约随即丧失效力。

第二,以书面形式发出的要约,其要约中定有承诺期限的,于期限届满对要约人丧失拘束力。书面要约中没有规定承诺期限的,则在依通常情形能够收到承诺所需的一段合理期间内,对要约人有拘束力。在合理期限内要约未被承诺时,要约即丧失法律效力。

(3) 要约法律效力的内容。要约的法律效力又称为要约的拘束力,包括对要约人的拘束力和对受要约人的拘束力两个方面。对要约人的拘束力表现在要约生效后,要约人即不得撤回、撤销或对要约加以限制、变更和扩张。

法律对要约人所加的这种义务,目的是保护受要约人的利益、维护交易的安全。在一定条件下,法律也允许要约人撤回、撤销或变更要约的内容。对受要约人的拘束力在理论上又称为要约的实质拘束力,是指受要约人于要约发生法律效力时,取得依其承诺而使合同成立的法律地位。它实际上是法律赋予受要约人以承诺的权利。要约人即使在要约中规定受要约人应通知其是否承诺,受要约人也不受约束,除非双方有预先约定,如不通知,则视为以默示方式承诺。

4. 要约的撤回和撤销。要约的撤回是指要约人发出要约后、到达受要约人之前,有权宣告取消要约。根据要约的形式拘束力,任何一项要约都是可以撤回的,只要撤回的通知先于或同时与要约到达受要约人,都能产生撤回的效力。允许要约人撤回要约,是尊重要约人的意志和利益的体现。由于撤回是在要约到达受要约人之前作出的,因此在撤回时要约并没有生效,撤回要约也不会影响受要约人的利益。

要约的撤销是指要约人在要约生效以后,将该项要约取消,从而使要约的效力归于失效。

撤销与撤回都旨在使要约作废或取消要约,并且都只能在承诺作出之前实施。但两者存在一定的区别,其表现在于:撤回发生在要约生效之前,而撤销则发生在要约已经到达并生效,但受要约人尚未作出承诺的期限内。

允许要约人有权撤销已经生效的要约必须有严格的条件限制。如果法律上对要约的撤销不作限制,允许要约人随意撤销要约,那么必将在事实上否定要约的法律效力,导致要约在性质上的变化,同时也会给受要约人造成不必要的损失。根据合同法规定,有下列情形之一的,要约不得撤销:(1) 要约中确定了承诺期限或者以其他形式明示要约不可撤销;(2) 受要约人有理由认为要约是不可撤销的,并且已经为履行合同作了准备工作。

5. 要约的失效。要约的失效是指要约丧失了法律拘束力,即不再对要约人和受要约人产生拘束。要约失效以后,受要约人也丧失了其承诺的能力,即使其向要约人表示了承诺,也不能导致合同的成立。

要约失效的原因主要有以下几种情况:(1) 受要约人拒绝要约。当拒约要约的通知到达要约人,要约失效。(2) 要约有效期间经过。凡是要约规定了承诺期限的,于期限届满后失效。未规定期限的,受要约人未于合理期限承诺,要约失效。(3) 要约人依法撤回或撤销要约。只要撤回或撤销符合条件，要约即归于失效。(4) 特定条件下的要约人或受要约人死亡。其条件为：合同具有人身履行的性质；要约含有或推定含有在此情况下使要约失效的意思；要约的相对人知悉要约人死亡的事实；(5) 受要约人对要约的内容作出实质性变更。

6. 要约和要约邀请的区别。在合同实务中，要注意要约与要约邀请的区别。要约邀请，是一方当事人邀请另一方当事人向自己发出要约。要约是以订立合同为目的、具有法律意义的意思表示行为，一经发出就产生一定的法律效果。而要约邀请的目的是让对方对自己发出要约，是订立合同的一种预备行为，在性质上是一种事实行为，并不产生任何法律效果，即使对方依邀请对自己发出了要约，自己也没有承诺的义务。因此，要约邀请本身不具有法律意义。

> 提示：
> 在实际生活中，拍卖公告、招标、寄送价目表的、招股说明书、商业公告、广告等都属于要约邀请。

要约与要约邀请虽然有本质的不同，但在实际生活中，区分这两者并非很容易的事情。比如，如果广告中包含了合同的主要条款，如提出了名称、价款、型号、性能等内容，应视为一种要约；如果没有具备合同主要条款，则认为只是要约邀请。如广告中声称："我公司现有优质大米 1000 吨，每吨价格 2000 元，先来先买，欲购从速"，或者在广告中声称保证有现货供应，都可以依据具体情况将广告视为要约。再如，自选商场货架上陈列的商品，如果陈列有明确的标价，则不能认为是起装饰和宣传作用的陈列，应认为是正在向顾客出售的商品，因此，陈列商品应为要约。当顾客拿取货架上的商品，尚未在交款处交款，应认为没有作出承诺，所以在交款以前顾客可将已挑选商品退回，因为合同并未订立。

（二）承诺

1. 承诺的概念。承诺即接受（Acceptance），是指受要约人同意要约的意思表示。作出承诺的人为承诺人。受要约人同意要约的意思表示有两种情况：(1) 对要约中的合同条款，包括主要条款和非主要条款全部同意。(2) 仅对要约中的合同主要条款全部同意，而对其中的某一或某些非主要条款予以变更。

前面一种承诺属于当然有效，后一种承诺必须同时具备以下条件才能生效：(1) 要约中不存在关于承诺不得对其内容做出任何变更的规定。(2) 在承诺到达后要约人没有在合理期限内向承诺人做出反对后者对要约内容进行任何变更的意思表示。

承诺在到达要约人之前，受要约人可以撤回承诺，但撤回的通知必须先于或同时与该项承诺到达要约人方为有效。承诺一旦生效，有关合同即告成立。

承诺应当以通知的方式作出，但根据交易习惯或者要约表明可以通过行为作出承诺的除外。承诺，是受要约人同意接受要约的全部条件的缔结合同的意思表示，在商业交易中，承诺又称接受或还盘。承诺的法律效力是承诺一经作出并送达要约人，合同即告成立，要约人不得加以拒绝。

> 提示：
> 如果采用合同书形式订立合同，则该合同自当事人签字或者盖章时才告成立；如采用信件、数据电文等形式订立合同，并且一方或双方要求签订确认书，则该合同自当事人签订确认书时才告成立。

2. 承诺的构成要件。一项承诺必须具备一定的条件，才能产生合同成立的法律后果。依合同法的一般理论，承诺应当具备下列条件：

(1) 承诺必须由受要约人作出。要约和承诺都是相对人的行为，要约只对要约人和受要约人有拘束力，因此，只有受要约人才有承诺的能力。受要约人的承诺，可以由其本人或其代理人作出，无行为能力人由其监护人作出。其他人作出的承诺的意思表示，不产生合同成立的法律效果，但可以视为一项要约。

（2）承诺必须向要约人作出。承诺是对要约的同意，只对要约人和受要约人有拘束力。对要约人以外的人作出的承诺，合同不能成立。向要约人的代理人进行承诺，与向要约人本人承诺具有相同的法律效力。

（3）承诺的内容须与要约的内容一致。承诺是受要约人愿意按照要约的全部内容与要约人订立合同的意思表示，所以，承诺欲取得成立合同的法律效果，就必须在内容上与要约的内容一致。

如果受要约人在承诺中对要约的内容作出实质变更的，便不构成承诺，而应视为对原要约的拒绝而作出的一项新的要约，或称反要约。

有关合同标的、数量、质量、价款或者报酬、履行期限、履行地点和方式、违约责任和解决争议方法等的变更是对要约内容的实质性变更，除要约人及时表示反对或者要约表明承诺不得对要约的内容作出任何变更的以外，该承诺有效，合同的内容以承诺的内容为准。在实务中，一项合同的成立往往要经过要约、反要约、再反要约，直至承诺这样几番讨价还价的过程，而要约人与受要约人的地位也随之而数次相互颠倒。

（4）承诺应在要约有效期内作出。承诺的这一要件依要约是否定有承诺期限分为两种情况：定有承诺期限的要约，承诺须于期限内作出方为有效承诺；未定有承诺期限的要约，如属口头要约，承诺须由受要约人立即作出才为有效，但当事人另有约定的除外；如是以非对话方式作出的，则应由受要约人在合理期限内作出承诺。有效期间经过后作出的承诺，称为迟到承诺，不能发生承诺的效力，应视为新要约。但受要约人在要约有效期间内所作承诺，依通常情形可于有效期内到达要约人而迟到者称为未迟发而迟到的承诺。对这种承诺，要约人应负对承诺人发迟到通知的义务。要约人及时发出迟到通知后，该迟到的承诺不产生承诺效力，即不能成立合同。如要约人怠于发迟到通知，该迟到的承诺应视为未迟到的承诺，具有承诺的效力，即能成立合同。

3. 承诺的方式。承诺的方式是指受要约人通过何种形式将承诺的意思送达给要约人。从各国立法规定来看，对于承诺的方式一般没有具体的规定。但是，如果要约没有对承诺方式作出特别规定，则受要约人可以采用如下方式来表示承诺：（1）以口头或书面的方式表示承诺，这种方式是实践中经常采用的。（2）以默示方式表示承诺，即通过实施一定的行为和其他形式作出了承诺。我国合同法中明确规定承诺应当以明示的方式作出，缄默或者不行为不视为承诺。

4. 承诺的生效时间。承诺生效的时间是指承诺什么时候产生法律效力。由于要约因承诺而使合同成立，因此，承诺生效的时间直接决定了合同成立的时间，而承诺生效的时间常常与合同订立的地点是联系在一起的，而合同的订立地点又与法院管辖权的确定以及选择适用法律的问题密切联系在一起，所以，确定承诺生效的时间意义重大。

根据合同法的规定，合同成立的时间应当以受要约人将承诺的意思送达要约人才能生效。

5. 承诺的撤回。承诺的撤回是承诺人阻止承诺发生法律效力的一种意思表

> 提示：
> 要约以信件或者电报作出的，承诺期限自信件载明的日期或者电报交发之日开始计算。如果信件未载明日期，自投寄该信件的邮戳日期开始计算。要约以电话、传真等快速通讯方式作出的，承诺期限自要约到达受要约人时开始计算。

示。由于承诺一经送达要约人即发生法律效力,合同也随之成立,所以,撤回承诺的通知必须先于或同时于承诺到达要约人,才能发生阻止承诺生效的效果。如果晚于承诺到达要约人,鉴于承诺已发生法律效力,承诺人不得撤回其承诺。

二、约因与对价

根据一些国家的法律要求,在法律上有效的合同,除了具备当事人之间意思表示一致的要件外,还必须具备另一项要件。对于这项要件,法国法称之为"约因",英美法称之为"对价",并且以有无对价或约因作为区别有诉权的合同与无强制执行力的约定(社交性的协议)的一个根本标志。

不过,大陆法系中的德国法则不以有无约因作为合同成立的条件,德国法有其他一些规定。

注意:
两大法系中都有这样的一个法律格言:没有约因(对价)的口头合同不产生诉权。

(一) 法国法中的约因

1. 约因(About because of)的概念。作为大陆法系的法国沿用了罗马法中的约因概念,把约因作为合同有效成立的要素之一。法国《民法典》设有专目对约因的作用作了具体规定。按照其解释,债的约因是指缔约当事人产生该项债务所追求的最接近与最直接的目的。

2. 约因与动机的区别。法国法强调把约因与当事人的动机区别开来。

案例分析

在一份买卖合同中,甲某向乙某购买一辆轿车,就买方甲而言,其购买轿车的动机可能有很多,如可能自用、可能出租、可能赠送,也可能收藏等。但是,甲某购买乙某轿车的直接目的显然只有一个,那就是为了取得该轿车这个标的物。就卖方乙而言,其出售轿车的动机也可能有很多,如想换新车,所以卖掉旧车;由于经济困难,无力支付轿车的日常开销等。但是乙某出售轿车的直接目的也只有一个,那就是为了取得一笔金钱。

在同一类型合同中,约因往往是相同的,像买卖合同中,约因都是以商品换取金钱;在雇用合同中,约因都是以金钱换取劳务;如此等等。

3. 约因的作用。法国《民法典》第1131条规定:"凡属无约因的债,基于错误约因或不法约因的债,都不发生任何效力。"可见,根据法国法的规定,任何债的产生都必须有约因,否则不发生任何效力。而且,如果约因为法律所禁止,或者约因违反善良风俗或公共秩序,此种约因即属不法的约因,不发生任何效力。

4. 约因的例外。在双务合同中,存在着两个约因,即双方当事人间存在着相互给付的关系。在买卖合同中,买方的付款义务是以卖方交货为约因,而卖方的交货义务则是以买方付款为约因。在无偿合同或赠与合同中,赠与人是义务人,从理论上说,赠与人施惠于受赠人的意思可以代替约因。但实际上,代替赠与合同约因的不仅是当事人有赠与的意思,更加重要的是合同成立的方式。法国《民法典》第931条对此作了规定,赠与合同应以通常合同的方式,在公证人前做成，并应在公证处留存合同的原本，否则赠与合同无效。由此可见，法国法律对赠与合同都要求一定的形式，正是由于这种合同采取了特定的方式，所以法律上把它作为约因原则的例外，承认其为有效。

（二）英美法系的对价

1. 对价（The price）的概念。英美法把合同分为两类：一类是签字蜡封的合同，这种合同的有效性完全是由于它所采用的形式，不要求任何对价；另一类是简式合同，它包括口头合同和非以签字蜡封式做成的一般的书面合同，这类合同必须要有对价，否则就没有约束力。

对价实质上可以理解为互为有偿、相互给付。

2. 对价的条件。按照英美法的解释，一项有效的对价必须具备以下条件：

（1）对价必须是合法的。凡是以法律所禁止的东西作为对价的，都是无效的。

（2）对价必须是待履行的对价或者是已履行的对价。英美法把对价分为三种：待履行的对价、已履行的对价与过去的对价，其中前两种对价是有效的。

①待履行的对价是指双方当事人允诺在将来履行的对价。例如，双方当事人于某年3月签订一份合同，合同约定，卖9月交货，同时买方在卖方交货时付款。在这份合同中，交货与付款均属于待履行的对价，都是有效的对价。

②已履行的对价，是指当事人中的一方以其作为要约或承诺的行动，已全部完成了他根据合同所承担的义务，只剩下对方尚未履行的义务。这种对价包括两种情况：一种是当事人一方的行为是作为要约作出的。例如，卖方主动向买方交货，当买方接受货物时，买卖合同即告成立，由于卖方已经履行了交货的义务，所以，买方必须支付合理的价金。另一种是当事人的行为是作为承诺作出的，这类合同最常见的就是悬赏广告。例如，甲在报纸上刊登一则广告，允诺如果有人找到他丢失的物品即付1万美金。因此，如果乙见报后找到失物交还甲，合同即告成立，乙的行为就属于已履行的对价，甲有义务付给约定的报酬。

③过去的对价是指一方在对方作出允诺之前已全部履行完毕的对价，它不能作为对方后来作出的这项允诺的对价。

（3）对价必须具有某种价值，但不要求充足。对价必须是真实的，必须具有某种价值。

> **提示**
>
> 对价不是等价，不要求必须与对方的允诺相等。某著名作家允许某摄制组将其著名小说拍摄成电视剧，合同中订明支付人民币1元的条款。如果没有这一条款，这只是一种赠与，有了这一条款，就成为一个有约束力的协议，因为1元的约因已经足以约束当事人双方了。

（4）履行或允诺履行已经存在的义务不能作为对价。凡属已经存在的义务，不能作为一项新的允诺的对价。凡属履行法律上的义务的，也不能作为对价。

案例分析

某一收藏家丢失了一幅名画，悬赏 10 万元捉拿窃贼。某一警察被指定办理此案，抓住了窃贼并找回了名画。警察向富商讨要赏金，但是收藏家拒绝给付，警察遂向法院起诉，要求判令富商给付 10 万元赏金。此种情况下，法院不会支持警察的诉讼请求。因为他作为负责此案的警察，找回名画是法律上的责任，已经存在的义务不能构成对价。

（5）对价必须来自受允诺人。只有对某项允诺付出了对价的人，才能要求强制执行此项允诺。例如，甲向乙允诺，若乙为他完成某项工作，他将向丙支付一笔钱。在这种情况下，如果乙完成了该项工作后，甲拒绝把钱支付给丙，则丙不能对甲起诉，并要求法院强制执行。因为作为对甲的许诺的对价是来自于乙而不是来自于丙，丙没有提供任何对价。

三、当事人订立合同的能力

（一）对自然人的规定

对于自然人的订约能力各国法律都明确规定，未成年人和精神病人没有订约能力或受到一定的限制。

法国《民法典》第 1124 条规定，未解除亲权的未成年人和受保护的成年人没有订立合同的能力。亲权是法国《民法典》中规定的父母对子女的人身和财产管束、管理的权力。一般地，亲权至子女年满 18 岁成年时解除。受保护的成年人包括由于身体官能受到损害、致使其不能自行保障其利益的成年人，以及由于自身因素有可能自陷贫困或影响履行家庭义务的成年人。德国《民法典》第 104 条规定：（1）未满 7 岁的儿童；（2）处于精神错乱状态，不能自由决定意志，而且按其性质，此种状态并非暂时者；（3）因患精神病被宣告为禁治产者；属于无行为能力的人。

英美法承认大多数人具有订立合同的能力，但对未成年人、精神病人、智力不健全者或酒醉的人给予特别的保护。因为这些人不成熟、没有社会经验或缺乏判断力而易受欺骗，或易受不良合同的损害，所以英美法认为他们缺乏订立合同的能力，允许他们毁约，不履行所订立的合同。

我国《民法通则》第 11 条规定，年满 18 岁的公民是成年人，具有完全民事行为能力，可以独立进行民事活动，有完全的订立合同的能力。而年满 16 岁未满 18 岁的公民，如果以其收入作为主要生活来源，视为完全民事行为能力人。10 岁以上的未成年人和不能完全辨认自己行为的精神病人是限制民事行为能力人，可以进行与其年龄、智力和精神健康状况相适应的民事活动，其他民事活动由其法定代理人代理或征得法定代理人的同意。未满 10 岁的未成年人和不能辨认自己行为的精神病人是无民事行为能力人，他们签订的合同是无效的；但如果仅为他们带来利益而没有任何负担的法律行为的效果，则他们可以接受。

（二）公司的规定

法人是由法律所创造的拟制主体，法人的合同主体资格在商事交易中主要表

提示：

禁治产者是大陆法系术语，指的是因精神病或因有酒癖不能处理自己的事务，或因浪费成性有败家之虞者，经其亲属向法院申请，由法院宣告禁止其治理财产的人。其订立的合同一概无效。

现为公司的合同能力。

对于公司的合同能力，法国在1969年通过颁布第69~1176号法令，在《商事公司法》第49条中增加了如下规定：对于有限责任公司，"在与第三方的关系中，经理拥有在任何情况下以公司的名义进行活动的最广泛的权利……公司甚至应对经理的不属于公司宗旨的范围的行为负责，但公司举证证明第三方已经知道或根据当时情况不可能不知道该行为超越了公司宗旨范围的除外。仅公布公司章程不足以构成此种证据。限制经理根据本条所产生的权利的章程条款不得对抗第三方"。根据同一法令，在第113条增加的内容规定："上述规定也适用于股份有限公司的董事会和董事长。"

英美法系的英国适用越权无效的原则，即公司无权在其章程规定的经营范围之外签署合同，否则该合同无效。美国，早期的判例也接受了越权无效的原则。然而，从19世纪末开始，美国法院在审判实践中已经表现出对公司章程中的营业目的条款作扩大解释的倾向。20世纪，越权无效的原则在各州的制定法中逐步被放弃。目前，美国各州的制定法几乎都废弃了这一原则。

根据我国合同法的解释，当事人超越经营范围订立合同，人民法院不因此认定合同无效。但违反国家限制经营、特许经营以及法律、行政法规禁止经营规定的除外。可见，我国对越权行为的规定符合世界立法潮流。

> **案例分析**
>
> 香港某公民甲将其名下一块地产以低价卖出，并从卖款中拿出5000港币购买了一套西装。其母作为监护人，要求当地法院认定甲所签转让地产和购买西装的合同无效，并请求返还购买西装的款项。
>
> 根据香港地区法律规定，18岁的公民为成年人；未成年人无订约能力，但必需品合同除外。本例中，该15岁的香港公民属于未成年人，没有订约能力所以其所签订的转让地产的合同无效；甲母返还地产的请求应得到支持，但西服属于必需品，所以甲购买西装的行为有效，甲母要求退回西服、取得西服退款的请求，法院不会予以支持。
>
> 资料来源：何宝玉著：《英国合同法》，中国政法大学出版社2006年版。

四、合同的形式

合同的形式是指订立合同的当事人达成的协议的表现形式。按照合同表现形式不同，合同可以分为要式合同和不要式合同。要式合同是必须依照法定形式订立的合同，不要式合同是法律上不要求按特定形式订立的合同。

对于合同的形式，德国《民法典》在总则中明确规定，不依法律规定方式的法律行为无效。德国法强调当事人意思表示必须严肃认真，并以"是否遵守法定形式"作为意思表示是否严肃认真的标志。

英美法对合同的形式要求是宽松的，只要成文法没有相反的规定，合同既可以是书面形式，也可以用口头形式订立，或者可以用部分书面、部分口头形式订立。英美法把合同分为签字蜡封式合同和简式合同。签字蜡封式合同为要式合同，须以特定方式订立；简式合同一般为不要式合同，少数简式合同法律规定须采用书面形式订立，否则无效或不能强制执行。

我国《合同法》规定，当事人订立合同有书面形式、口头形式和其他形式。法律、行政法规规定采用书面形式的，应当采用书面形式；法律、行政法规规定应当办理审批等手续生效的，依照其规定。按我国法律、行政法规规定，国际货物买卖合同、技术进出口合同、技术合同、建设工程合同应当采用书面形式；中外合资、合作经营企业合同，中外合作开采自然资源合同须经批准才能生效；以房屋、船舶、机器设备设定抵押的合同，记名股票和其他股价凭证、记名债券以及知识产权质押的合同则必须登记才能生效。

五、合同的内容必须合法

世界各国法律均要求合同内容必须合法，且不得违反善良风俗与社会公共利益，否则合同无效。

法国法规定，构成合同非法主要有两种情况：一种情况是交易的标的物是法律不允许进行交易的物品；另一种情况是合同的约因不合法，即合同所追求的目的不合法。英美法认为，一项有效的合同必须具有合法的目标或目的，违反公共政策的合同、不道德的合同、触犯刑律或民事侵权的合同，以及没有执照就从事法律要求必须持有执照的业务活动所签订的合同都是违法。

> **注意**
>
> 我国《合同法》认定合同无效有五种情况：（1）欺诈一方以欺诈、胁迫手段订立合同，损害国家利益；（2）恶意串通，损害国家、集体或第三者利益；（3）以合法形式掩盖非法目的；（4）损害社会公共利益；（5）违反法律、行政法规的强行性规定。

六、合意必须真实

合同是双方当事人意思表示一致的结果，订立合同的当事人其意思表示必须是真实的。意思表示不真实，即意思表示瑕疵，通常包括错误、欺诈、胁迫、显失公平等。

1. 错误。错误是指合同当事人因对其行为的性质、对方当事人、标的物的品质等事实发生误解而作出的与其真实意思不一致的意思表示。为了保证交易的安全，大多数国家的法律对于错误是否会导致合同的无效或者撤销作了规定。

法国法区别合同的标的物的性质的错误、合同当事人的错误，德国法强调的是意思表示"内容"的错误。英美法则规定：（1）单方面的错误原则上不能要求撤销合同；（2）如果双方当事人彼此都有错误时，即存在双方错误，可以主张合同无效或要求撤销合同。

我国法律没有"错误"的规定。我国《合同法》第五十四条规定："因重大误解订立的合同，当事人一方有权请求人民法院或者仲裁机构变更或者撤销，当事人请求变更的，人民法院或者仲裁机构不得撤销。"可见，在我国，因重大误解订立的合同并不会导致无效。

2. 欺诈。欺诈是指使当事人一方发生错误的故意行为。各国法律大多规定，因受欺诈而订立合同的，蒙受欺骗的一方可以撤销合同或者主张合同无效。

法国法规定，欺诈的结果将导致合同无效。德国法则规定欺诈的结果是导致撤销合同。英美法把欺诈称为"欺骗性的不正确说明"。规定受欺骗的一方可以撤销合同或拒绝履行其合同义务，并要求赔偿损失。美国法律中有欺诈与不正确说明的区分，欺诈可以单方面解除合同；而对于不正确说明，受害一方可以撤销由此订立的合同，否则其不影响合同生效。

> **案例分析**
>
> 原告威伯尔持有一张被告开立的以原告为收款人的本票，但被告诺斯瑞特拒绝向原告付款，理由是他开立该本票时受到了欺诈。被告与其妻弟共同经营一家五金店，其妻弟在让他签字时告诉他这是一份贷款申请，被告未查看内容就签了字。其妻弟把转让该本票的所得花掉了，本票到了原告之手。当他要求被告付款时，被告以欺诈为由主张本票无效。法院判决该合同有效。因为在案件审理中，被告未能充分举证证明其在签字之前没有阅读合同内容。
>
> 资料来源：何宝玉：《英国合同法》，中国政法大学出版社2006年版。

关于欺诈，我国《合同法》第五十二条规定，一方以欺诈、胁迫的手段订立合同，损害国家利益的，合同无效。《合同法》第五十四条规定，一方以欺诈、胁迫的手段或者乘人之危，使对方在违背真实意思的情况下订立的合同，受损害方有权请求人民法院或者仲裁机构变更或者撤销。

3. 胁迫。胁迫是指以使人发生恐怖为目的的一种故意行为。各国法律都一致认为，凡在胁迫之下订立的合同，受胁迫的一方可以主张合同无效或撤销合同。因为在受胁迫的情况下所作的意思表示不是当事人自由表达的意思表示，因而不能产生法律上的意思表示效果。

4. 显失公平。显失公平是一方当事人利用优势或者利用对方没有经验，致使双方的权利义务明显违反公平、等价有偿原则的，可以认定为显失公平。显失公平不能体现当事人真实意思，基于显失公平情形下所签订的合同，各国法律、判例一般都准许遭受不利的一方可以要求撤销合同或变更合同。

我国《合同法》第五十四条规定的显失公平，是以客观上是否显失公平为衡量标准。"显失公平的合同是当事人双方权利与义务不对等的合同，无论是基于何种原因，只要双方当事人权利与义务明显不对等，损害了一方当事人的合法利益，则属显失公平的合同。""显失公平合同的构成要件应为：（1）存在着双方当事人的权利与义务明显不对等的事实。（2）这种不对等违反了法律的公平原则，超过了法律允许的限度。"

第三节 合同的履行

一、合同的履行原则

(一) 一般原则

合同的履行（Performance）是指合同当事人实现合同内容的行为。各国法律均主张合同当事人订立合同之后都有履行合同的义务；如果违反应履行的合同义务，就要根据不同的情况，承担相应的法律责任。

大陆法系国家强调当事人必须履行合同。法国《民法典》第1134条规定，依法成立的合同，在订立合同的当事人间具有相当于法律的效力。该法典第1147条又进一步规定，如债务人不能证明其不履行债务系由于不应归其个人负责的外来原因，即使其个人并无恶意，债务人对于其不履行或延迟履行义务，仍应支付损害赔偿。

德国《民法典》第241条也明确规定，债权人根据债务关系，有向债务人请求给付的权利。这里所谓的给付就是指履行合同的内容。德国法还以诚实信用作为履行合同的一项基本原则，德国《民法典》第242条规定，债务人必须依诚实与信用，并照顾交易习惯，履行其给付。

英美法众多判例形成的是"严格履行合同"的原则，要求双方当事人按照合同条款不折不扣地履行各自的义务。如果合同规定了履约的时间，而时间又是该合同的要素时，当事人就必须在规定的时间内履行合同，否则债权人有权解除合同并要求损害赔偿。

我国《合同法》则设有专章对合同的履行作出全面、具体的规定。合同履行的原则是当事人在履行合同债务时所应遵循的基本准则，除诚实信用原则、公平原则和平等原则等基本原则外，还有全面履行原则、协作履行原则、促进交易原则等。

(二) 补充履行原则

各国法一般都规定，只要不违反本国的强行法，当事人应按合同中明确约定的质量、价格、时间、地点和方式等履行其义务。但是，由于种种原因，在具体的合同中，当事人经常对上述一些事项没有约定或者约定不明确，而且当事人就合同细节不能达成补充协议的，各国都以立法规定的方式确立当事人履行合同义务的规则。

以我国的法律为例，《合同法》第六十一条规定："合同生效后，当事人就质量、价款或者报酬、履行地点等内容没有约定或者约定不明确的，可以协议补充；不能达成补充协议的，按照合同有关条款或者交易习惯确定。"第六十二条进一步规定合同内容约定不明确的履行原则：

1. 质量要求不明确：按照国家标准、行业标准履行，没有国家标准、行业标准的，按通常标准或符合合同目的的特定标准履行。

2. 价款或报酬不明确：按照订立合同时履行地的市场价格履行；依法应当执行政府定价或者政府指导价的，按规定履行。

3. 履行地点不明确：给付货币的，在接受货币一方所在地履行；交付不动产的，在不动产所在地履行；其他标的，在履行义务一方所在地履行。

4. 履行期限不明确的：债务人可以随时履行，债权人也可以随时要求履行，但应当给对方必要的准备时间。

5. 履行方式不明确的：按照有利于实现合同目的的方式履行。

6. 履行费用负担不明确的：由履行义务一方负担。

> 注意：
> 我国《合同法》第六十三条规定：执行政府定价或者政府指导价的，在合同约定的交付期限内政府价格调整时，按照交付时的价格计价。逾期交付标的物的，遇价格上涨时，按照原价格执行；价格下降时，按照新价格执行。逾期提取标的物或者逾期付款的，遇价格上涨时，按照新价格执行；价格下降时，按照原价格执行。

二、合同履行中的抗辩权

抗辩权是对抗他人行使权利的权利，抗辩权的作用在于"对抗"、"反对"、"阻止"他人行使权利，但他人的权利并不因此而消灭。抗辩权的行使以请求权存在并且提出请求为前提。我国《合同法》把抗辩权分为同时履行抗辩权、后履行抗辩权和不安抗辩权。

1. 同时履行抗辩权。同时履行抗辩权是指双方合同当事人的一方在他方未对待给付以前，有权拒绝自己的履行。对于同时履行抗辩权，各国法都有相关规定。大陆法系主要以诚实信用原则对同时履行抗辩权的行使作出了限制。德国《民法典》第320条规定："他方当事人已部分给付，依其情况，特别是因迟延部分无足轻重时，当事人一方如果拒绝对等给付，有违诚实信用原则者，即不得拒绝给付。"英美法依据"分离性义务"理论，对同时履行抗辩权进行了限制，规定双方当事人对完整的、不可分割的义务必须全部履行，如一方当事人没有履行该种义务，则另一方拒绝履行是正常的；如果一方当事人没有履行可分割的义务的一部分，则另一方不能拒绝全部履行，而只能拒绝部分履行。

2. 后履行抗辩权。后履行抗辩权是指当事人互负债务，有先后履行顺序的，先履行一方未履行之前，或者履行债务不符合约定的，后履行一方有权拒绝履行的抗辩权。后履行抗辩权适用的条件是：（1）双务合同当事人双方互负债务；（2）债务有法定或约定的先后履行顺序；（3）先履行义务方未为给付或给付不符合约定条件。

与同时履行抗辩权一样，后履行抗辩权属延期的抗辩权，此项权利的行使权发生阻碍他方要求权的效力。我国《合同法》第六十七条规定："当事人互负债务，有先后履行顺序，先履行一方未履行的，后履行一方有权拒绝其履行要求。先履行一方履行债务不符合约定的，后履行一方有权拒绝其相应的履行要求。"

3. 不安抗辩权。不安抗辩权是双务合同中有先为给付义务的当事人一方，因他方当事人的财产显著减少或经营状况恶化而有难为对待给付的情形时，在他方未为对待给付或提供担保前有拒绝自己给付的抗辩权。设立不安抗辩权的目的在于保护先给付的一方当事人的合法权益。

我国《合同法》第六十八条、第六十九条规定："当事人互负债务，有先后履行顺序，应当先履行债务的当事人，有确切证据证明对方有下列情形之一的，可以中止履行:(1)经营状况严重恶化;(2)转移财产、抽逃资金,以逃避责任;(3)丧失商业信誉;(4)有丧失或可能丧失履行债务能力的其他情形。当事人中止履行后,应当及时通知对方,对方提供适当担保时,应当恢复履行。中止履行后,对方在合理期限内未恢复能力并且未提供适当担保的,中止履行的一方可以解除合同。"

三、代位权和撤销权

1. 代位权。代位权是指当债务人怠于行使其对第三方享有的权利而危及债权人的债权时,债权人为保全自己的债权,向法院请求以自己的名义代位行使债务人债权的权利。代位权最早起源于罗马法,法国《民法典》中将其正式确定为民法制度。法国《民法典》第1166条规定,债权人得行使其债务人的一切权利与诉权,但专与人身相关的权利除外。我国《合同法》第七十三条规定:"因债务人怠于行使其到期债权,对债权人造成损害的,债权人可以向人民法院请求以自己的名义代位行使债务人的债权,但该债权专属于债务人自身的除外。"

当事人行使代位权,应该符合以下要求:(1)债权人可代位行使债务人的权利,但专属于债务人自身的权利,如抚养请求权、人身伤害赔偿请求权等,不得由债权人代位行使。(2)债权人代位权行使的范围应以保全债权的必要为限度。债权人只有在其债权具有不能实现的危险时才能行使代位权,债权人行使代位权的请求数额以债务人所负债务为限。(3)代位权必须通过诉讼程序行使。只有通过裁判方式才能防止债权人滥用代位权,避免债权人、债务人、次债务人之间因代位权行使而发生纠纷。

债权人行使代位权的法律效力是使债务人、次债务人的相应债务得到清偿,从而使债权人与债务人、次债务人之间的债权债务关系归于消灭。

2. 撤销权。撤销权又称废罢诉权或撤销诉权,是指当债务人放弃对第三方的债权,实施无偿或低价处分财产的行为而有害于债权人的债权时,债权人可以依法请求法院撤销债务人的行为的权利。

我国《合同法》规定,债权人行使撤销权应符合下列要求:(1)债权人的撤销权针对的是债务人放弃到期债权、无偿转让财产或以明显不合理的低价转让财产的行为。(2)债权人应当依一定的诉讼程序行使撤销权。债权人必须向法院起诉,由法院做出撤销债务人行为的判决,才能发生撤销的效果。(3)撤销权的行使以保全债权的范围为限。(4)债权人对撤销权的行使应当在法定期限内行使。债权人应在知道撤销事由之日起1年内行使撤销权。债权人无法知道撤销事由的,应在债务人的行为发生之日起5年内行使,否则撤销权消灭。

债权人行使撤销权的法律效力是使债务人的行为归于无效。

第四节 合同的变更与转让

一、合同的变更（Contract changes）

合同的变更是指合同成立后、尚未履行完毕以前，当事人在原合同的基础上对合同的内容进行修改或者补充的行为。当事人可以依据要约、承诺等有关合同成立的规定，确定是否就变更事项达成协议。如果双方当事人就变更事项达成了一致意见，变更后的内容就取代了原合同的内容，当事人就应当按照变更后的内容履行合同。

各国法都规定当事人通过协议或在出现法定事由时变更合同，即使强调对价的英美法也不例外。我国《合同法》第七十七条规定，当事人协商一致，可以变更合同。法律、行政法规规定变更合同应当办理批准、登记等手续的，依照其规定。第七十八条规定，当事人对合同变更的内容约定不明确的，推定为未变更。

二、合同的转让（Assignment）

合同的转让又称为合同的让与，是指由合同一方当事人将其合同的权利和义务全部或部分转让给第三方的行为。在合同的转让中，合同的主体发生变更，即由新的合同当事人代替原当事人，但合同的客体（即合同的内容）仍保持不变。合同的转让有三种情形：合同权利的转让、合同义务的转让、合同权利和义务的概括转让。

1. 合同权利的转让。合同权利的转让是指合同债权人将合同的权利全部或部分转让给第三方，后者基于债权的转让成为新的债权人。从各国实践来看，绝大多数合同的权利都是可以转让的，但存在通知债务人或不通知债务人两种观点。德国、美国都主张不通知债务人，法国、日本等国家则规定要通知债务人。

我国《合同法》第七十九条规定："债权人可以将合同的权利全部或者部分转让给第三方。"对于债权让与的范围，《合同法》规定了三种排除情况：（1）根据合同性质不得转让；（2）按照当事人约定不得转让；（3）依照法律规定不得转让。对于权利让与的要件，采用的是通知主义。《合同法》第八十条规定："债权人转让权利的，应当通知债务人。未经通知，该转让对债务人不发生效力。"债权人让与权利时，只需将其让与权利的情况及时通知债务人，而不必征得债务人的同意。

2. 合同义务的转让。合同义务的转让是指债权人或债务人与第三方之间达成转让债务的协议，由第三方取代原债务人承担债务。对于债务人与第三方达成的转让债务协议，一般都要求经过债权人的同意。债务人与第三方达成转让债务协议，一经债权人的同意即发生效力；如果债权人拒绝同意，则债务人与第三方订立的转让债务协议无效。法国《民法典》第1271条规定："债权人得解除旧

> 提示：
> 我国法律也承认合同义务的转移，但要求必须征得债权人的同意。《合同法》第八十条规定："债务人将合同的义务全部或者部分转移给第三方的，应当经债权人同意。"

债务人的债务而由新债务人代替之。"英国普通法也认为,非经债权人的同意,合同的债务不得转移。

3. 合同权利和义务的概括转让。合同权利和义务的概括转让是指由原合同一方当事人将其在合同中的权利和义务一并转让给第三人,由第三人概括地继受这些债权和债务。对此,各国法律基本上都要求须经另一方当事人的同意方可成立生效。在取得合同另一方的同意后,受让方将完全代替原合同当事人一方的地位,原合同当事人一方将完全退出合同关系。

第五节 合同的消灭

合同的消灭是指合同由于某种原因而不复存在。合同的消灭是英美法的概念,大陆法系各国将其纳入债的消灭的范畴,作为债的消灭的内容之一。我国《合同法》对于合同的消灭则使用"合同的权利义务终止"这一概念。

一、大陆法系规定合同消灭的原因

大陆法系各国家对于合同消灭的规定基本相同,大体包括清偿、抵销、提存、免除、混同等。

(一) 清偿 (Payment)

清偿是指按合同的约定实现债权目的的行为。各国法律一致认为,清偿是债消灭的主要原因,当债权人接受债务人的清偿时,债的关系即告消灭。

清偿一般是指由债务人向债权人履行合同的行为。但是,各国法律一般都承认代为清偿制度,即由债务人以外的第三人向债权人进行清偿。此外,还规定了代位权制度,即对债务履行有利害关系的第三人,在为债务人向债权人清偿了债务后,在法律上即取得了债权人的债权,使自己处在债权人的地位。

(二) 抵消 (Set-off)

抵消是指双方互负债务时,各以其债权充当债务之清偿,而使其债务与对方的债务在对等额内相互消灭。各国的法律都允许互负债务的双方根据合同的约定,将各自的债务进行抵消。抵消依其产生根据不同分为三种:一是法定抵消。法国《民法典》第290条规定,当双方互负债务时,"债务人双方虽均无所知,依法律的效力仍然可以发生抵消"。法国法称之为当然抵消。二是以当事人单方面的意思表示抵消。德国、日本《民法典》与瑞士《债务法典》均认为,双方在互负债务时,任何一方当事人均可以意思表示通知对方进行抵消。三是约定抵消。

(三) 提存 (Deposit)

提存是指由于债权人的原因而无法向其交付合同标的物时,债务人将该标的物交给提存部门而消灭合同的制度。大陆法规定,提存原因包括以下几项:一是债权人无正当理由拒绝受领;二是债权人下落不明;三是债权人死亡未确定继承人或者丧失行为能力未确定监护人。提存可以免除债务人责任,转移提存物风险和提存费用。

(四) 免除 (Release)

免除是指债权人免除债务人的债务,亦即债权人放弃其债权,从而消灭合同关系及其他债之关系的单方面行为。免除是否需要债务人的同意才能生效,各国的法律有不同的规定。法国法与德国法认为,免除是双方的法律行为,必须经债务人的同意才能成立。德国法还认为,免除是抽象的法律行为,与其原因相互独立。日本民法典则认为,免除是单独行为,只要债权人有免除债务的意思表示,无须经债务人的同意,债的关系亦可归于消灭。

(五) 混同 (Merger)

混同是指债权与债务同属于一个人,即同一个人既是债权人同时又是债务人。在这种情况下,债的关系已经没有存在的必要,应当归于消灭。

二、英美法关于合同消灭的法律规定

(一) 合同因双方当事人的协议而消灭

英美法认为,合同是根据双方当事人的协议成立的,所以它也可以根据双方当事人之间的协议而解除。以协议的方式来解除合同的做法包括:以新的合同代替原合同、变更原合同的实质性内容、依合同自身规定的条件而终止合同、弃权。

(二) 合同因依约履行而消灭

履行是合同消灭的主要原因。合同一经履行,当事人之间的债权债务关系即告消灭,双方的合同关系也告终止。

(三) 合同因当事人违约而消灭

根据英美法的解释,当事人已构成违反条件、达到重大违约的程度,另一方就可以依法解除合同。

(四) 合同被依法消灭

在英美法中,有一些法律规定可以使合同的权利义务在某些情况下消灭,主要有以下几种情况:

1. 合并。合并有两种情况:一种与大陆法的混同相似,即合同的权利义务同归一人;另一种是以安全性更强的合同代替原合同,后者合并入前者而消灭。

2. 破产。破产人宣布破产后,经过破产清理程序,取得了法院的解除命令,即可解除一切债务及责任。

3. 擅自修改书面合同。如果一方当事人擅自对书面合同作了修改,对方即可解除合同。

4. 合同落空。在合同落空的场合下,对于未履行的合同义务,当事人可以免除责任。

5. 无效合同和违法合同。

三、我国的规定

我国《合同法》第九十一条规定,"有下列情形之一的合同的权利义务终止:(1)债务已按照约定履行;(2)合同解除;(3)债务相互抵消;(4)债务人依法将标的物提存;(5)债权人免除债务;(6)债权债务同归于一人;(7)法律规定或者当事人约定终止的其他情形。"

我国将合同解除列为合同消灭的法定事由之一。《合同法》第九十三条规定:"当事人协商一致,可以解除合同。当事人可以约定一方解除合同的条件。解除合同的条件成就时,解除权人可以解除合同。"第九十四条规定,有下列情形之一的,当事人可以解除合同:(1)因不可抗力致使不能实现合同目的;(2)在履行期限届满之前,当事人一方明确表示或者以自己的行为表明不履行主要债务;(3)当事人一方迟延履行主要债务,经催告后在合理期限内仍未履行;(4)当事人一方迟延履行债务或者有其他违约行为致使不能实现合同目的;(5)法律规定的其他情形。

第六节 违约责任与救济方法

一、违约的概念

(一) 违约 (Breach of Contract) 的概念

违约是指合同依法成立后,当事人无正当理不履行或不完全履行合同义务的行为。 各国法律一般都认为,合同一经依法成立,对当事人双方都具有法律约束力,任何一方都必须严格按照合同规定履行自己的义务,除非可以依法解除合同义务,否则,违约的一方当事人应承担相应的法律责任,以使另一方得到适当的救济。

(二) 违约责任的归责原则

无论是大陆法系还是英美法系,都以存在违约行为作为承担责任的必要条件。至于是否要求违约方主观上必须具有过错以及是否造成损害后果,两大法系则有不同的规定。

1. 大陆法系规定。大陆法系各国以过错责任原则为合同归责原则的基本,并有条件地适用无过错责任原则。法国《民法典》第1147条、德国《民法典》第276条都确立了在合同中的过错责任原则。大陆法系各国在坚持过错责任原则的同时,并不排斥严格责任原则。例如,金钱债务的迟延责任、不能交付种类物的责任、瑕疵担保责任、债权人受领迟延责任、迟延履行后的责任等,均适用严格责任原则,债务人不论其主观上是否具有过错,都应承担违约责任。

2. 英美法系规定。英美法系在违约构成问题上没有规定过错责任原则。依照英美法系的规定,只要允诺人没有履行其合同义务,纵使他没有任何过失,也构成违约,并应承担违约责任。可见,英美法不以允诺人有无过失作为构成违约的必要条件。

例如,美国《第一次合同法重述》第314条即对违约作出了定义:"凡没有正当理由不履行合同中的全部或部分允诺者,构成违约。"美国《第二次合同法重述》第260条规定:"如果合同的履行义务已经到期,任何不履行都构成违约。"

3. 中国法。我国《合同法》第一百零七条规定:"当事人一方不履行合同义务或者履行合同义务不符合约定的,应当承担继续履行、采取补救措施或者赔偿损失等违约的责任。"

可见,我国《合同法》在合同的归责原则上采取的是严格责任原则。严格责任原则是与过错责任相对立的一种归责形式,是指在违约的情况下,只要不属于法定或约定免责情形,违约这一客观事实本身即决定违约者应承担违约责任,而不必考虑违约者有没有主观上的过错。

3. 催告制度。催告制度是大陆法系中的一项制度,是指在合同没有明确规定履行期限的情况下,债权人应首先向债务人作出催告,然后方能使债务人承担延迟履约的责任。简言之,即指债权人向债务人请求履行合同的一种通知。法国《民法典》规定,债务人的迟延责任须于接到催告或其他类似证书后才能成立。德国《民法典》也有类似的规定,债务人于清偿期届至后,经债权人催告而不为给付者,自受催告时起负迟延责任。

二、违约的形式

违约有各种不同的情况,有的是不履行或部分不履行,有的是不能履行,有些则是履行延迟等。各国法律一般均根据违约的不同情况,将违约分成不同形式,然后根据违约的不同形式,规定相应的救济措施。

(一) 大陆法系的规定

大陆法系以德国法为例。德国民法典把违约分为两类:给付不能和给付延迟。

1. 给付不能(Supervening Impossibility of Performance)。给付不能是指债务人由于种种原因不可能履行其合同义务,而不是指有可能履行合同而不去履行。德国《民法典》把给付不能分为自始给付不能与嗣后给付不能两种情况。

自始给付不能是指在合同成立时,该合同就不可能履行。对此,如果属于双方共同错误,则合同无效;但如果一方当事人在订约时已经知道或应该知道该合同履行不可能,则应对无过错的一方负赔偿责任。

嗣后给付不能是指合同成立时,该合同是可以履行的,但合同成立后至履行前,由于发生了阻碍合同履行的原因,造成合同不能履行。如果由于债务人的过失造成给付不能,债务人就应当承担损害赔偿责任。如果给付不能不是由于债务人的过失造成的,债务人不承担不履行合同的责任。如果合同双方当事人因不可归责于双方当事人的事由致使自己不能履行时,双方均可以免除其义务。

2. 给付延迟(Delay in Performance)。给付延迟是指债务已届履行期,而且

> 提示:
> 履行期届满前,由于发生了不可抗力事故,致使债务人无法按期履行债务,对此债务人可以免除迟延给付责任。但是,凡在履行期届满后,经债权人催告仍不给付者,债务人自受催告时起负迟延给付责任。

是可能履行的，但是债务人没有按期履行其合同的义务。给付延迟包含两种情况：无过失履行延迟和过失履行延迟。无过失给付延迟情况下，债务人不负迟延给付责任。

（二）英美法系的规定

1. 英国法把合同条款分为条件（Condition）与担保（Warranty），把违约的情形也区分为违反条件与违反担保两种主要形式。

（1）违反条件（Breach of Condition）。违反条件是指违反合同的重要条款。双方当事人在合同中往往订有各种各样的条款，其中有些是重要的、带根本性的；有的则是次要的，是从属于（Subsid – iary or Collateral）合同的主要目的的。至于哪些合同规定的事项构成"条件"，哪些不是合同的"条件"，这是一个法律问题，应由法官根据合同的内容与当事人的意思作出决定。

（2）违反担保（Breach of Warranty）。违反担保是指违反合同的次要条款或随附条款。次要条款是相对主要条款而言的，也就是指在合同中除了主要条款外，其他条款均属次要条款。

近年又出现预期违约（Anticipatory Breach of Contract）和履行不可能（Impossibility of Performance）的划分。预期违约是指一方当事人在合同规定的履行期到来之前，就明确表示或以自己的行为表示履行期限届满时将不履行合同的行为。履行不可能有两种情况：一种情况是在订立合同时，该合同就不可能履行；另一种情况是在订立合同之后，发生了使合同不可能履行的情况。

2. 美国法。美国法把违约分为两类：轻微违约（Minor Breach）和重大违约（MaterialBreach）。轻微违约是指当事人一方在履约中，尽管存在一些违约行为，但另一方已经从中得到该项交易的主要利益的违约。轻微违约相当于英国法中的违反担保。重大违约是指由于债务人没有履行合同或履行合同有缺陷，致使债权人不能得到该项交易的主要利益的违约。重大违约相当于英国法的违反条件。

3. 《联合国国际货物销售合同公约》（以下简称《公约》）的根本违反合同和非根本违反合同。《公约》将违约分为根本违反合同（Fundamental Breach）和非根本违反合同两种情形。

> **注意**
>
> 《公约》第25条对根本违反合同的定义是：一方当事人违反合同的结果，如使另一方当事人蒙受损害，以至于实际上剥夺了他/她根据合同规定有权期待得到的东西，即为根本违反合同，除非违反合同一方并不预知而且一个同等资格、通情达理的人处于相同情况中也没有理由预知会发生这种结果。此处的判断标准是"实际上剥夺了他/她根据合同规定有权期待得到的东西"，即主要看违约的性质和严重程度以及违约后果的可预见性，看是否剥夺了当事人的利润等利益，需要根据案件的具体情况来确定。如果违约没有达到上述严重程度，即视为非根本违反合同。

4. 中国法。根据我国《合同法》的规定，把违约分为预期违约与实际违约两种情形。

（1）预期违约。预期违约是指在合同履行期限到来之前，一方无正当理由明确表示其在履行期到来后将不履行合同，或者其行为表明其在履行期到来后将不可能履行合同。预期违约又可以分为明示预期毁约与默示预期毁约两种形式。

（2）实际违约。实际违约是指当事人在履行合同义务期间，不履行或不适当履行合同的情形。实际违约又分为不履行合同义务与不适当履行合同义务两种形式。

不履行合同义务是指合同生效后，当事人根本不履行自己的合同义务，履行不能和拒绝履行。

不适当履行合同义务是指当事人虽对合同义务作了履行，但是其履行义务的行为不符合合同约定的内容或法律的规定，其中又包括迟延履行、瑕疵履行和加害给付。

三、违约的救济方法

当一方违约使另一方的权利受到损害时，受损害的一方有权采取正确措施以维护其合同权益，这种措施在法律上称为违约救济，在我国采用"违约责任"这一概念。世界各国法律对违约的救济方法的规定存在差异，归纳起来主要有实际履行、损害赔偿、解除合同、违约金、禁令等。

（一）实际履行

实际履行（Specific Performance）是指一方当事人未履行合同义务，另一方当事人有权要求违约方按合同规定完整地履行合同义务，或有权向法院提起实际履行之诉，由法院强制违约当事人按照合同规定履行义务。对于实际履行的救济方法，各国法律有不同的规定和要求。

德国法将实际履行作为一种主要的救济方法。债权人根据债务关系，有要求债务人实际履行债务的权利。法国法一般把实际履行作为一种可供选择的救济方法，即债务人不履行合同，债权人有权在请求实际履行或请求解除合同并要求损害赔偿两者之中任选其一。

英美普通法并未规定这种实际履行的救济方法，认为一方当事人不履行其合同义务，对方只能要求其损害赔偿。但在司法实践中，依据衡平法原则，实际履行被视为一种例外的救济方法。

我国法律明确规定实际履行可以作为一种救济方法。《合同法》第一百零九条、第一百一十条区别债务人不履行金钱债务和非金钱债务，分别对债权人要求实际履行的权利作出具体的规定：当事人一方不履行非金钱债务或者履行非金钱债务不符合约定的，对方可以要求履行，但法律上或事实上不能履行，或者债务的标的不适于强制履行或履行费用过高，或者债权人在合理期限内未要求履行的，则不要求履行。

（二）损害赔偿

损害赔偿（Damages）是指当事人一方违反合同规定的义务并给对方造成损失，依法由违约方给予补偿，即违约方用金钱等来补偿另一方由于其违约所遭受到的损失。

各国法律均认为损害赔偿是一种比较重要的救济方法。在国际货物买卖中,它是使用最广泛的一种救济方法。各国法律对损害赔偿的规定不一,往往涉及赔偿责任的成立、赔偿范围等问题。

1. 损害赔偿责任的成立。大陆法系认为,损害赔偿责任的成立必须具备以下三个条件:(1)必须要有损害的事实。此条主要基于如果根本没有发生损害,就不存在赔偿的问题。至于发生损害的事实,则一般须由请求损害赔偿的一方出具证明。(2)必须有归责于债务人的原因。这是大陆法系承担违约责任的基本原则和前提条件。(3)损害发生的原因与损害之间必须有因果关系,即损害是由于债务人应予负责的原因造成的。

英美法的规定不同,只要一方违约,对方就可以提起损害赔偿之诉。至于违约一方有无过失、是否发生实际损害,并不是损害赔偿责任成立的前提。

我国合同法对损害赔偿责任成立的条件包括债务人有违约行为并给债权人造成实际损害,不以债务人主观上存在过错为构成要件。

《公约》关于损害赔偿责任的成立主要是考虑买卖双方的实际利益。

2. 损害赔偿的方法。损害赔偿的方法有两种:恢复原状和金钱赔偿。恢复原状是指用实物赔偿损失,使恢复到损害发生前的原状,例如,把损坏的物品加以修复,或用同种类货物替换等。这种方法可以达到损害赔偿的目的,但是有时实施不方便。金钱赔偿就是用支付一定金额的货币来弥补对方所遭到的损害。这种方法最为简便,但有时很难满足损害赔偿的主旨。德国法是以恢复原状为损害赔偿的原则,以金钱赔偿为例外。而法国法则以金钱赔偿为原则,以恢复原状为例外。英美法采用金钱赔偿的方法。

3. 损害赔偿的范围。损害赔偿的范围是指如何确定损害的范围和根据什么原则来确定损害赔偿的金额。

就法定的损害赔偿范围而言,各国法规定基本相同。德国和法国的规定基本一致,损害赔偿的范围应包括违约所造成的实际损失和所失利益两个方面。实际损失是指一方违约给对方造成的现实的损害,即指按合同规定的合法利益遭受的损失。所失利益是指如果债务人不违反合同,债权人本应能够取得、但因债务人违约而丧失了的利益。

英美法一般要求损害赔偿的范围是由于债务人违约而蒙受损害的一方,在经济上能处于该合同得到履行时的同等地位。法院掌握两个原则:一是这种损失必须是依据一般正常情况下直接或必然会引起的固定的损失;二是这种损失必须是当事人在订立合同时,对于违约可能产生的后果所合理地预见到的。

我国《合同法》规定,在确定损害赔偿金额时遵循两个原则:第一,当事人赔偿责任应相当于另一方所受到的损失;第二,赔偿责任不得超过违约方在订立合同时应当预见到的因违反合同可能造成的损失。

《公约》第74~77条规定对损害赔偿的范围包括实际损失和间接损失。

案例分析

一家磨房的机轴破裂了,磨房主哈德里把坏机轴交给承运人巴辛达尔,委托其找一家工厂重做一个新机轴。承运人未能在合理时间内交付新机轴,因而使磨房长时间停工。磨房主要求承运人赔偿由于其迟延交货所造成的利润损失,但由于磨房主事先并未告知对方如不能及时把新机轴送到将会产生利润损失,因此法院判承运人对迟延交货期间的利润损失不承担赔偿责任。

资料来源:徐春林、李玉香:《国际商法》,清华大学出版社2006年版。

(三) 解除合同

解除合同(Rescission)指合同当事人依照约定或法律规定的条件和程序行使解除权,提前终止合同的行为。

对于解除合同,法国法认为只要合同一方当事人不履行其合同义务时,对方就有权解除合同。德国法也认为,在不履行合同时,债权人有权解除合同。不履行合同包括四种情况:履行不能、履行迟延、履行拒绝和履行瑕疵。英国法规定,一方违约构成违反条件,对方才可要求解除合同;如果一方仅仅是违反担保,对方只能请求损害赔偿。美国法规定,只有一方违约构成重大违约时,对方才可以要求解除合同;如果是轻微的违约,只能请求损害赔偿,不能要求解除合同。《公约》规定合同一方不履行义务构成根本违约时,另一方有权解除合同。但是,解除合同并不意味着他就丧失了可以采取其他的救济方法。

我国《合同法》第九十三条规定:"当事人协商一致,可以解除合同。当事人可以约定解除合同的条件。解除合同的条件成就时,解除权人可以解除合同。"这一条是关于约定解除合同的规定。合同既然是当事人通过相互协商而订立,也可以通过协商而解除。合同的解除应发生在合同有效成立之后、履行完毕之前。

我国《合同法》第九十四条规定,有下列情形之一的,当事人可以解除合同:(1) 因不可抗力致使不能实现合同目的;(2) 在履行期限届满之前,当事人一方明确表示或者以自己的行为表明不履行主要债务;(3) 当事人一方迟延履行主要债务,经催告后在合理期限内仍未履行;(4) 当事人一方迟延履行债务或者有其他违约行为致使不能实现合同目的;(5) 法律规定的其他情形。

当事人主张解除合同、行使解除权,法国法规定当事人向法院起诉,由法院做出解除合同的判决。法国《民法典》第1184条规定,债权人解除合同,必须向法院提起。德国法规定:"解除合同应向对方当事人以意思表示为之。"英美法认为,解除合同是一方当事人由于对方的违约行为产生的一种权利,他可以宣告自己不再受合同的约束,并认为合同已经终了,而无须经过法院的判决。

合同一经解除,合同的效力即宣告消灭,但这种消灭的作用是溯及既往,还是指向将来,各国法律有不同的规定。

法国法和德国法的处理办法基本相同,都认为合同的解除效力溯及既往,未履行的债务不予履行,已履行的也应恢复原状。各方当事人应互负返还其所受领的给付义务,无法恢复原状的应补偿代价。英国法认为由于违约造成的解除合同并不使合同自始无效,而只是指向将来,即合同尚未履行的债务不再履行,已经履行的债务原则上不产生返还的问题。美国法与英国法有很大的差别。美国法认为,解除合同应产生恢复原状的效果,各个当事人均应把他从对方取得的东西归还给对方,尽可能恢复原状。

我国《合同法》规定,合同解除后,尚未履行的,终止履行;已经履行的,根据履行的情况和合同的性质,当事人可以要求恢复原状、采取其他补救措施,并有权要求赔偿损失。

(四) 违约金

违约金(Liquidated Damages)是以保证合同履行为目的,由双方当事人约定或法律直接规定,当债务人违反合同时应向债权人支付的金钱。

违约金是一种救济方法。对于违约金的性质,各国法律定性不同。德国法认为,违约金是对债务人不履行合同的一种具有惩罚性质的制裁,但约定的违约金额过高者,法院可依债务人的申请判决减至适当数额。法国法则确定为对受损害方的一种补偿。英美法认为,对于违约只能要求赔偿,而不能予以惩罚。法国法还规定,违约金数额明显过高或过低时,法官可依据职权减少或增加违约金的数额。英美法上的违约金主要是对违约状态下的受害者提供法律补救措施,以尽可能减少违约给守约人带来的损害。

我国《合同法》也把违约金看做是违约的损失赔偿。《合同法》第一百一十四条规定,当事人可以约定一方违约时,应当根据违约情况向对方支付一定数额的违约金;也可以约定因违约产生的损失赔偿额的计算办法。当事人延迟履行约定违约金的,违约方支付违约金后,还应当履行债务。我国《合同法》第一百一十四条第二款规定,约定的违约金低于造成的损失的,当事人可以请求人民法院或者仲裁机构予以增加,约定的违约金过分高于造成的损失的,当事人可以请求人民法院或者仲裁机构予以适当减少。

(五) 禁令

禁令(Injunction)是英美衡平法上的一种违约救济方法,即通过法院禁止违约方从事某种行为。英美国家的法官通常只在不发布禁令不足以防止违约损失的情况下才发布禁令,它主要适用于违反竞业禁止合同的情形。禁令一般在下述情况下才会采用:一是采取损害赔偿的救济方法不足以补偿债权人所受的损失;二是禁令必须符合公平合理的原则。迄今为止,我国《合同法》尚未对禁令这种违约救济方法作出明文规定。

四、违约免责情形

如果出现某些特殊情况(免责事由)而妨碍债务人履行合同义务,那么法律上对这样的不履行和履行不当不追究其违约责任。免责事由有"情势变迁"、"合同落空"和"不可抗力"等理论。

（一）情势变更（Changes of Circumstances）

情势变更是大陆法系中的一项重要制度。情势变更亦称情势变迁，是指合同成立后，作为合同关系基础的情势，由于不可归责于当事人的原因，发生了非缔约当初所能预料到的变化，如仍坚持原来的法律效力，将会产生显失公平的结果，有悖于诚实信用原则，因此应将合同作相应变更或解除的制度。

（二）合同落空（Frustration of Contract）

合同落空是英美法系的术语，与大陆法系中的情势变更原则类似。合同落空是指在合同成立之后，非由于当事人自身的过失，而是因某种意外事件，致使当事人在缔约时所谋求的商业目标受到挫折。在这种情况下，对于尚未履行的合同义务，当事人可免除履行的责任。

英国法中导致合同落空的情势大体有：标的物灭失；合同因法律修改而变为非法；情况发生根本性变化；政府实行封锁禁运或进出口许可证制度等。

案例分析

原告同意于1902年6月26日和27日将自己房子的阳台出租给被告。被告想利用该阳台观看该日举行的英王爱德华三世的加冕典礼。由于这位国王生病，该日的庆典被取消，被告拒绝支付尚未支付给原告的2/3的租金。英国上诉法院判决，合同的目的因该典礼的取消而落空，合同虽然没有载明租房的目的是为了观看登基典礼，但从有关背景可以发现这是合同的基础，由于登基典礼已取消，该合同的基础即不复存在。

资料来源：吴兴光：《国际商法》，中山大学出版社2003年版。

（三）不可抗力（Force Majeure）

不可抗力是指在合同订立之后发生的订立合同时不能预见，当事人不能避免或人力不可抗力的意外事故。 不可抗力作为法定的免责事由是许多国家民商法中的一项法律原则。在现代的国际贸易交往中，"不可抗力"一词被广泛采用，当事人在合同中订立不可抗力条款也司空见惯。我国《民法通则》第一百五十三条规定，不可抗力是指不能预见、不能避免并不能克服的客观情况。第107条：因不可抗力不能履行合同或者造成他人损害的，不承担民事责任，法律另有规定除外。《合同法》也将不可抗力作为解除合同的条件进行了规定。

不可抗力事故包括两种情况：（1）由自然原因引起的，包括地震、暴风、火灾、洪水等；（2）由社会原因引起的，包括战争、罢工、政府禁运等。

不可抗力事件可引起全部免责、部分免责和延迟履行合同三种法律后果。但是，因不可抗力而不能履行或不能完全履行合同的一方当事人，应及时通知对方以减轻其损失，并在合理期限内提供相关证明。

《公约》第79条第5款规定，当事人因不可抗力原因不履行义务时仅得以免除损害赔偿责任，而任何一方行使其他救济方法的权利不受妨碍。

本章知识结构图

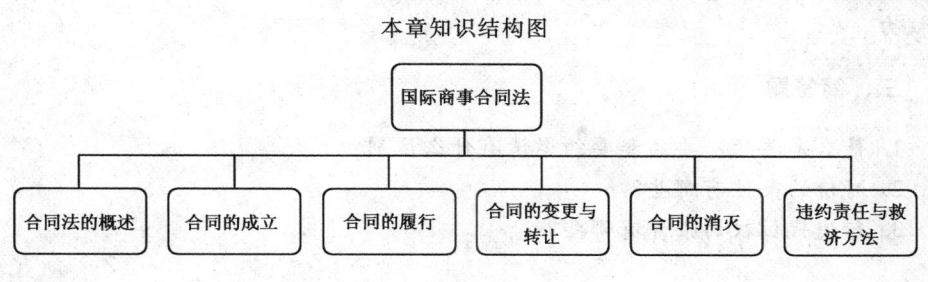

思考练习题

一、选择题

1. 下列属于要约的是（　　）。
A. 普通广告
B. 悬赏广告
C. 某公司收到的商品目录
D. 某公司向交易双方寄送的报价单

2. 以约因作为合同成立的必要条件的国家是（　　）。
A. 法国
B. 德国
C. 英国
D. 美国

3. 合同是双方当事人意思表示一致的结果，订立合同的当事人其意思表示必须是真实的。意思表示不真实，即意思表示瑕疵，通常包括（　　）。
A. 错误
B. 欺诈
C. 胁迫
D. 显失公平

4. 大陆法系规定合同消灭的原因有（　　）。
A. 清偿
B. 抵消
C. 提存
D. 免除和混同

5. 违约的救济方法主要有（　　）。
A. 实际履行
B. 损害赔偿
C. 解除合同
D. 违约金和禁令

6. 如果出现某些特殊情况，如（　　）而妨碍债务人履行合同义务，那么法律上对这样的不履行和履行不当不追究其违约责任。
A. "情势变迁"
B. "合同落空"
C. "不可抗力"
D. 禁令

二、判断题

1. 承诺可以由受要约人及相关利益人作出。（　　）
2. 对价包括已履行的对价和过去的对价。（　　）
3. 大陆法规定，合同落空是指在合同成立之后，由于当事人自身的过失，而致使当事人在缔约时所谋求的商业目标受到挫折。（　　）
4. 亲权是《德国民法典》中规定的，父母对子女的人身和财产管束、管理

的权力。   (   )

三、简答题

1. 什么是要约？要约和要约邀请有什么区别？
2. 对价的条件有哪些？
3. 行使代位权的条件有哪些？

案例分析题

1. 比利时公司与韩国公司订立一份出口精密仪器的合同。合同规定，韩国公司应在仪器制造过程中按进度预付货款。合同订立后，韩国公司获悉比利时公司供应的仪器质量不稳定，于是立即通知比利时公司："据悉你公司供货质量不稳定，故我方暂时中止履行合同。"比利时公司接到通知后，立即向韩国公司提供书面保证："如不能履行义务，将由银行偿付韩国公司支付的款项。"但韩国公司收到此通知后，仍然坚持暂时中止履行合同。

[问题] 韩国公司的做法是否妥当？

[分析提示] 宣告中止履行义务的一方当事人必须立即通知另一方当事人，如果另一方当事人对履行义务提供了充分的保证，则必须继续履行义务。因为中止合同只是暂时停止了履行合同，而不是使合同解除。因此，只要另一方当事人提供了充分的履约担保（如银行保函），宣告中止履行合同的一方仍需继续履行其合同义务。因此，韩国公司只能继续履行合同，不能拒绝履行合同。

2. A国某玻璃公司向B国某百货商场发出售卖500件价值50万元的玻璃工艺品的要约，其要约内容完整，形式合法，并注明对方应在两个月内承诺，且承诺时应表示违约者需支付5万元违约金。百货商场在收到要约后第10天发回承诺，表示购买该工艺品并表示同意违约金条款，但承诺中添加了包装方面的条件。玻璃公司接到百货商场承诺后称："货物已售他人，无货供应。"百货商场以玻璃公司对承诺未表示异议，双方合同关系已建立，玻璃公司将该工艺品售与第三者构成违法为由，起诉要求赔偿因玻璃公司违约造成的损失并支付违约金。玻璃公司则辩称，百货商场在答复中附有条件已构成反要约，合同并未订立，玻璃公司不承担任何责任。

[问题]

（1）A国某玻璃公司与B国某百货商场之间的购售合同是否成立？为什么？

（2）B国某百货商场的诉求是否会得到法院的支持？如果法院依德国法办理，其结果会如何？

[分析提示]

（1）依照我国《合同法》，合同成立。百货商场遵照玻璃公司要约中的要求在承诺期内发回承诺，虽然添加了包装方面的条件，但不属于实质性条件，不属于实质性变更，合同成立。

（2）依照德国法判决，本人不了解德国法的具体规定，无法作答。但依照中华人民共和国的法律，百货商场的诉求应当得到法院支持，因玻璃公司在百货商场未回复承诺且承诺期未过的情况下，私自与工艺品公司订立合同，侵犯了百货公司的权利，该合同应属无效。故法院应判决玻璃公司与工艺品公司的合同无效，玻璃公司承担违约责任，应按合同内容继续履行给付货物，并给付5万元违约金，且如果百货公司能够举证其在此期间因玻璃公司违约而造成的实际损失，则玻璃公司还要承担赔偿损失的责任。

第五章
国际货物买卖法

【知识目标】

- 知晓有关国际货物买卖法的国内立法、国际电子商务合同的相关知识
- 掌握国际货物买卖法的渊源、主要的国际贸易术语、国际货物合同成立的基本知识、买方和卖方的义务及违约的救济方法、关于货物所有权和风险转移

【技能目标】

- 熟悉国际货物买卖合同双方的基本权利和义务、违反买卖合同的补救办法
- 熟练运用国际货物合同的主要条款、主要的国际贸易术语

案例导读

中国甲公司与蒙古乙农场曾经有过几次贸易往来，交易标的是牛肉。2007年1月10日，甲公司与中国丙公司签订了牛肉的买卖合同，之后，甲向乙电传："需一级牛肉150吨，如有，望告之。"乙接到电传后立刻组织货源，安排运输，5日后将100吨牛肉运给了甲。甲验货后发现，乙方的牛肉品质达不到一级，实属二级，货物价值因此下降了近30%。因此甲方单方解除合同，乙方不同意，出现了争议。甲方主张乙方根本违约，乙方请求继续履行，但可以减少价款或更换货物。另外，甲还以此批货物的品质下降造成其与丙的合同不能履行，请求法院判决乙赔偿因此造成的损失。此合同是否成立？根本违约是

否构成？不能履行与第三方的合同能否成为解除合同的理由？

资料来源：国家司法考试远程教育网（www.lawee.com.cn）

第一节　国际货物买卖法概述

一、国际货物买卖和国际货物买卖法

（一）国际货物买卖

国际货物买卖是传统和古老的国际贸易方式。货物一般指有形的和可以移动的物品，范围非常广泛，只要相关国内法不禁止即可以作为买卖的标的。国际货物买卖通常指跨越国境的买卖，但何种货物买卖构成国际货物买卖的标准并不统一。

 提示

"国际性"可以有很多标准，如以当事人营业地为标准、以行为发生地为标准、以货物跨越国境为标准，或以当事人国籍为标准，等等。国际货物买卖较之于国内货物买卖，具有以下两个特征：（1）国际货物买卖的当事人双方的营业所在地位于不同的国家，货物买卖的行为超越了一国边界；（2）国际货物买卖由于是在营业地不同国家当事人之间的有形货物的交易，因而总是和国际货物运输以及国际货物保险结合在一起，这也构成了国际贸易的一个自然的不可分割的整体。

（二）国际货物买卖法

国际货物买卖法是所有调整国际货物买卖关系的法律规范的总称，是国际贸易法的重要组成部分，包括调整国际货物买卖的国内法、国际公约和国际贸易惯例三部分。

二、国际货物买卖法渊源

国际货物买卖法主要包括国际货物买卖合同的成立、卖方和买方的义务、对违反买卖合同的补救方法、货物所有权与风险的转移等内容。国际货物买卖法的渊源有国际贸易公约、国际贸易惯例、有关的国内法。

（一）国际贸易公约

目前，调整国际货物买卖法律关系的公约主要有《国际货物买卖统一法公约》、《国际货物买卖合同成立统一法公约》、《联合国国际货物销售合同公约》等。

89

1. 《国际货物买卖统一法公约》（ULIS）和《国际货物买卖合同成立统一法公约》（ULS）。第二次世界大战后，罗马统一国际私法协会起草了两个国际货物买卖公约草案，即《国际货物买卖统一法公约》和《国际货物买卖合同成立统一法公约》，于1964年海牙外交会议上通过，《国际货物买卖统一法公约》于1972年8月18日生效，《国际货物买卖合同成立统一法公约》于1972年8月23日生效。但是这两个公约没有得到广泛运用，几十年来，参加的国家寥寥无几，原因是许多国家认为它们受大陆法传统影响较多，有的概念晦涩难懂。

2. 《联合国国际货物销售合同公约》（CISG）。由于1964年海牙会议通过的上述两项公约都未能达到统一国际货物买卖法的预期目的，联合国国际贸易法委员会（UNCITRAC）于1969年成立了一个专门工作小组，在上述1964年两项公约的基础上制订一部统一的国际货物买卖法，力求使其得到不同社会经济制度与不同法律制度的国家的广泛接受。为了在国际事务上达成一致，代表们不得不设法在英美法和大陆法的不同传统之间进行调和。工作组经过大约10年的酝酿和准备，于1978年完成了起草《联合国国际货物销售合同公约》（以下简称《公约》）的任务。《公约》的宗旨是：以建立新的国际经济秩序为目标，在平等互利的基础上发展国际贸易，促进各国间的友好关系。该《公约》于1980年3月在维也纳获得通过，1988年1月1日起生效。该公约全文分为四部分，即适用范围和总则、合同的订立、货物销售、最后条款，共101条。

（二）国际贸易惯例

国际货物买卖的国际惯例通常也称为国际贸易惯例，是指由国际组织将在国际贸易业务中反复实践的习惯做法加以编纂与解释所形成的非强制性文件。国际贸易惯例弥补了法律的不足，是法律的重要渊源。在国际上有较大影响的有关贸易术语的国际惯例主要有：

1. 《1932年华沙—牛津规则》。1932年国际法协会制定了《华沙—牛津规则》，又称《1932年华沙—牛津规则》。该规则有21条，是针对"成本加运费、保险费（CIF）"制定的，在国际上具有一定的影响。

2. 《1941年美国对外贸易定义修订本》。《美国出口报价及其缩写条例》是由美国几个商业团体于1919年制定的，1941年进行了修订，命名为《1941年美国对外贸易定义修订本》。该定义对Ex Point of Origin，FOB，FAS，C&F，Ex Dock等六种贸易术语进行了解释。

3. 《2000年国际贸易术语解释通则》。《2000年国际贸易术语解释通则》（INCOTERMS 2000）由国际商会制定。国际商会是世界上最重要的民间贸易组织，一直在国际贸易法不断更新的进程中发挥着重要的作用，通则便是其中最主要的成果之一。1936年，国际商会订立发布了《国际贸易术语解释通则》，以后经多次修订。国际商会于1999年9月13日正式公布了贸易术语的千年版——《2000年国际贸易术语解释通则》。

（三）国内立法

我国没有制定专门的商法典，现行有关货物买卖的法律主要包含在《民法通则》和《合同法》和2007年最新通过的《物权法》等法律中。1986年我国

提示：

《1941年美国对外贸易定义修订本》主要在美洲国家使用。但它与《2000年国际贸易术语解释通则》的解释有所不同，特别在FOB和FAS方面，所以在与美洲国家交易中尤其要加以注意。

提示：

《2000年国际贸易术语解释通则》于2000年1月1日正式生效，并取代了自1990年以来实施的《1990年国际贸易术语解释通则》（INCOTERMS 1990）。

加入了《联合国国际货物买卖合同公约》（Convention on Contracts for the International Sale of Goods）。我国的公司、企业或其他经济组织在对外签订货物买卖合同时，可以选择该公约作为该合同适用的法律。对于该公约的未尽事项，仍要适用我国《民法通则》和《合同法》的有关规定。

我国是批准《联合国国际货物销售合同公约》的最早成员国之一。我国政府曾派代表参加了1980年召开的维也纳会议，并于1986年12月向联合国秘书长递交了关于该公约的核准书，成为该公约的缔约国。

> **提 示**
>
> 我国在核准该公约时，根据该公约第95条与第96条的规定，对该公约提出了两项重要的保留：
>
> 1. 关于合同书面形式的保留。我国在核准该公约时，对合同形式问题提出了保留。我国坚持认为，订立国际货物买卖合同必须采取书面形式。但是，我国1999年修订的《合同法》第10条明确规定，当事人订立合同，有书面形式、口头形式和其他形式。法律、行政法规规定采用书面形式的，应当采用书面形式。当事人约定采用书面形式的，应当采用书面形式。因此，我国的上述保留已经失去意义。
>
> 2. 关于公约适用范围的保留。中国认为该公约的适用范围仅限于双方的营业地分处于不同的缔约国的当事人之间所订立的货物买卖合同。根据《联合国国际货物买卖合同公约》第1条第1款（b）项的规定，只要双方当事人的营业地处于不同的国家，即使他们的营业地所在国不是公约的缔约国，但是如果根据国际私法的规则导致适用某一缔约国的法律，则该公约亦将适用于这些当事人之间订立的国际货物买卖合同。对此，中国在核准该公约时也提出了保留。

三、《联合国国际货物销售合同公约》

1980年在联合国维也纳外交会议上，《联合国国际货物销售合同公约》（以下简称《公约》）是联合国国际贸易法委员会在1964年两个海牙公约，即《国际货物买卖统一法公约》和《国际货物买卖合同成立统一法公约》基础上制订的。1980年3月，在由62个国家代表参加的维也纳外交会议上通过。按照《公约》第99条的规定，《公约》在有10个国家批准之日起12个月后生效。《公约》自1988年1月1日起对《公约》的成员国生效。截至2005年6月，加入《公约》的国家已有65个。

《公约》除序言外，共分4部分，101条。第一部分共13条，对公约的适用范围和总则作出规定；第二部分共11条，规定合同订立程序和规则；第三部分共64条，就货物买卖的一般规则、买卖双方的权利义务、风险的转移等作出规定；第四部分是最后条款，对公约的保管、签字、加入、保留、生效、退出等作出规定。

（一）《公约》的宗旨和适用范围

根据《公约》在序言中的规定，《公约》的宗旨是建立新的国际经济秩序，在平等互利的基础上发展国际贸易，照顾到不同的社会、经济和法律制度，制定国际货物销售的统一规则，以减少法律障碍，促进国际贸易的发展。

《公约》的适用范围包括：

1. 《公约》适用的主体范围。《公约》适用于营业地在不同国家的当事人之间所订立的货物买卖合同，但必须具备下列两个条件之一：或者双方当事人营业地所在国都是缔约国；或者虽然当事人营业地所在国不是缔约国，但根据国际私法规则导致应适用某一缔约国法律。

2. 《公约》适用的客体范围。公约适用的客体范围是"货物买卖"。但并非所有的国际货物买卖都属于《公约》的调整范围。

提示

《公约》排除了以下几种买卖：（1）以直接私人消费为目的的买卖；（2）拍卖；（3）依执法令状或法律授权的买卖；（4）公债、股票、投资证券、流通票据和货币的买卖；（5）船舶、气垫船和飞行器的买卖；（6）电力的买卖；（7）卖方绝大部分义务是提供劳务和服务的买卖。

3. 《公约》没有涉及的法律问题。《公约》的规定并没有涉及国际货物买卖合同的所有方面。以下问题《公约》没有涉及：合同的效力，或其任何条款的效力或惯例的效力；合同对所有权的影响；货物对人身造成伤亡或损害的产品责任问题。

在合同成立问题上，《公约》采用了传统的要约、承诺的理论。

（二）合同双方的义务

1. 卖方的义务。《公约》第30条至第44条主要规定了卖方的义务。卖方的义务主要包括（1）交付货物；（2）品质担保；（3）权利担保；（4）交付单据。

2. 买方的义务。《公约》第53条至60条规定了买方的义务。买方的义务主要有两项：支付货款和接收货物。

（三）违约的救济方法

违约的救济方法是指在一方违反合同时，另一方当事人依法获得补偿的方法。

1. 卖方违约买方的救济方法：（1）要求实际履行；（2）交付替代物；（3）修理；（4）减价；（5）宣告合同无效。

2. 买方违约卖方的救济方法：（1）要求履行义务；（2）宣告合同无效。

3. 适用于买卖双方的一般规定。《公约》除上述适用于买方或卖方的特殊规定外，还在第71条至第88条规定了适用于买卖双方的一般性规则，包括：（1）预期违约和分批交货合同；（2）损害赔偿；（3）支付利息；（4）免责；（5）宣告合同无效的效果；（6）保全货物。

（四）风险的转移

货物的风险转移到买方承担后遗失或损坏的，买方支付货款的义务并不因此

提示：《公约》第67条、68条规定了风险转移的时间，分为以下几种情况：合同中有运输条款的风险转移；在运输途中风险的转移；其他情况下风险的转移。第67条第2款特别强调了在货物被划拨到合同项下之前，风险不转移。

解除。除非这种损坏或遗失是由于卖方的行为或不行为造成的。

四、《国际贸易术语解释通则》

(一) 国际贸易术语简介

国际贸易术语属于国际贸易惯例,表现为一组字母和简短概念的组合。国际贸易术语的主要功能在于划分买卖合同双方当事人之间的责任、风险、费用,并反映价格构成、交货条件。

> 提示:
> 贸易术语又被称为"价格术语"或"交货条件"。

在国际货物买卖合同中,国际贸易术语构成了合同条款的重要组成部分。

国际商会编纂的《2000年国际贸易术语解释通则》是最有影响,在实践中得到广泛采用的国际贸易术语。国际贸易术语的分类可以有多种方法。《2000年国际贸易术语解释通则》采用的是按卖方承担义务由小到大,用英语字母E、F、C、D排列,将13个贸易术语分成四组(见表5-1)。

表5-1 《2000年国际贸易术语解释通则》贸易术语分组表

组别	贸易术语(英文)	贸易术语(中文)
E组	ExW EX Works (named place)	工厂交货(指定地点)
F组	FCA: Free Carrier (named place)	货交承运人(指定地点)
	FAS: Free Alongside Ship (named port of shipment)	船边交货(指定装运港)
	FOB: Free On Board (named port of shipment)	船上交货(指定装运港)
C组	CFR: Cost & Freight (named port of destination)	成本加运费(指定目的港)
	CIF: Cost, Insurance and Freight (named port of destination)	成本,保险加运费(指定目的港)
	CPT: Carriage Paid To (named place of destination)	运费付至(指定目的地)
	CIP: Carriage and Insurance Paid To (named place of destination)	运费保险费付至(指定目的地)
D组	DAF: Delivered at Frontier (named place)	边境交货(指定地点)
	DES: Delivered ex Ship (named port of destination)	船上交货(指定目的港)
	DEQ: Delivered ex Quay (named place of destination)	码头交货(指定目的地)
	DDU: Delivered Duty Unpaid (named place of destination)	未完税交货(指定目的地)
	DDP: Delivered Duty Paid (named place of destination)	完税后交货(指定目的地)

(二) 几个常用贸易术语

1. FOB术语。FOB意思是船上交货(指定装运港),全称是Free on Board (named port of shipment),表明卖方在货物装上船时完成交货义务,其特性是要求买卖双方合作履行。按照INCOTERMS 2000的规定,FOB合同中买卖双方承担的责任、风险和费用等概括如下:

> 提示:
> FOB是海上运输最早出现的国际贸易术语,也是国际上普遍应用的贸易术语之一。

卖方必须:(1)提供符合合同规定的货物和单证,或相等的电子单证;(2)自负费用及风险办理出口许可证及其他货物出口手续,缴纳出口捐、税、费;(3)按照约定的时间、地点,依照港口惯例,将货物装上买方指定的船舶,并给买方以充分通知;(4)承担在装运港货物越过船舷以前的风险和费用。

买方必须:(1)支付货款,并接受卖方提供的交货凭证或相等的电子单证;

提示：

例如，FOB 班轮条件（FOB liner terms）即装卸由班轮负责，卖方不负责装船费用；卖方负责装船费用时，可以选择 FOB 理舱（FOB stowed）或者 FOB 平舱（FOB trimmed）。

（2）自负费用及风险取得进口许可证，办理进口手续，缴纳进口的各种捐、税、费；（3）自费租船，并将船名、装货地点、时间给予卖方以充分通知；（4）承担在装运港货物越过船舷以后的风险和费用。

在国际货物买卖合同中使用 FOB 术语时应注意以下几个问题：

（1）注明 FOB 的"版本"，是 INCOTERMS 2000 还是《1941 年美国对外贸易定义修正本》中的 FOB。后者应当在 FOB 后面加上"vessel"字样。（2）两个充分通知问题。FOB 术语中涉及两个充分通知：一个是买方租船后，应将船名、装货时间、地点给予卖方以充分通知；另一个是卖方在货物装船时给买方以充分通知。（3）明确 FOB 的相关装船费用。目前，许多船舶是自行平舱的，所以平整货物的过程是自动进行的。货物一旦装上船舶就由卖方承担责任。

为了明确在租船运输时有关装船的费用划分，应当在 FOB 后加上附加条件，从而形成 FOB 的变形。

案例分析

某公司进口一批货物以 FOB 成交，结果在目的港卸货时，发现货物有两件外包装破裂，里面的货物有被水浸过的痕迹。经查证，外包装是货物在装船时因吊钩不牢掉在船甲板上摔破的，因包装破裂，导致里面的货物被水浸泡。在这种情况下，进口方不能以卖方没有完成交易义务为由向卖方索赔。FOB 贸易方式下，责任风险的划分是装运港的船弦。外包装是货物在装船时因吊钩不牢掉在船甲板上摔破的，也就是说，过了船弦界就不是卖方的责任。

2. CIF 术语。CIF 术语是国际贸易中最通用的术语，全称是 Cost, Insurance and Freight（named port of destination），意思是成本、保险费加运费（指定目的港）。CIF 合同使卖方有义务将货物装运到指定的港口，并对货物以行业中的通常条款办理保险。卖方可以是连环贸易条件下的中间贸易商，而不是原托运人。根据 INCOTERMS 2000 的规定，买卖双方的责任、风险和费用概况如下：

卖方必须：（1）提供符合合同规定的货物和单证或相等的电子单证；（2）自负风险和费用办理出口许可证及其他货物出口手续，并缴纳出口捐、税、费；（3）自费订立运输合同，将货物按惯常航线在指定日期装运至指定目的港，并支付运费；（4）自费投保、缴纳保险费，如无明示的相反协议，按《伦敦保险业协会货物保险条款》投保海上运输的最低险别；（5）承担在装运港货物越过船舷以前的风险及除运费和保险费以外的费用。

买方必须：（1）支付货款，并接受卖方提供的交货凭证或相等的电子单证；（2）自负费用和风险取得进口许可证，办理进口手续，缴纳进口的各种捐、税、费；（3）承担在装运港货物越过船舷以后的风险和除运费、保险费以外的费用。

使用 CIF 术语应注意如下几个问题：

（1）在 CIF 术语中，替买方投保并支付保险费是卖方的一项义务。但是，当双方未就保险条款和投保险别加以约定时，卖方只负责按《伦敦保险业协会货物保险条款》投保海上运输的最低险别。买方如要投保其他险别或特种险，应在合同中说明并自负该项加保费用。

（2）"of"后的港口是目的港，是指明运输费和保险费的计算是从装运港至目的港全程的运输费和保险费，而不是指卖方的交货地点。在 CIF 术语中，卖方的交货义务是在装运港将货物交到船上完成的。

（3）CIF 也有其变形条件，它的主要作用是解决装船费用的负担问题。包括 CIF 班轮条件，指卸货费按班轮条件办理，即买方不负担卸货费；CIF 舱底交货，指货到目的港后，由买方负责卸货费用；CIF 并着陆条件，指卖方负责货到目的港岸上为止的卸货费用，包括驳船费用和码头捐。

（三）CFR 术语

CFR 全称是 Cost and Freight（named port of destination），意思是成本加运费（指定目的港）。CFR 术语与 CIF 术语的不同之处仅在于价格构成。CFR 术语的价格构成中不包括保险费，即买方要自行投保并支付保险费用，卖方对此不负责。除此之外，CFR 中买卖双方的义务都与 CIF 术语相同。

使用 CFR 术语应注意的问题是卖方的装船通知。与 FOB 合同一样，卖方要给买方货物装船的充分通知，否则，由此造成买方漏保货运险而引起的损失应由卖方承担。

FOB，CIF 和 CFR 的共同之处是：（1）适合海上运输或内河航运；（2）交货地点都是装运港口；（3）风险划分都是以装运港的船舷为界限；（4）交货性质属象征性交货，即卖方提交了代表货物所有权的凭证就等于履行了交货义务。运输合同项下的装运（以及办理保险）连同交付记载完成此类义务的单证，可以视为传统销售合同项下货物实际交付买方的替代。

第二节　国际货物买卖合同

一、国际货物买卖合同的概念

国际货物买卖合同是指营业地位于不同国家的当事人之间就有关货物买卖的权利义务关系达成的协议。国际货物买卖总是以签订国际货物买卖合同的方式来进行的，国际货物买卖合同也是一种合同，合同法的原理及原则对于国际货物买卖合同同样适用。国际货物买卖合同的含义要从下列三个方面来理解：（1）国际货物买卖合同的国际性以当事人的营业地位于不同国家为标准，而不考虑当事人的国籍。（2）国际货物买卖合同强调的是合同的标的物需要进行跨国境的运输。因此，即使是不同国家的当事人在一国境内订立的货物买卖合同也不是国际货物运输合同。（3）国际货物买卖合同的标的是货物，货物是指有形动产。

提示

适用于1980年的《联合国国际货物销售合同公约》的货物并非所有的有形动产，用于个人消费的合同被排除在外；另外，船舶与飞机等虽在物理属性上属于动产，但是这类动产其本身标的巨大且一般价值很高，因此，各国对其转让一般都进行了特别的规定，公约也不对此类货物适用。

二、国际货物买卖合同的主要条款

国际货物买卖合同种类较多，各类合同内容不尽相同，有着各自特点，但也有其共同点，从法理上可把合同的基本内容分为三部分：

1. 效力部分。

（1）合同的开头部分：主要包括买、卖双方的全称、住址、订约日期、地址以及同意订约的词句，合同的名称、编号等。

（2）合同的结尾部分：包括生效日期、合同使用的文字和文本、正本份数、双方当事人的签字。

开头和结尾部分规定了合同的效力范围和有效条件的主要问题，全称为效力部分。如在合同中开头部分注明的订立合同中的时间和地点，它在法律上就表明：第一，除非法律或合同中对合同生效的时间另有规定，否则应以该日期为合同的生效日期；第二，如果合同中对该合同所应适用的法律没有作出明确的规定，发生法律冲突时，按国际私法的法律冲突原则解决，关于该合同的有效性的问题，一般应由合同成立地法律来确定。

2. 权利与义务部分。此部分是合同主要内容。

（1）标的物条款（也称商品条款）。标的物条款主要包括商品名称、规格、质量、性能、质量、包装等。有些商品还需要商品的生产国别、制造厂商。

（2）价格条款。合同中规定的标的物单位和总价的各条文属于价格条款。在国际货物买卖合同中，总是以"贸易术语"为基础和一个特定数额的货币单位来表示商品单位。如"铝锭FOB安特卫普港每吨640英镑"单价乘以交易商品的数量，即为总价。价格条款一般应包括价格的计量单位、单位价格金额、计价货币、交货地点的贸易术语。

（3）保留所有权条款。卖方在收到用现金支付的货款以前，保留货物的合法所有权；如果买方对卖方的货物作出处分，则买方仍是作为卖方代理人或受信托人持有此项收益，卖方有权获得此项收益。

（4）装运和保险条款。装运和保险条款主要规定装运时间、装运港与目的港以及装运通知事项。这一条款主要规定由谁负责投保和支付保险费用、投保险别、保险金额等。此条款规定与所采用的贸易术语有直接的联系。

（5）支付条款。支付条款是指合同中有关买方支付货款的各个条款，包括支付工具、货币的种类、支付时间、支付的方式，以及卖方为取得货款应提供的单证等各项规定。在国际货物销售合同中,一般采用跟单信用证的付款方式,但也有些情况下采用托收方法。

(6) 商检条款。商检条款是指合同中有关商品检验的条文,通常规定检验权、检验机构、检验证书、检验时间、地点、检验的方法、检验标准等内容。

(7) 负责条款。负责条款主要包括:①规定构成不可抗力的条件(哪些条件属不可抗力);②说明因不可抗力,当事人不能按合同规定履行义务,不应承担责任;③规定发生不可抗力的事项时,当事人应如何处置(力争减少损失)。

(8) 法律适用条款。以上条款,是双方当事人为一笔买卖交易而明确记载于合同中的权利、义务条款,但这些约定不可能涉及合同权利、义务关系的各个方面,通常在合同中规定该合同适用的法律,如"本合同适用于××国法律"。

3. 索赔与争议的解决部分。此部分是关于程序问题的规定,主要包括:(1) 索赔的手续;(2) 提出索赔的期限;(3) 提出索赔所需单证;(4) 索赔的方式。

如索赔遭到拒绝,在当事人之间就会发生争议。在国际贸易中,双方当事人一般在协商不成的情况下选择用仲裁的方式解决争议。因此,合同条款应明确约定是到仲裁机构仲裁,还是到法院诉讼,二者选择其一。当事人还可根据实际情况,约定将争议提交国际法院解决。

第三节 国际货物买卖合同中买卖双方的义务

一、卖方的义务

卖方的义务主要包括交付货物、交付单据、货物的质量担保、货物的权利担保。简言之就是两项交付义务与两项担保义务。

1. 交付货物的义务。交付货物是卖方的主要义务,也是卖方行使收取货款权利的前提条件。依照《公约》的规定,卖方应依合同规定的地点、时间以及方式完成其交付义务。

(1) 关于交付货物的地点。如果合同已明确约定了交付地点,则依约定。如果合同没有规定具体的交付地点,依《公约》第31条的规定确定卖方的交付地点,即:①如果国际货物销售合同涉及货物的运输,则交货地点是货交第一承运人的地点;②如果卖方不需办理运输事宜,则卖方在货物的所在地完成交货;③在其他情况下,卖方应在其订立合同时的营业地交货。

(2) 关于交付货物的时间。《公约》第33条对卖方交货时间作了明确的规定:①如果合同规定有日期,或从合同可以确定日期的,应在该日期交货;②如果合同规定有一段时间,或从合同可以确定一段时间,除非情况表明应由买方选定一个日期外,应在该段时间内任何时候交货;③在其他情况下,应在订立合同后一段合理时间内交货。

2. 交付单据的义务。在国际贸易中,单据对于买方而言是十分重要的,尤其是在象征性交货的情况下。象征性交货是区别于实际交货的一种方式，即由卖方将控制货物的单据交给买方，由买方在指定地点凭单据向承运人提货。在象征性交货时，单据可能会影响到买方是否能及时提货和转卖货物，还会影响到买方办理相关的海关手续。正因为单据对买方如此重要，所以《公约》第34条对卖方交付单据进行了规定。依该规定，如果卖方有义务移交与货物有关的单据，他必须按照合同所规定的时间、地点和方式移交这些单据。如果卖方在那个时间以前已移交这些单据，他可以在那个时间到达前纠正单据中任何不符合同规定的情形，但是，这一权利的行使不得使买方遭受不合理的不便或承担不合理的开支，买方可以保留本《公约》所规定的要求损害赔偿的任何权利。

3. 货物的质量担保义务。货物的质量担保义务又称货物的品质担保义务，是指卖方必须保证其交付的货物与合同的规定相符。依《公约》第35条第1款的规定，卖方交付的货物必须与合同所规定的数量、质量和规格相符，并需要按照合同所规定的方式装箱或包装。如果合同没有对数量、质量、规格和包装作出明确规定，则依本条第2款的规定，即：（1）货物适用于同一规格货物通常使用的目的；（2）货物适用于订立合同时曾明示或默示地通知卖方的任何特定目的；（3）货物的质量与卖方向买方提供的货物样品或样式相同；（4）货物按照同类货物通用的方式装箱或包装，如果没有此种通用方式，则按照足以保全和保护货物的方式装箱或包装。

4. 货物的权利担保义务。货物的权利担保义务是指卖方保证对其出售的货物拥有完全的所有权，并保证不侵犯他人的权利。货物的权利担保的内容一般包括所有权担保和知识产权担保两个方面。货物的所有权担保是指卖方保证对其出售的货物享有完全的所有权，必须是第三方不能提出任何权利或要求的货物。货物的知识产权担保是指卖方保证其出售的货物没有侵犯任何第三方的工业产权和知识产权。

二、买方的义务

买方的义务主要有两项，即支付货款和接受货物。

1. 支付货款的义务。支付货款是买方的主要义务，也是卖方履行交货义务的前提条件。依《公约》的规定，买方应当履行必要的付款手续，以及依合同约定的地点、时间支付货款。

买方支付货款必须履行必要的手续，即做好付款前的准备工作。依《公约》第54条的规定，买方支付货款的义务包括根据合同或任何有关法律和规章规定的步骤和手续，以便支付货款。买方付款义务所必需的一切准备步骤是其付款义务不可分割的组成部分，与支付货款本身一起构成了买方支付货款义务。

（1）关于支付货物价款的地点。依《公约》的规定，支付货款的地点首先应依当事人在合同中的约定为准，在合同没有约定的情况下，买方应在以下地点支付价款：①卖方的营业地，如果卖方有一个以上的营业地，买方支付货款的地点为卖方与合同及合同的履行关系最密切的营业地确定支付地；②如凭移交货物或单据支付价款，则为移交货物或单据的地点。

（2）关于支付货物价款的时间。支付货款的时间首先应依当事人在合同中的约定为准，如果双方当事人未在合同中具体约定付款的时间，则买方应依《公约》规定的下列时间支付货物价款：①在卖方将货物或单据置于买方控制下时付款，也称交货时付款；②买卖合同涉及运输时，在收到银行的付款通知时付款，也称先付款、后发运；③在买方没有机会检验货物前，无义务支付货款，也称先检验、后付款。

2. 接受货物的义务。依公约的规定，买方接受货物的义务由两部分组成：其一为"采取一切理应采取的行动"，其二为"提取货物"。

（1）关于采取行动。在国际货物买卖中，一方当事人应当采取与另一方当事人相适应的步骤，即双方有相互合作的义务。《公约》第60条规定应采取一切理应采取的行动，以期卖方能交付货物。

（2）关于提取货物。提取货物要求买方将货物置于自己的实际控制之下，买方提货虽然是自身利益的需要，但是也会对卖方产生一定的影响，因此买方一定要按时提货。

第四节　违约及违约的救济方法

合同当一方当事人违约使对方当事人的权利受到损害时，受损害的一方有权根据法律或者合同的约定采取补救措施，以维护其合法的权益。这些补救措施，法律上称之为救济措施或者救济方法。救济措施的主要目的是使受损方得到经济补偿，使其获得根据合同本应获得的经济利益，但有些救济措施带有惩罚性质。

一、违约的主要分类

以违约所造成的后果和严重程度为标准，将违约分为根本违约和一般违约；根据违约的时间，可以将违约分为根本违约和预期违约。

（一）根本违约

根本违约（Fundamental Breach）是《公约》借鉴大陆法系和英美法系的相关法律制度而创造的全新法律概念。《公约》第25条规定："一方当事人违反合同的结果，如使另一方当事人蒙受损害，以至于实际上剥夺了他根据合同规定有权期待得到的东西，即为根本违反合同，除非违反合同一方并不预知而且一个同等资格、通情达理的人处于相同情况中也没有理由预知会发生这种结果。"从《公约》的这一界定中可以看出，构成根本违约的基本标准是实际上剥夺了受损一方根据合同有权期待得到的东西，即受害方预期利益的丧失，同时还必须满足另外两个标准：违约方应当预知这种结果，第三方能预知这种结果（客观标准）。对根本违约，《公约》规定受害的当事人可以同时采用宣告合同无效和其他任何合法的救济方法。根据《公约》的相关规定，下述情况下受害方可以宣告合同无效：

(1) 卖方不交付货物或不按合同规定交付货物等于根本违反合同；(2) 货物不符合合同构成根本违反合同；(3) 卖方不履行其在合同或该公约中的义务，等于根本违反合同；(4) 买方不履行其在合同或该公约中的义务，等于根本违反合同；(5) 在分批交货的合同中，一方当事人不履行对任何一批货物的义务，对该批货物、对以后各批货物或对整个货物构成根本违反合同；(6) 一方给予对方额外时间履行合同，对方未能履行或声明不履行，预期违约构成根本违反合同。

（二）预期违约

预期违约（Anticipatory Breach）是指合同订立后、合同规定的履行期限到来前，因一方当事人履行义务的能力或信用有严重缺陷，或在准备履行合同或在履行合同中的行为表明他将不履行其大部分义务，则另一方可以中止履行其义务。预期违约可能是一般违约，也可能构成根本违约。

如果在合同义务履行之前，明显看出一方当事人将根本违约，如特定物已经灭失，在这种预期根本违约的情况下，对方可以宣告合同无效。当另一方显然将不履行其大部分重要义务时，一方可以暂时中止合同的履行。但当事人在行使上述权利的同时，应当承担下列义务：(1) 应当把自己中止或者宣告合同无效的决定立即通知对方；(2) 当对方对履行合同提供了充分的保证时，如提供了银行保函或抵押担保等，中止履行的一方应继续履行合同；(3) 中止履行的一方须有对方上述不能履行合同的确切证据，否则无根据地怀疑对方不能履行合同即擅自中止履行合同则应负违约责任。

至于何谓"不能履行合同的确切证据"以及"对履行合同提供充分的保证"，《公约》未作规定。我国《合同法》第六十八条列举了以下四种情况为证明当事人有不履行合同义务的证据：(1) 经营状况严重恶化；(2) 转移财产，抽逃资金，以逃避债务；(3) 丧失商业信誉；(4) 有丧失或可能丧失履行债务的其他情况。当事人没有确切证据中止履行的，应当承担违约责任。

二、违约的主要救济方法

《公约》对违反合同的补救方法分为三种情况：卖方违约时，买方可以采取的救济方法；买方违约时，卖方可以采取的救济方法；买卖双方都可以采取的救济方法。

（一）卖方违约时，买方可以采取的救济方法

卖方违约是指卖方不交付货物或单据、交付迟延、交货不符合合同的约定三种情形。其救济方法有：

1. 要求实际履行。《公约》第46条第1款规定，卖方违反合同时，买方可以采取要求实际履行的办法。第47条规定，买方可以规定一个合理时间的额外期限，让卖方履行义务。

2. 交付替代物。依《公约》规定买方只有在货物与合同不符构成根本违反合同时，才可以要求交付替代物。

3. 修理。卖方对所交付的与合同不符的货物进行修补、调整或替换有瑕疵的部分。

4. 减价。《公约》第 50 条规定，如货物与合同不符，不论价款是否已付，买方都可以降低价格。

5. 宣告合同无效。依《公约》第 49 条规定，买方有权在下列情况下宣告合同无效：（1）卖方根本违反合同；（2）卖方在买方规定的宽限期间内没有交货或声明不交货。

（二）买方违约时，卖方可以采取的救济方法

买方违约主要指买方不按照合同规定支付货款和不按照合同规定收取货物。卖方在买方违约时的救济方法有两种：一种是物权法上的救济，这是卖方对货物所享有的权利，是一种对物权，包括所有权的保留、留置权和再出售权等；另一种是债权法上的救济，包括提出损害赔偿、要求实际履行、宣告合同无效等，这是一种对人权。《公约》规定的买方违约时，卖方可以采取的救济措施主要有以下几种：

1. 实际履行。依据《公约》第 61 条至 63 条的规定，如果买方不履行其在合同中约定的义务或公约规定的义务，卖方可以要求其履行义务，如支付货款、接收货物等。

2. 宣告合同无效。根据《公约》第 64 条的规定，卖方在下列情况下可以宣告合同无效：（1）买方的违约是根本违约；（2）买方在宽限的时间内仍没履行，或买方声明将不在规定的时间内履行；（3）买方声明不履行合同。

（三）买卖双方都可以采取的救济方法

从上述救济措施可以看出，损害赔偿、实际履行和宣告合同无效是买卖双方在对方违约时都可以采取的救济措施，此外还有合同分割履行中的违约救济方法，这种救济方法包括：

1. 预期违约和分批交货合同。当一方出现预期违约的情况时，另一方当事人可以采取中止履行义务的措施。《公约》从分批交货的各批次之间的影响不同，对分批交货的违约救济作出了规定。

2. 损害赔偿。在国际货物买卖中，损害赔偿是应用最广泛的一种救济方法，而且这种救济方式可以与其他救济方式并存。《公约》第 74 条至第 77 条从赔偿金额的计算、赔偿的限度、采用替代交易时的损害赔偿、要求损害赔偿一方减少损失的责任几个方面对损害赔偿进行规定。

《公约》对损害赔偿采用无过错原则，即损害赔偿并不以过失为要件，只要给另一方当事人造成损失，就应赔偿其损失。

《公约》对于损害赔偿的责任范围实行全部赔偿原则，即赔偿范围包括预期利润在内的所有损失，即应当包括实际损失和利润损失两部分。从《公约》的内容来看，实际损失包括卖方为转卖货物另付的运费、手续费、仓储费，或者在交付货物有缺陷时，买方留下货物并对货物进行修理所产生的修理费等。利润损失包括因延迟交货或不交货而导致买方停产所损失利润等。

同时，《公约》第 77 条规定，声称另一方违约的合同的一方，应根据具体情况采取合理措施，减轻由违约而造成的损失，包括利润方面的损失。如果不采取这种措施，则违约一方可要求从损害赔偿中扣除原应可以减轻的损失数额。这

是对损害赔偿一般原则的重要限制。

3. 支付利息。

4. 免责。《公约》第 79 条至第 80 条规定了免责的条件、免责的后果、免责的通知义务等。

5. 宣告合同无效的效果。《公约》从第 81 条至第 84 条规定了宣告合同无效的效果：（1）合同一经被宣告无效，即解除了买卖双方在合同中的义务；（2）宣告合同无效，要求买方必须按实际收到货物的原状归还货物；（3）合同宣告无效后，买卖双方必须归还因接受履行所获得的利益。

6. 保全货物。保全货物是指在一方违约时，另一方当事人仍持有货物的处置权，该当事人有义务对他持有的或控制的货物进行保全。保全的目的是为了减少违约一方当事人因违约而给自己带来的损失。

第五节　货物所有权与风险的转移

买卖合同的目的是买方取得货物所有权，卖方取得货款。《公约》将货物所有权转移问题排除在调整范围之内，将风险转移问题与所有权转移问题分开处理。因此，国际货物买卖中货物所有权转移是国内法调整的问题。但货物所有权何时由卖方向买方转移，各国法律没有统一的规定，同时国际贸易惯例也很少涉及货物所有权转移问题。各国法律对所有权转移的主要原则有：原则上承认当事人约定优先；以合同成立的时间作为所有权转移时间；以交货时间作为所有权转移时间；以货物特定化作为转移所有权的前提等。

一、货物所有权转移

（一）所有权转移时间问题

1. 《1932 年华沙—牛津规则》。国际贸易惯例中，只有《1932 年华沙—牛津规则》规定了货物所有权转移的时间，而《联合国国际货物销售合同公约》对此未作规定。《1932 年华沙—牛津规则》第 6 条、第 21 条第 2 款规定，卖方依据法律对订售货物享有留置权、保留权或中止交货权时，所有权不发生转移。除此之外，货物所有权的转移时间是在卖方将有关单据提交买方掌握的时间。

2. 各国法律制度的原则规定。各国法律对货物所有权转移适用不同的原则和规定。归纳起来，国际上对货物所有权转移有以下几种原则规定：

（1）合同订立时间为所有权转移时间。法国法采用了这一原则。法国《民法典》第 1583 条规定，当事人就标的物及其价金相互同意时，即使标的物尚未交付、价金尚未支付，买卖即告成立，而标的物的所有权亦于此时在法律上由卖方转移于买方。

（2）货物特定化后，在交货时所有权发生转移。美国法采用这一原则。美国《统一商法典》规定,货物在特定于合同项下之前,所有权不发生转移;除双方另有约定外,特定化后的货物所有权是在交货时发生转移的。

(3) 货物特定化后,以双方当事人的意图决定所有权转移。英国法适用这一原则。《1893 年货物买卖法》(现《1979 年货物买卖法》) 第16条规定,货物未经特定化之前,财产权不发生转移。特定化后的所有权转移时间取决于双方当事人的意图。

(4) 订立独立的物权合同,转移货物所有权。德国法采用了这一原则。德国法认为,货物所有权转移属于物权法范围,而货物买卖合同属于债权法范围;买卖合同解决不了物的所有权转移问题,需要买卖双方另就货物所有权转移问题订立物权协议。根据这一协议,货物所有权是在卖方将货物交付时发生转移;在卖方必须交付物权凭证的场合,卖方则通过提交物权凭证完成所有权转移。

(5) 所有权于交货时发生转移。我国法律采用这一原则。我国没有专门的货物买卖法,也没有特定化的概念。《民法通则》的规定:"按照合同或其他合法方式取得财产的,财产所有权从财产交付时起转移。法律另有规定或当事人另有约定的除外。"

二、货物风险转移

货物风险是指由于买卖双方当事人以外的原因,可能由于第三方或因意外事故造成的货物损害灭失的风险,如盗窃、火灾、沉船、渗漏、不属于正常损耗的变质。

这类风险可能发生在卖方备货至买方收下货物的整个期间,如由于运输中的延迟、绕航、船舶碰撞、途中遭遇自然灾害等。

《公约》是以交货时间作为风险转移的时间。《2000 年国际贸易术语解释通则》的 13 种国际贸易术语都规定了具体的风险转移时间。

(一) 风险划分原则

《公约》对风险转移确定了以下原则:

1. 以交货时间确定风险转移。《公约》采用了所有权与风险相分离的方法,确定了以交货时间作为风险转移时间的原则。《公约》第69条规定,从买方接收货物时起,风险转移于买方承担。

2. 过失划分原则。从交货时间起,风险从卖方转移于买方。这一原则要求风险的转移是在卖方无违约责任的情况下适用。

3. 国际惯例优先。在国际货物买卖中,国际贸易术语规定的风险分担原则优先于《公约》的规定。《公约》第9条规定,双方当事人业已同意的任何惯例和他们之间确立的任何习惯做法,对双方当事人均有约束力。

4. 划拨是风险发生转移的前提条件。根据《公约》的规定,货物在划拨合同项下前风险不发生转移。

(二) 风险转移时间

按照以交货时间作为风险转移时间的原则,《公约》将交货分为以下三类:

1. 涉及运输的交货。涉及运输的交货可以分为两种情况:(1) 卖方没有义

提示:

如果风险应由卖方承担,货物灭失时,买方无付款义务,卖方也不能免除交货责任。属于货损风险,卖方应承担损害赔偿责任。如果风险应由买方承担,即使货物发生灭失损害,买方有义务支付全额价金而无权向卖方索赔。

务在指定地点交货,此时,风险于货交第一承运人时起转移给买方;(2)卖方必须在某一特定地点交货,此时,风险以在该地点货交承运人时起转移给买方。

2. 在途货物的交货。《公约》规定,运输中出售的货物原则上从订立合同时起,风险转移到买方承担。如卖方通过买方转移运输单据作为交货依据,则从货物交付给签发载有运输合同单据的承运人时起,风险由买方承担。

3. 不涉及运输的交货。不涉及运输的交货也有两种情况:(1)在卖方营业地交货。此时,风险从买方接收货物时转移给买方,或在货物交买方处置但遭无理拒收时起转移给买方。(2)在卖方营业地以外地点交货。当交货时间已到,而买方知道货物已在该地点交他处置时,风险开始转移给买方。

第六节　国际电子商务合同

国际电子商务合同是随着电子商务的迅速发展而产生的,国际电子商务所具有的开放性和全球性的特点对传统的国际货物买卖合同提出了挑战,并直接影响到国际电子商务合同应以何国法律为合同的准据法的问题,因此需要制定新的"游戏规则"来对国际电子商务合同进行规范和调整。联合国国际贸易法委员会和国际商会等国际组织对国际电子商务合同给予了及时和必要的关注,制定了一些条约、惯例和示范法等,基本建立了国际电子商务合同的法律制度框架。

一、国际电子商务合同法的渊源

国际电子商务合同法的渊源是指国际电子商务合同产生的依据及其具体的表现形式。

（一）国际条约

各国缔结的有关国际电子商务合同的国际条约或公约是统一的国际商法的重要渊源。

联合国国际贸易法委员会在 EDI（电子数据交换）规则研究与发展的基础上,开展了一系列电子商务立法活动。1996 年 6 月联合国大会通过了贸易法委员会起草的《贸易法委员会电子商务示范法》,该法采用了开放性的立法模式,为国际电子商务法提供了一个框架。2001 年又通过了《贸易法委员会电子签名示范法》。2005 年 11 月在贸易法委员会第三十八届会议上审议和通过了《联合国国际合同使用电子通信公约》（以下称《公约》）,该《公约》自 2006 年 1 月 16 日至 2008 年 1 月 16 日在纽约联合国总部开放,供各国签署。中国已签署了该《公约》。该公约是有关电子商务的第一个专门性公约。

（二）国际贸易惯例

关于电子商务合同法的惯例有国际商会于 1997 年 11 月发布的《国际数字签署商务通则》,该通则是第一部电子商务的全球性自律性规范。1990 年和 2000

年国际商会分别两次对《国际贸易术语解释通则》进行修订。2004年国际商会又制定了《国际商会2004年电子商务术语》,为当事人提供了两个易于纳入合同中的简短条款,以此表明当事人商定了一项具有法律约束力的电子商务合同。

二、《联合国国际合同使用电子通信公约》主要内容

(一)《公约》适用范围

1. 适用范围。《公约》规定,有关使用电子通信的国际合同适用于与营业地位于不同国家的当事人之间订立或履行合同(或约定)。但是,在电子商务环境下,对合同当事人的住所地或营业地判断往往难以界定。

注意

《公约》确立了当事人的住所地或营业地判断的四项重要规则:一是以当事人指明或披露营业地为准;二是在当事人有多处营业地的情况下,以合同关系最密切的营业地为当事人营业地;三是确定了自然人无营业地的,以自然的惯常居所为准;四是公约确立了电子联系因素不应作为营业地判断的规则。

《公约》规定当事人营业地位于不同国家的事实应在订立合同之前任何时候或订立合同之时披露的资料中显示出来。

2. 不适用情形。《公约》规定不适用的情形有两类:

其一是有关的电子通信,包括为个人、家人或家庭目的订立的合同;受管制交易所的交易;外汇交易;银行间支付系统、银行间支付协议或者与证券或其他金融资产或票据有关的清算和结算系统;对中间人持有的证券或其他金融资产或票据的担保权的转让、出售、出借或持有或回购协议等。

其二是不适用于汇票、本票、运单、提单、仓单或任何可使持单人或受益人有权要求交付货物或支付一笔款额的可转让单证或票据。

3. 当事人意思自治。《公约》规定,当事人可以排除对公约的适用,亦可减损或更改其中任何一项规定的效力。

(二) 合同的形式要求

对于一项通信或一项合同,不得仅以其为电子通信形式为由而否定其效力或可执行性。《公约》采纳《电子商务示范法》和《电子签名示范法》的基本原则,即技术中立原则和功能等同原则,合同的形式要求涉及三个方面的问题:书面形式要求、签名要求及原件要求。

1. 书面形式要求。《公约》不规定国际合同使用电子通信的形式要求,即使本国法律要求应当采用书面形式或规定了不采用书面形式的后果的,只要该电子通信所含信息可以调取以备日后查用,即满足书面形式的要求。

2. 签名要求。对于电子通信在签字的问题上,凡法律要求应当由当事人签字或法律规定了没有签字的后果的,下列两点满足签名要求:(1)使用一种方法鉴定该人身份,并且表明该当事人认可的电子通信所含信息的意图;(2)从

各种情况看，相关协议使用的方法可靠，对生成和传递电文信息是适当的。

3. 原件要求。只要电子通信规定完整性有可靠保障，而且该信息能够被显示给要求提供该信息的人，就满足法律规定原件形式要求。

（三）电子通信签订的时间、地点

合同基本要素包括时间、地点，通过电子邮件方式订立合同双方一般不像书面合同那样搞一个签字仪式。合同法的一般原则是合同成立时间为承诺生效时间，但英国法系和大陆法系规定不一样，英美法系采用发信主义，即发出之日生效；大陆法系国家多采用到达主义，即承诺到达对方生效。联合国《销售合同公约》采用到达主义。

1. 电子通信的发出时间。《公约》规定，一旦电子通信离开发端人控制范围之内的信息系统，即视为已经发出。这概念接近于非电子环境下所谓发出的概念。然而，存在一种特殊情形，比如网站发布信息，一直也没有离开发端人系统，因此在电子通信可能从未离开发端人范围的特殊情况下，以电子通信收到时间为发出时间。

2. 电子通信的收到时间是其能够由收件人在该收件人指定的电子地址检索的时间。但因为网络故障、病毒攻击等暂时不能进入某一电子领域，因而不能检索电子通信，视为没有收到。

3. 合同缔结地。根据合同法的一般原则，合同成立地点为收到承诺地点。《公约》规定数据电文以收件人设有营业地的地点为收到地点。

三、《国际商会 2004 年电子商务术语》（以下简称术语）的内容

（一）《术语》条款

尽管电子商务合同具有普遍的法律效力，但在有些情况下，适用法律要求在纸面上记录合同并按一定的格式签字。《术语》为当事人提供了两个易于纳入合同中的简短条款。

1. 电子商务协议当事人约定，电文的使用应在当事人之间产生有效的和可执行的权利和义务；在适用法律允许的情况下，收件人明示指定或默示指定电文的发送地址和发送格式，应将电文作为证据采用；不得仅以使用电子手段为由对当事人之间的任何通信或协议的有效性提出质疑。

2. 电子商务协议发出和收到。

（1）电文进入发送人控制范围之外的信息系统即应视为发出或发送；进入收件人指定的信息系统即应视为收到。

（2）如果电文发送到收件人指定之外的信息系统，该电文在被收件人注意时即应视为收到。

（3）电文以发送人设有营业地的地点视为其发出或发送地点，以收件人设有营业地的地点视为其收到地点。

（二）《术语》的表示方法

《术语》载有的《国际商会电子订约指南》（以下简称《指南》）指出必须明确告知仲裁员和法官当事人同意《术语》的这一基本原则，而且表明这一意

图的责任完全在当事人。订约方可以用三种方式表示其同意《术语》的意图。

1. 如果当事人对其同习惯于电子订约的对应方订约并顾及对电子订约的法律放心，只需在适用法律的任何强制性规则允许的限度内以提及方式将《术语》纳入其通过电子邮件或互联网通信等电子手段商定的任何合同。

2. 如果当事人对电子订约的效力特别不放心，当事人可以签署并交换纸质《术语》，以此表明适用《术语》的合同种类和适用《术语》的期限。

3. 当事人还可以只交换可表明其同意《术语》的电文，然后通过电子手段订约。

（三）电子商务合同应载条款

虽然《术语》只为使用电子手段订立该交易提供了方便，并未给当事人提供其希望订立的交易的合同条款，但《术语》附载的《指南》对在网站上或通过一系列电文订约的电子商务合同提供了通常应载的条款和纠纷的其他解决办法。

1. 电子商务合同通常应载的条款。企业名称和地址，相关的登记或身份号码等，法定代理人的联系方式（包括邮件、电子邮件、电话和传真细节），任何代理人的类似联系方式，拟就合同交换的通信所使用的一种或多种语言，通信费用的分配以及是否不按基本费率计算此种费用；要约或价格的有效期；付款条件；与条件、保证、担保、售后服务、补偿和补救有关的条款（如退货或退款政策、撤销或终止办法、退货、交换、损害赔偿等），与购买限制、期限或条件、地理限制或时间限制、产品或服务使用说明（包括安全和保健警告）有关的条款；与当事人之间传送信息的保密和违反保密规定的赔偿责任有关的条款，通信交换的技术安全要素，加入任何协会或自律安排的有关陈述的核实方式；适用法律和法域。

2. 纠纷的其他解决办法。

（1）确保信息易于查找。网站或电子服务的用户应容易查找和搜寻重要的法律术语，而不必在每次查找时都浏览整个合同。

（2）确保相关术语集中归入一处，结构编排合乎逻辑。

（3）确保网站尽早载列便于使用电子商务合同和订约过程的流程图。

本章知识结构图

```
                    国际货物买卖法
                          │
    ┌─────────┬─────────┬─────────┼─────────┬─────────┐
  国际货物   国际货物   国际货物买卖  违约及违约的  货物所有权与  国际电子商务
  买卖法概述   买卖合同   合同中买卖双   救济方法    风险的转移      合同
                        方的义务
```

思考练习题

一、选择题

1. 国际贸易的"国际性"的标准有( )。
   A. 以当事人营业地为标准   B. 以行为发生地为标准
   C. 以货物跨越国境为标准   D. 以当事人国籍为标准
2. 在国际货物买卖中，卖方违约的补救方法有( )。
   A. 卖方实际履行   B. 减少价金
   C. 解除合同   D. 损害赔偿
3. 在国际贸易实践中，发生下列( )情况时，卖方可以宣布合同无效。
   A. 买方的违约构成根本违约
   B. 买方声明不履行合同
   C. 买方在卖方给予的宽限期内没有履行合同
   D. 买方声明在规定的时间内不履行合同

二、判断题

1. 依《联合国国际货物销售合同公约》的规定，买方接受货物的义务是指"提取货物"，仅此而已。   (   )
2. 贸易术语又被称为"价格术语"或"交货条件"。   (   )
3. 合同订立时间为所有权转移时间，德国法采用了这一原则。 (   )

三、简答题

1. 简述《联合国国际货物销售合同公约》排除的几种买卖。
2. 简述 FOB、CIF 和 CFR 的共同之处。
3. 简述《联合国国际货物销售合同公约》规定的买方与卖方的义务。

案例分析题

1. 2006 年 3 月，中国信达公司与法国巴黎时装公司签订一份 CIF 纺织品合同，合同规定：在货物到达目的港马赛时凭装运单据支付现金。合同订立后一个月，货物出运，但由于运输途中遇险不能到达目的港马赛，当中国信达公司持提单等装运单据要求法国巴黎时装公司付款时，法国公司以货物不能到达目的港为由拒绝接受单据和付款。但中国信达公司认为他已经按照合同规定的条件投保，法国公司应该接受符合合同规定的单据并支付货款。

[问题] 法国巴黎时装公司是否有权拒绝支付货款？

[分析提示] 中国信达公司主张合理，法国巴黎时装公司无权拒绝支付货

款。根据《2000年国际贸易术语解释通则》的规定，在CIF术语中，货物越过船舷之后的风险由买方承担，除非卖方违反合同规定的义务。本案中，中方公司并无违约之事实，并按照合同规定提交装运单据，法方公司应该向中方公司付款。同时，根据《2000年国际贸易术语解释通则》的规定，在CIF术语中，中国信达公司负责办理海上货物运输保险，保险单转让给法国巴黎时装公司后，法方可以根据保险单向保险公司索赔。

2. 买方中国某公司与卖方美国某公司于2006年5月14日签订了两项合同，规定卖方向买方供应钢材8000吨，交货期为2006年7—12月，按月份分批交货，装货口岸为西雅图、洛杉矶、旧金山，由卖方选择。成交以后，买方于2006年6月7日主动提前开出了信用证。此后，买方由2006年6—11月七次电函催促卖方发货。卖方在其四次答复中提到其供货人未能交货并对迟延发出通知表示歉意。2006年11月13日卖方致函买方，以英镑贬值为由，要求提高合同价格，买方未接受这一要求。合同终于2007年4月、5月部分履行。美方仍希望中方提高合同价格，中方未同意。2007年11月16日中方函告英方，声明收到该函告后45天内如果再不履行交货义务，即提请仲裁，要求赔偿损失。美方复函，由于买方2006年6月7日开立的信用证已过期，后来又未开立新的信用证，因此解除了卖方的交货义务。中方拟向中国国际贸易仲裁委员会申请仲裁，要求美方赔偿中方的损失，即按照2007年6月29日市场价格与合同价格的差价计算共74.8万美元，并要求美方承担仲裁的一切费用。

[问题] 买方中国某公司的请求是否正当？

[分析提示] 中国公司的要求完全符合《联合国国际货物销售合同公约》中对卖方违约时，买方可采取救济方式的规定。提交货物和转移与货物有关的单据是国际货物买卖中卖方的一项主要义务，卖方应在合同约定的时间和地点移交货物和单据，否则就要负违约责任。本案中美国公司在与中国公司签订合同后，未能按合同规定的交货期分批交货，先是迟延交货，后是拒绝交货，应承担违反合同的责任。至于美方辩称，买方开立的信用证过期，那完全是卖方的违约行为造成的。中国公司在合同订立后、实际履行期到来之前开出了信用证，已履行了自己的合同义务，是符合合同规定和国际惯例的。后由于美国公司没有履行通知对方交货时间的义务，导致了中国公司开立的信用证过期，也不可能开立新的信用证，货物买卖合同是双务有偿合同，根据同时履行抗辩权的法理，一方的违约必然导致另一方的不能正确履行合同，但违约方不能以此为由，认为对方违约，从而免除自己的责任。

第六章

国际服务贸易法

【知识目标】

- 知晓国际服务贸易的概念、特征、法律渊源
- 掌握服务贸易的类型、《服务贸易总协定》的主要内容

【技能目标】

- 熟悉一般义务和规则、自由化承诺、有关附件
- 熟练运用规则，分析案例，解决现实问题

 案例导读

　　网络赌博是近10年来兴起的一种通过互联网在虚拟环境中进行赌博活动的"高科技"赌博方式。安提瓜通过发展基础设施、简化审批手续等方式吸引了一批提供网络赌博服务的公司在安提瓜注册经营。1999年，有119个网络赌博公司在安提瓜经营，其就业人数达到3000人。同年，安提瓜政府收取的年度许可证费超过740万美元，相当于这个国家的国内生产总值的10%。网络赌博是没有边界的，有些在美国因受到严格管制而经营困难的网络赌博公司，干脆在一些扶持网络赌博的国家重新开张。虽然美国在国内封杀了网络赌博，但不能阻止网络赌博公司在这些国家注册并架设服务器，源源不断地向美国网上赌民提供赌博服务。杰伊·科恩的人就在安提瓜创建了一家"世界体育交易公司"，向美国境内提供网络赌博服务，其注册用户上万，交易资金数量巨大。境外网络赌博渗入美国市场一方面抢走了美国传统赌博产业的相当一部分客源和收入，另一方面也增加了对防止和打击洗钱犯罪和有组织犯罪的难度。根据有关国际服务贸易法规定，网络赌博属于何种服务模式？美国能否依据国内法加以限制？美国可以运用什么机制？解决这些问题，应该掌握国际服务贸易法的相关知识。

　　资料来源：聪慧网（info.biz.hc360.com）

第一节 国际服务贸易法概述

一、国际服务贸易的概念和特征

经济学上的服务是相对于有形商品而言的一种特殊形式的劳动产品。马克思曾指出,服务这个名词,一般来说,不过是指这种劳动所提供的特殊使用价值,就像其他一切商品也提供自己的特殊使用价值一样;但是,这种劳动的特殊使用价值在这里取得了"服务"这个特殊名词,是因为劳动不是作为物,而是作为活动提供的。

法律意义的服务(service)是指一个人向他人履行义务(duties)或提供劳动(labour),前者为后者的利益或按其指令履行义务或提供劳动,其意志受后者的控制和支配。一般可分为行政部门的服务(civil service)、军事部门的服务(military service)、公用服务(public service)和普通商业服务(commercial service)。

> **提示**
>
> 作为服务贸易的服务通常是指商业服务,即一方为取得报酬而向他人提供服务,可分为国内服务贸易和国际服务贸易。按照世界贸易组织《服务贸易总协定》(General Agreement on Trade in Service,GATS)的规定,该协定适用于所有部门的一切服务,凡是非商业性质的且不与其他服务提供者相竞争的服务,均不在该协定调整的范围之内。

> **注意**
>
> GATS对服务贸易作出了明确的定义:(1)从一缔约方境内向任何其他缔约方的境内提供服务;(2)从一缔约方的国境向其他任何缔约方的服务消费者提供服务;(3)一缔约方在其他任何缔约方境内的通过提供服务的商业存在而提供服务;(4)一缔约方的自然人在其他任何缔约方境内提供服务。

国际服务贸易有如下主要特征:

1. 无形性、同步性。服务是一种无形产品,以活动形式提供使用价值。其易逝性、不可储存性、同步性与凝结在货物(产品)中的物化劳动有着本质的不同。

2. 国际服务贸易主体的国际性。国际服务贸易是由来自不同国家的服务的提供者和服务的消费者之间发生的交易,而国际货物贸易则是交易客体,即货物的跨境流动,不考虑交易主体的国籍问题。

3. 政策问题多于法律问题。由于发达国家和发展中国家之间的差异较之于货物贸易之间,水平相差更大,其主要问题不是在关税壁垒方面,而是在一些更基本的原则,如市场准入、最惠国待遇和国民待遇等问题。一国是否允许外国服务业进入其市场,是否给予最惠国待遇和国民待遇,还涉及更为敏感的人员的自由流动及移民政策问题、利用外资政策问题、文化和意识形态问题,甚至主权和国家安全等问题,所涉范围广泛、问题复杂,既和一国综合经济实力有关,也和国家的对外方针政策有关。

4. 法律调整的国内倾向。在国际服务贸易领域,由于各国服务贸易发展水平相差太大,政府执行的方针政策不同,因此调整国际服务贸易的法律关系诸如在人员、资本、信息、技术等的自由流动方面,在市场准入方面,主要靠各国各自的国内立法来调整。

二、国际服务贸易的分类

根据世界贸易组织服务部门分类表,国际服务部门可分为 11 类 142 个项目,它们是:(1) 职业服务,包括医生、会计师、律师等专业服务,计算机服务,研究与开发(R&D)服务,房地产服务,租赁服务,广告与科技咨询服务等;(2) 通讯服务,包括邮政、快件、电报、传真等电讯服务,电视、电影、录音录像等视听服务;(3) 建筑与装饰等工程服务;(4) 批发、零售、代理等销售服务;(5) 各种形式的教育服务;(6) 垃圾、污水处理、卫生等环境服务;(7) 银行、保险、证券等金融服务;(8) 医疗与社会保障服务;(9) 旅游及有关的宾馆、饭店等服务;(10) 娱乐、文化与体育服务;(11) 各种形式的运输服务等。

《服务贸易总协定》列举了其所适用的四种类型的服务:

1. **过境交付**(Cross-Border Supply),是指一国(或地区)向另一国(或地区)提供服务,没有人员、物资和资金的流动,而是通过电讯、邮电、电脑网络实现的,如视听、金融、信息等。

2. **境外消费**(Consumption Abroad),是指一国(或地区)消费者到另一国(或地区)接受服务提供者提供的服务。例如,本国病人到国外就医,外国人到本国来旅游,本国学生到外国留学等。

3. **商业存在**(Commercial Presence),是服务贸易活动中最主要的形式。它是指允许外国的企业和经济实体来本国开业,提供服务,包括投资设立合资、合作或独资公司,包括通过设立分支机构或代理机构提供诸如银行、法律咨询或通信等服务。

4. **自然人流动**(Movement of Personnel),是指允许外国的个人来本国提供服务。如一国的医生、艺术家、教授到另一国从事个体服务。

三、国际服务贸易的法律渊源

国际服务贸易法律渊源包括三个层次:

1. 全球性的国际服务贸易法律规范。全球性的法律规范如世界贸易组织下的一整套有关服务贸易的法律规范,其制定者是参与"乌拉圭回合"谈判的各缔约国，为数众多。这类法律规范又包括三个层次：

第一层次：WTO 协定。是指《关于建立世界贸易组织的马拉喀什协定》（简称《世界贸易组织协定》）。这是 WTO 的"宪法"性文件。该协定第 2 条第 2 款和第 3 款分别规定："各个协议以及与其有联系的法律文件，凡包括在附录 1、2 和 3 中（以下简称《多边贸易协定》），是本协定不可分割的组成部分，对所有成员有约束力"；"包含在附录 4 中的协议和有关法律文件（以下简称《诸边贸易协定》）对接受它们的成员来说，也是本协定的组成部分，并对这些成员有约束力"。第 16 条第 3 款规定："如果本协定的某一规定与《多边贸易协定》中的某一规定发生冲突，则在冲突的范围内，本协定的规定优先适用。"由此可见，《服务贸易总协定》以及《诸边贸易协定》都是《世界贸易组织协定》的组成部分，其效力层次要低于后者。

第二层次：GATS 及其附录和承诺表。GATS 第 29 条规定："本协定的附录是本协定的整体组成部分。"其中包括 8 个附录，以及各成员方作出的具体承诺表。这一部分是国际服务贸易法律体系的核心。

第三层次：辅助性服务贸易法律规范。这是《世界贸易组织协定》中涉及服务贸易的其他规范。如《关于争议解决规则与程序的谅解》（简称《争议解决谅解书》或 DSU），贸易政策评审机制，《诸边贸易协定》，尤其是其中的《政府采购协议》。

2. 区域性的国际服务贸易法律规范。区域性的服务贸易法律规范有：美加自由贸易协定以及后来在该协定基础上发展起来的《北美自由贸易协定》，《欧洲联盟条约》（尤其是其中所包括的《欧洲共同体条约》），以及澳大利亚和新西兰签订的《澳新紧密经济关系协议》等。这些规范有如下特点：制定者只限于某一区域的特定国家；有关服务贸易的法律规范并不是作为一项独立的法律文件签署，而是作为一项内容更广泛的多边协议的一个组成部分；参加者主要是发达国家。

3. 国内法中有关服务贸易的法律规范。由于多数国家加入 WTO 和国民待遇原则的适用，各国国内有关服务贸易的法律规范实际上比以前更具有国际性。

第二节 《服务贸易总协定》

一、《服务贸易总协定》的产生

早在 18 世纪，有关国际服务贸易的一些专项协议就已经出现。第二次世界大战之后，随着服务贸易在世界经济、政治中的地位日益提高以及世界经济全球化、区域集团化的发展，有关国际性和区域性的服务贸易协议不断达成，逐渐形成相对完整的体系。国际服务贸易协议在一定程度上协调了各国的服务贸易政策，促进了国际服务贸易的发展。

> 提示：
> "乌拉圭回合"服务贸易谈判大体经历了3个阶段。

1984年11月，关贸总协定第40届年会上决定成立国际服务贸易谈判工作组。1986年关贸总协定"乌拉圭回合"谈判中，国际服务贸易、与贸易有关的知识产权、与贸易有关的投资措施，被正式列为三项新的谈判议题。

第一阶段是1986年10月—1988年11月。该阶段的谈判重点是关于服务贸易的定义、范围、与服务贸易有关的国际规则或协议等问题。

第二阶段为1988年12月—1990年6月。这一阶段谈判重点集中在透明度、逐步自由化、国民待遇、最惠国待遇、市场准入、发展中国家的更多参与、例外和保障条款以及国内规章等原则在服务部门的运用方面。

第三阶段是1990年7月—12月。这一阶段谈判的焦点在各国开放和不开放服务部门的列举方式上，出现了"肯定列表"和"否定列表"之争。

发达国家与发展中国家之间经过激烈的讨价还价之后，拟订了《服务贸易多边框架协议草案》，1990年12月，在布鲁塞尔部长级会议上，将草案正式定名为《服务贸易总协定》，1994年4月15日，作为世界贸易组织（WTO）一揽子协议提交其成员签字接受。

二、《服务贸易总协定》的主要内容

《服务贸易总协定》，简称GATS，可以视为与《货物贸易总协定》（简称GATT 1994）相平行的协定，在结构和内容上，两者有着许多相同的特征。

（一）GATS的宗旨

GATS的宗旨是在透明度和逐步自由化的前提下，建立一个有关服务贸易原则和规定的多边框架。考虑到各国服务法规发展的不平衡以及发展中国家和最不发达国家的经济状况和发展，在互利的以及权利义务总体平衡的基础上开展多边谈判，以促进所有贸易伙伴的经济增长和发展。GATS规定的成员义务分为一般性义务和具体承诺的义务两种。一般性义务和原则适用于GATS成员的所有服务部门；具体承诺的义务（如市场准入和国民待遇）仅适用于经过双边或多边谈判之后承诺开放的服务部门。

（二）GATS的总体结构

GATS由两大部分构成：框架协定和各缔约方按协定第20条规定提交的具体义务承诺。

1. 框架协定。GATS框架协定由两个部分组成，即条款部分和附录部分。条款部分包括1个序言和6个部分共29条，明确了制定服务贸易各项原则和多边规则的基本宗旨，规定了适用于所有成员方的基本权利和义务。附录部分是总协定不可分割的部分，涉及"免除最惠国待遇义务"、"自然人提供服务活动"、"航空运输服务"、"金融服务（以及金融服务附录2）"、"海运服务谈判"、"电讯服务"和"基础电讯谈判"等8个附录的内容。这些附录旨在处理特定服务部门及服务提供方式的特殊问题。此外，"乌拉圭回合"一揽子协议中与GATS有关的文件还包括9个部长会议决议，如关于制度安排决议、关于争端解决程序决议、关于第14条（6）款"安全例外"的决议、关于服务贸易与环境决议，以及有关基础电讯、金融服务、专家服务、自然人流动和海运的谈判决议等。

2. 成员具体义务承诺表。根据 GATS 第 20 条的规定，每一成员都应制订一项承担一定义务的计划表，详细说明市场准入和国民待遇的范围、条件、限制及适用时间框架等。各成员的承诺计划表附于 GATS 之后，作为其组成部分。目前各成员大多已向世界贸易组织秘书处提交了服务贸易的开放承诺表，根据其服务业的发展现状列出了开放的具体服务部门。世界贸易组织秘书处已按成员国组别，即发达国家、欠发达国家和经济转型国家分类，将成员对各服务行业的开放情况整理汇总，并予以公布。

（三）一般义务和原则

1. 最惠国待遇。GATS 第 2 条规定了最惠国待遇原则。每一成员给予任何其他成员服务提供者的待遇，应立即无条件地给予其他任何成员的相同服务和服务提供者。

GATS 的最惠国待遇适用允许存在如下例外：

（1）提供给邻国的优惠。即与邻国在双方毗邻的边境地区交换仅限于当地的生产和消费的服务。

（2）豁免清单。GATS 规定，成员可将不符合 GATS 要求的国内法律、条例和规定列入豁免清单作为第 2 条的附件从而享受为期不超过 10 年的豁免。

（3）成员方参与的经济一体化安排。

（4）政府采购服务的法律、条例和规定。政府采购是出于纯政府使用的目的，而不是为商业性转售或销售服务的目的。关于政府采购问题，GATS 第 13 条规定，成员方应在世贸组织协议生效的两年内另行进行谈判。

2. 透明度。GATS 要求每一成员设立一个或几个咨询点，以便于向其他成员提供不妨碍其法律实施或不违反其公共利益或不损害其商业利益的各种信息，包括：（1）其所采取的一切影响本协定实施的所有措施；（2）其参与或签字的国际协定；（3）新颁布的法律、条例、行政命令及其修改；（4）限制服务贸易的商业性惯例；（5）可对服务贸易产生扭曲的补贴等。

3. 资格的认可。就服务提供者的教育、经验、技能的资格，证明的批准、承认及其标准方面，GATS 成员之间应通过双边或多边协议或安排或采用自动许可方式予以认可，并逐步制订和推行认可的统一国际标准和服务的统一国际标准。

4. 公平竞争。公平竞争原则主要是针对成员境内的垄断和专营服务提供者，在其提供垄断或专营服务范围之外提供服务时，不得滥用其垄断、专营的优势地位。

5. 发展中国家的更多参与。根据 GATS 宗旨，为使发展中国家和最不发达国家更多参与国际服务贸易，发达国家应承担以下义务：

（1）在《世界贸易组织协定》生效之日起两年内设立联络点，为发展中国家服务提供者提供各自市场有关服务的商业和技术信息；专业资格的登记、认可和获得等方面的信息；有关获得服务技术方面的信息。

（2）通过本协定第三、第四部分关于具体承诺的谈判，增强发展中国家国内服务业能力、效率和竞争力，促进销售渠道和信息网络的改善以及对各部分市场准入的自由化，促进发展中国家服务出口。

（3）以上义务的履行将对最不发达国家给予特别优惠的考虑。

（四）一般例外

和《货物贸易总协定》一样，GATS也规定了对一般义务和原则的例外，包括一般例外和安全例外。

GATS第14条规定了一般例外，包括为维护公共道德和公共秩序必须采取的措施；为保障人类、动植物生命、健康必须采取的措施；为保障与本协定不相抵触的法律和条例的实施。如反欺诈，防止违约以及保护个人隐私、安全等。

和《货物贸易总协定》第20条规定的一般例外不同，GATS的一般例外不包括有关保护可能用竭的自然资源的措施以及一国为保护和维持传统文化，对保护本国具有艺术、历史或考古价值的艺术品和文物而采取的措施。鉴于贸易对环境的影响，"乌拉圭回合"中关于服务贸易和环境的部长会议已责成环境与贸易委员会审查和报告服务贸易与环境之间的关系并提出关于是否对第14条进行修改的建议。

第14条附则所规定的安全例外与《货物贸易总协定》第21条规定的安全例外基本相同，即为了国家基本安全利益而实施的直接或间接供给军事部门使用而提供的服务除外。

（五）具体的自由化承诺

GATS具体承诺的义务包括市场准入、国民待遇与逐步自由化的谈判。

1. 市场准入。货物贸易的市场准入是通过约束关税及有关的边境措施如许可证、配额等的谈判完成的。GATS关于服务贸易的市场准入是通过对涉及广泛领域的国内法规的修改、进行双边或多边谈判逐步实现的。具体表现在：（1）各成员开列具体承诺开放的服务部门的细目表，阐明市场准入的条件和限制；实现国民待遇的条件和资格；履行承诺的时间框架。（2）在承诺市场准入的部门中不得对服务提供者实施数量限制；不得限制其服务交易总额或资产总价值；不得限制服务交易的总量或总产出量；不得限制特定服务部门或服务提供者雇佣自然人的总数；不得规定服务提供者必须通过建立特定的法人实体或合营企业方可提供服务；限制外国资本参与的最高股权比例或对个人累计的外国投资额加以限制。

2. 国民待遇。GATS第17条规定了国民待遇原则，要求每一成员应按具体承诺细目所列的条件和资格，给予任何其他成员的服务和服务提供者的待遇应不低于给予本国相同服务和服务提供者的待遇。这种待遇不管形式相同或不同，均不得改变竞争条件，使本国服务或服务提供者较其他成员的服务或服务提供者更为有利。

3. 逐步自由化。GATS第19条规定，GATS成员应在《世界贸易组织协定》生效日后最迟于5年开始逐步自由化的多轮定期谈判，促进发展中国家和最不发达国家的参与，推进服务贸易在双边、多边、复边基础上的逐步自由化进程。自由化进程应取决于各成员相应的国家政策目标以及整体和个别部门的发展水平，允许发展中国家在市场准入及条件上保持一定灵活性。

（六）争端的解决

GATS 第 22 条规定了成员间的协商程序，凡影响 GATS 执行的任何事项，成员之间应进行双边协商，协商未果，则可与另外的其他成员进行多边协商。

成员之间对于履行有关避免双重征税的国际协定范围内的措施，不得援引第 17 条关于国民待遇的规定，当成员之间就某一措施是否属于履行它们之间有关避免双重征税的国际协定范围内的措施发生争议时，任何一方可提交服务贸易理事会进行仲裁，仲裁裁决是终局的，对成员各方均有约束力。

（七）附件

GATS 的附件是 GATS 的组成部分，是对 GATS 的相关条款所作的补充规定。

1. 关于第 2 条豁免的附件。该附件要求成员提供最惠国待遇豁免的清单；对于《世界贸易组织协定》生效后申请的豁免则要部长会议 3/4 的多数成员通过；服务贸易理事会应对批准的 5 年以上的豁免在《世界贸易组织协定》生效日后的 5 年内进行审查。

2. 关于在协定下自然人移动提供服务的附件。该附件要求 GATS 成员作为具体承诺可就作为服务提供者的自然人及其所雇佣人员的移动条件进行谈判，并且不应阻止成员方采取措施管理自然人的入境和在其境内的短暂停留，不涉及成员方对有关国籍、居留权及永久性就业所采取的措施。

3. 关于航空运输服务的附件。该附件规定，GATS 仅适用于飞机的修理和保养服务，航空运输服务的出售和营销以及计算机储存系统的服务；不适用于航空交通权及与之有关的民用航空活动。所谓交通权是指，用支付报酬或租金的方式，定期或不定期地从事境内、外的旅客、货物和邮件的往返运输的权利，包括服务地点、经营航线、航空器种类、运载量、收费标准、选择机型的标准，如飞机的数量、控制权和所有权标准等，这些问题通常都由有关的国际公约或双边航空运输协定来调整。

4. 金融服务的两个附件。该附件明确了金融服务的概念，即由一成员方的金融服务提供者提供的一切金融方面的服务，包括保险、借贷、融资租赁、担保与委托、证券、资产管理及其他辅助性金融服务等 16 类活动。所谓金融服务提供者是指成员方希望提供或正在提供金融服务的任何自然人和法人，但不包括一成员方的政府、中央银行或主要为实施政府职能而活动的公共机构。

附录允许成员方基于慎重的原因，即根据巴塞尔协议的规定为保护客户利益或为保证金融体系的完整和稳定采取的各种措施。这些措施如与 GATS 的条款规定不符，不能作为成员方逃避承担 GATS 义务的借口。

5. 海运服务谈判的附件。"乌拉圭回合"就海运服务未达成具体承诺，该附件允许成员在国际海运、辅助服务以及进入和使用港口方面维持与最惠国待遇不一致的措施，关于其列入最惠国待遇例外的时间应是海运服务谈判组第一次谈判提供最后报告决定的日期，如谈判失败，则为提交最后报告的日期，该附件的上述规定不适用于成员方有关海运服务的特定义务。在第一次谈判结束（1994 年 5 月 16 日至 1996 年 6 月）至实施日之前，成员可全部或部分修改或撤销其特定义务而无需提供补偿。

6. 电讯服务和基础电讯谈判的附件。该附件确认了电讯作为传递手段和服务的双重职能。该附件适用于成员方有关公共电讯传送网及其服务的准入和使用方面的措施，而不适用于有关无线电和电视节目的有线或广播分布的措施。所谓"公共电讯传送网"及其服务是指在两个或多个确定的网络终端之间，利用公共通讯设施向公众提供电讯传递服务，包括电报、电话、电传、移动数据传输，国际、国内长短途电信服务等。

附件规定了成员方在公共电讯传送网及其服务中给予其他成员服务提供者提供进入和使用方面合理的及不歧视待遇（国民待遇和最惠国待遇），采取必要措施确保信息安全和机密，但这些措施不得在服务贸易中构成垄断或不公平歧视的或隐含限制性的手段。

本章知识结构图

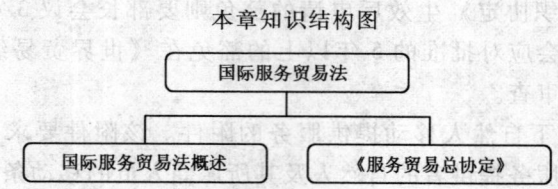

 思考练习题

一、选择题

1. 关于国际服务贸易的类型，下列表述正确的是（　　）。

　　A. 中国境内某律师事务所为美国境内某公司在中国投资提供法律意见书属于跨境交付

　　B. 一日本公民到中国某中医院就医属于境外消费

　　C. 中国银行到新加坡设立分行属于商业存在

　　D. 中国一武术运动员到瑞士利用业余时间传授中国武术属于商业存在

2. 下列活动中，属于国际服务贸易范围的是（　　）。

　　A. 中国人去美国接受英语培训

　　B. 中国人订阅美国华尔街日报网络版

　　C. 中国银行纽约分行提供的金融业务

　　D. 中国太极拳教练去国外传授太极拳

3. GATS 的最惠国待遇在适用上的例外有（　　）。

　　A. 提供给邻国的优惠

　　B. 豁免清单

　　C. 成员方参与的经济一体化安排

　　D. 政府采购服务的法律、条例和规定

二、判断题

1. 作为服务贸易的服务通常是指商业服务，即一方为取得报酬而向他人提

供服务，可分为国内服务贸易和国际服务贸易。   （   ）
2. GATS 具体承诺的义务包括市场准入、最惠国待遇与逐步自由化的谈判。
                                                （   ）
3. 中国公民到欧洲留学属于自然人流动。   （   ）

三、简答题

1. 世界贸易组织的《服务贸易总协定》规定了哪些服务贸易的基本类型？
2. GATS 要求每一成员向其他成员提供的信息包括哪些？
3. 为使发展中国家和最不发达国家更多参与国际服务贸易，GATS 规定发达国家应承担哪些义务？

案例分析题

1997 年之前，墨西哥的国内长途和国际电信服务一直由 Telmex 公司所垄断；1997 年之后，墨西哥政府授权多个电信运营商可以提供国际电信服务，但根据墨西哥国内法，在国际电信市场上对外呼叫业务最多的运营商有权利与境外运营商谈判线路对接条件，而 Telmex 公司作为墨西哥对外呼叫业务最多的运营商，自然就享有了该项谈判权利，事实上就拥有了排除外部竞争者的权利，从而引发了希望大举进入墨西哥市场的美国电信业巨头的不满。2000 年 8 月 17 日，美国以墨西哥的基础电信规则和增值电信规则违背了墨西哥在 GATS 中的承诺为由，向墨西哥提出磋商请求，之后，美墨双方进行了两次磋商，但未能达成共识。

2002 年 4 月 17 日，根据 DSU 第 6 款成立了专家组，因双方未能在规定期限内就专家组的组成达成一致，2002 年 8 月 26 日，WTO 总干事最终任命了以 Ernst、Ulrich、Petersman 为首的三人专家组。另有澳大利亚、巴西、加拿大、欧共体、古巴、日本、印度、危地马拉、洪都拉斯和尼加拉瓜等国家和地区提交了他们的书面意见。专家组分别于 2003 年 11 月 21 日和 2004 年 4 月 2 日提交了中期报告和最终报告，2004 年 6 月 1 日，经过再次磋商，墨西哥放弃了上诉，正式接受了专家组的最终报告，并就此电信服务争端与美国达成协议。协议中，墨西哥同意废除本国法律中引起争议的条款，并同意在 2005 年引进用于转售的国际电信服务；美国同意墨西哥继续对国际简式电信服务进行严格限制以组织非授权的电信传输。

[问题] 墨西哥为什么放弃上诉，接受专家组的最终报告并与美国达成协议？

[分析提示] 本案涉及的电信服务是 WTO 体制的服务贸易中一直以来的重要领域，不仅涉及微观层面的两成员电信商之间的贸易条件，也涉及宏观层面一成员调整其引进国外电信服务的许可、竞争等方面的政策。GATS 电讯服务和基础电讯谈判的附件规定了成员方在公共电讯传送网及其服务中给予其他成员服务提供者提供进入和使用方面合理的及不歧视待遇（国民待遇和最惠国待遇），采

取必要措施确保信息安全和机密，但这些措施不得在服务贸易中构成垄断或不公平歧视的或隐含限制性的手段。依墨西哥国内法的规定，事实上就拥有了排除外部竞争者的权力，违反了 GATS 电讯服务和基础电讯谈判的附件规定墨西哥在 GATS 中的承诺。美国因此使用了 WTO 争端解决机制。WTO 专家组也成功审结了美国与墨西哥之间的这一起关于电信服务贸易的争端。

第七章
国际产品责任法

【知识目标】

- □ 知晓产品责任的基本概念、产品责任的性质和法律适用、中国产品责任法的内容
- □ 掌握美国的产品责任法及欧盟产品责任指令的主要内容；产品责任法律适用公约的主要规定

【技能目标】

- □ 熟悉产品责任法损害赔偿的规则

案例导读

兰伯特先生是个农场主，拥有一个陆地靶场，当地的雇员拉着一拖车石头沿路行走时，拖车脱离了陆地靶场猛冲到公路上，撞上一辆家庭轿车，造成了一场惨剧。事故发生时，拖车的轴和把手都失灵了，兰伯特先生据此认为拖车有缺陷，到法院起诉拖车的提供者——刘易斯，要求其赔偿损失。

初审法院在审理此案时，发现拖车挂钩有设计缺陷，在高速公路上行驶有危险。当带环形附加装置的拖车被拉起时，防止挂钩分离的措施是通过操纵附加在轴上的把手来刹住机械装置，一旦轴或把手出现问题，便可能产生危险。该事故发生时，轴和把手都失灵了，但法官判定，挂钩在事故发生前3~6个月就已处于这种状况，而且"在挂钩明显损坏时，农场主没有采取任何措施进行修理，甚至根本没有确定继续使用该挂钩是否安全，而继续使用这种损坏的挂钩达几个月之久"。农场主对挂钩的损坏以及可能产生的危险应该是知道的。据此，法院判定农场主承担25%的责任，制造商承担75%的责任，销售商因无过失不承担责任，因为销售商购买了信誉很高的厂商制造的挂钩，而挂钩的设计缺陷不是通常的检验所能发现的。根据本案，试分析承担产品责任侵权赔偿责任的条件是什么？

第一节　产品责任概述

产品责任问题是伴随着现代工业的发展而出现的，是商品经济高度发展的产物。产品责任法首先是以判例的形式出现在工业发展较早的英美国家。1842年英国温特伯顿诉赖特一案是英国关于产品责任最古老、最著名的案例。该案确立了处理产品责任案件"无合同、无责任"的原则，即在没有合同关系的情况下，缺陷产品的提供者对于受害人既不承担合同责任，也不承担侵权责任。这项原则在英美法国家奉行了一百多年。

20世纪60年代，随着生产技术的迅速发展，产品责任案件不断增多，保护消费者权益成为社会问题。为了更有效地保护消费者的利益，世界各国相继制定了产品责任法，并且逐渐将产品责任纳入严格责任的范畴来处理。随着产品生产和销售的国际化，涉及不同国家当事人的产品责任案件频繁发生，为了减少不同国家之间在产品责任法问题上产生的冲突，妥善解决各国之间的产品责任争端，有关国际组织拟订了产品责任的国际公约，逐步形成了国际产品责任法。

一、产品责任法的概念和特征

产品责任法是调整有关产品的制造者、销售者和消费者之间因产品质量而发生的侵权行为的法律规范的总称。其基本特征为：

1. 产品责任法调整的对象是因产品缺陷引起的人身或缺陷产品以外的财产损害而引发的赔偿关系。这种损害使消费者、使用者或第三人因产品缺陷所遭受人身伤害或财产损失，而不包括单纯的产品本身的损失。

2. 产品责任法属公法性质，对当事人具有强制性，与属于私法范畴的买卖法不同。由于产品责任法属于社会经济的范畴，它主要是产品的制造者、销售者与消费者之间鉴于侵权行为所引起的人身伤亡和财产损害的责任，它的多项规定或原则大多是强制性的，双方当事人在订立合同时不得事先加以排除或变更，过分排除一方产品责任会造成损失公平的后果。

3. 依据产品责任法的赔偿金额比一般贸易索赔金额要大得多。在贸易索赔案件中，其赔偿金额充其量不会超出合同的金额。但依据产品责任法，赔偿金额不是根据合同而是根据该法所确立的赔偿原则来确定，即补偿受伤害者的损失应是整个损失，不仅包括过去的损失、将来的收益和实际开支（如医疗费），而且包括伤害者的痛苦代价，同时，赔偿的金额必须一次支付，并且不得扣除原告可能从其他方面取得的任何补偿（如保险赔偿）和津贴（如社会救济金）。

4. 依据产品责任法的诉讼并不要求原告与被告有合同关系。在产品责任侵权行为的案件中，并不要求原告与被告之间存在合同关系，只要求一方当事人的侵权行为成立，任何一个因该侵权行为引起的受损害方均可向侵权行为人依法主张权利。正因为产品责任法不属于合同法的范畴,因此凡是遭到该产品伤害或被波及的人均有可能作为原告向法院起诉。作为原告的当事人可以是直接使用该产品而受伤害的消费者、使用者或其家属或者家中的任何人,甚至可以是旁观者和过路人,同时,作为产品责任方的被告可以是产品直接生产者、装配者、出口商、进口商、批发商以至零售商。

二、产品责任的主要术语

(一) 产品

所谓产品,按传统的观念,一般指工厂产品,主要是指工业制成品的成品,大的如机器设备,小的如手术刀。但随着目前西方各国司法实践的发展,产品这一概念的外延正在扩大。

西方国家有人将产品定义为:所有经过某种程度加工的物质。不论是可以移动的还是不能移动的,不论是工业品还是农产品,也不论是成品还是零部件、材料,都可列入产品。按这一定义,目前出口的商品极大部分均可以列入这一概念,这样在出口贸易中,出口商承担责任的范围和可能性是很大的。《中华人民共和国产品质量法》(以下简称《产品质量法》)中将产品定义为:经过加工制作,具有使用价值并用于销售的产品。一些国际公约和大多数西方国家把天然产品和人工制造的产品以及工程项目都纳入了产品的范畴。

(二) 产品责任

产品责任是指产品的制造者、生产者和销售者由于其产品不具备合理的安全性(一般是合理期待的安全)而致使消费者、使用者人身受到伤害,财产受到损失,所应承担的民事上的强制性责任。具体地说,如果产品存在缺陷,具有一定的危险性,由此导致消费者、使用者及有关联的第三者遭受人身伤害或财产损失,该产品的生产者和销售者应依法承担赔偿损失的责任。

(三) 产品缺陷

虽然根据各国产品责任法及有关国际公约规定,作为产品责任中的产品缺陷是指产品中存在一定的危险性或不安全性,但这并非意味着凡缺乏安全的产品都具有缺陷。当产品存在合理危险即产品具有在其用途范围内的不可避免的危险时,危险的制造者对此不承担责任;当产品存在不合理的危险即产品具有应该避免而且能够避免而未避免的危险时,危险的制造者对此应承担责任。产品缺陷的类型主要有:产品设计缺陷、产品制造缺陷、产品警示缺陷、科学上不能发现的缺陷。

第二节 美国的产品责任法

美国的产品责任法主要是州法,而不是联邦统一立法。各州都有自己的产品责任法,并且有很大差异。为了统一各州的产品责任法,美国商务部在1979年1月提出了一项《统一产品责任法(草案)》(Draft Uniform Product Liability Law),供各州采用,但至今美国各州立法仍不统一。美国《布莱克法律辞典》将产品责任法定义为"生产者和销售者对于因其生产和出售有缺陷的产品而使该产品的购买者、使用者及其他第三者遭受人身伤害或财产损失而进行赔偿的法律责任",将调整这种法律责任而引起的权利义务关系的各种法律规范定义为产品责任法。

按照美国有关法律的解释,产品责任是一种民事侵权责任,产品责任法是侵权行为法中的重要组成部分。然而它又具有不同于一般侵权行为法的特点,如产品责任可以建立在完全独立的严格责任基础之上,即可以完全因产品存在缺陷,并造成伤害而要求产品的生产者和销售者承担责任。同时这种严格责任又不完全等同于一般侵权法上的无过失责任,这种无过失责任在美国主要是指有关交通工具的事故性伤害的责任。因此,在美国实行严格责任的各州在审理案件中,受害人可以通过证明产品的生产者或销售者有过失;或仅证明其所生产或销售的产品存在缺陷,并且这种缺陷造成了对受害人的损害,而无须证明他们对缺陷的存在是否具有过失,即可请求他们给予损害赔偿。因此,美国的产品责任法又是一种由以疏忽责任为原则、以违反担保为原则,最后发展成为以严格责任为原则的特殊的侵权行为法。

一、美国产品责任法的诉讼理论

美国产品责任法以下列几种法学理论作为承担产品责任的依据:疏忽说(theory of negligence)、违反担保说(breach of warranty)、严格责任说(strict liability)。凡原告由于使用有缺陷的产品遭受损害向法院起诉要求赔偿损失时,他必须基于上述三种理由之一,作为要求该产品的生产者或销售者承担责任的依据。

(一)疏忽原则

疏忽是指产品的生产者或销售者有疏忽之处,致使产品有缺陷,并且由于这种缺陷使消费者的人身或财产遭到损害,该产品的生产者和销售者应承担责任。

注意

当原告以疏忽为理由向法院起诉要求被告赔偿其损失时,原告必须提出证据证明:(1)被告没有做到"合理的注意"(reasonable care),即被告有疏忽之处;(2)由于被告的疏忽直接造成了原告的损失。

疏忽在英美法上是一种侵权行为。在以疏忽为理由提起诉讼时,原告与被告之间不需要有直接的合同关系,因为这不是根据合同提起的诉讼。因此,作为原告的一方就不仅限于买方,而且扩及其他有关的人,如买方的家属、亲友、来访者以及过路的行人或旁观者,只要他们是由于该产品的缺陷而受到损害,都可以对该产品的生产者和销售者提起疏忽之诉。

(二) 违反担保原则

违反担保原则是指产品存在某种缺陷或瑕疵，卖方违反了对货物的明示或默示担保，例如违反了产品应具有商销性的默示担保，或违反了产品必须适合一般用途或特定用途的默示担保等。当原告由于产品的缺陷遭受损害时，他可以违反担保为理由对被告起诉，要求其赔偿损失。一种有缺陷的产品，例如，某种含有有害成分的食品，不仅会使直接购买这种食品的买方身受其害，买方的家属、亲友乃至客人都可能因使用这种食品而受害。另外，出售这种产品的卖方往往是一般的零售商，如果只要求零售商对有缺陷的产品负责而不追究生产者的责任，那显然是不合理的。而且，零售商的财力有限，往往无力承担赔偿受害者损失的责任。因此，如果在产品责任法的诉讼中仍然固守双方当事人必须要有直接的合同关系的原则，就不可能达到保护消费者的目的。因此，美国法院在审判实践中，对以违反担保为理由提起的产品责任的诉讼，逐步放宽和取消了对双方当事人要求直接合同关系的要求。一方面，原告不仅可以对卖方起诉，也可以对生产或销售这种有缺陷的产品的各有关责任方起诉，其中包括零售商、批发商、进口商、出口商，一直到制造厂商。另一方面，有权提起产品责任诉讼的人不仅包括买方，而且包括一切因使用有缺陷的产品而蒙受损失的人，如买方的家属、亲友、客人，甚至包括被伤害的过路行人。

在以违反担保为理由提起诉讼时，原告无须证明被告有疏忽，而只须证明产品确有缺陷，而且只要这种缺陷使他遭受损失，他就可以要求被告赔偿其损失。根据美国的判例，广告也有可能构成卖方的明示担保。因此，当被告在电台、电视、报纸等宣传媒体上对其产品作了广告，但广告的内容与实际不符，结果使原告因产品的缺陷遭受损失时，原告也可以违反担保为理由要求被告赔偿损失。

(三) 严格责任原则

严格责任原则也被称为侵权法上的"无过错原则"，按照严格责任的原则，只要产品存在缺陷，对使用者或消费者具有不合理的危险(unreasonable dangerous)，并因此而使他们的人身或财产遭受损失，该产品的生产者和销售者就应承担赔偿责任。美国法学会在1965年出版的《侵权行为重述》中确认了这一来自判例法的原则。该重述第402A条和第402B条对此作了规定。其主要内容是：(1)凡出售任何有缺陷的产品对使用者或消费者或给其财产带来不合理危险的人，对于由此而造成使用者或消费者的人身伤害或财产损失应承担责任，只要销售者是从事经营出售此种产品的人，而且当产品到达使用者或消费者手中时，对该产品在出售时的条件并没有重大的改变。(2)尽管出售者在准备和出售其产品时已经尽一切可能予以注意，而且使用者或消费者并没有从出售者手中购买该产品。即与出售者之间并无任何合同关系，上述原则仍应适用，出售者必须承担责任。

对原告来说，以严格责任为依据对被告起诉是非常有利的，因为严格责任原则消除了以违反担保或以疏忽为理由提出损害赔偿时所遇到的种种障碍：第一，严格责任是一种侵权行为之诉，它不同于以合同为依据的违反担保之诉，不要求双方当事人之间要有直接的合同关系；第二，在以严格责任为理由起诉时，原告无须承担证明被告有疏忽的举证责任，因为它要求卖方承担无过失责任。

提示

在这种情况下，原告的举证责任仅限于：（1）证明产品确实存在缺陷或不合理的危险；（2）正是由于产品的缺陷给使用者或消费者造成了损害；（3）产品存在的缺陷是在生产者或销售者把该产品投入市场时就有的。只要原告能证明以上三点，被告就要承担赔偿损失的责任。但是，如果使用者或消费者在拿到产品之后，擅自改变了产品的性能，因而造成了人身伤害或财产上的损失，他就不能要求生产者或销售者赔偿损失。

以严格责任为理由起诉和以疏忽为理由起诉的主要区别在于，疏忽是以卖方有无疏忽，即卖方是否尽到"适当注意"的义务作为确定其应对原告承担损害赔偿责任的依据；而严格责任则不必考虑买方是否已做到"适当注意"的问题，即使卖方在制造或销售产品时已经做到了一切可能做到的注意，但如果产品有缺陷而且使原告遭到损失，卖方仍须对此负责。

二、美国产品责任诉讼中被告的抗辩

在美国产品责任诉讼中，被告可以提出某些抗辩，要求减轻或免除其责任。被告提出的抗辩依原告起诉的原因不同而有所不同，被告抗辩的理由主要有以下几种：

1. 担保的排除或限制。根据美国《统一商法典》的规定，卖方可在合同中明示或默示的修改、限制或排除其在产品销售中的担保条件。如卖方已在合同中排除了各种明示或默示担保，在担保责任诉讼中，被告就可以担保已被排除为由作出减轻或免除责任的抗辩。但这项抗辩仅能对抗以担保为责任基础的诉讼，而不能用以对抗疏忽责任的诉讼，因为后者属于侵权之诉，不受合同中关于排除明示或默示担保义务的制约。此外，按照美国1974年《麦格纳森摩斯法案》，在消费交易中，卖方如有书面担保就不得排除各种默示担保。

注意： 被告只有在侵权责任之诉中才能提出这种抗辩理由，而不能在担保责任之诉中依此进行抗辩。

2. 原告自己的疏忽行为。原告自己的疏忽行为是指原告因自己疏忽未能发现产品中的明显缺陷，或原告对于缺陷可能引起的损害没有采取适当预防措施，原告对此也应负担一部分责任。

3. 自担风险。所谓自担风险是指原告已经知道产品有缺陷或带有危险性，仍甘愿将自己置于这种危险或风险的境地，从而使自己受到伤害，应由其自负责任。美国《侵权行为重述》第二编第402条A款评注认为，"如果使用者或消费者发现了缺陷并注意到危险，但仍然继续不合理地使用该产品而致受伤，不得请求损害赔偿"。按照美国法，无论原告以产品责任中的何种归责理由提起诉讼，被告都可以"自担风险"作为抗辩理由。

4. 非正常使用产品。在产品责任诉讼中，若原告由于非正常使用产品或误用、滥用产品，使自己受到损害，被告可以此为由进行抗辩，要求免除责任。但是，当被告提出原告非正常使用产品或误用、滥用产品的抗辩时，须同时证明原告对产品的误用或滥用已超出了被告可能合理预见的范围，或虽在被告可能合理预见范围内，但被告已采取措施予以防范，否则就不能免除责任。

5. 擅自改动产品。如果原告对产品或其中零部件擅自加以变动或改装,从而改变了该产品的状态或条件,因而使自己受到损害,被告可以此为抗辩理由,要求免除责任。

6. 带有不可避免不安全因素的产品。若某种产品即使正常使用,也难以完全保证安全,而且权衡利弊,该产品对社会公众是有益的,是利大于弊的,则制造或销售这种产品的被告可以要求免除责任。但他要证明:该产品是适当加工和销售的,而且他已经尽到了提醒使用者注意该产品的危险性,如药品的副作用、烟草制品固有的危险等。即使在严格责任之诉中,被告也可提出这一抗辩理由。

例如,1999 年北京某 5 岁小孩熊某与家人在肯德基店内用餐,家人将一吸管插入热饮料的插孔让熊某吸,熊某吸了一口,感觉特别烫,结果松手热饮撒在身上,造成下身二度烫伤。熊某的监护人诉至法院,要求赔偿,结果败诉。判决理由是纸杯上标有"小心热饮烫口,请勿用吸管"的警示,且充分。

三、美国产品责任诉讼中的损害赔偿

按照美国法院的判例,在产品责任诉讼中,原告可以提出的损害赔偿的请求范围相当广泛,判决的金额往往也相当可观,通常都在 100 万美元以上,有时甚至高达上亿美元。具体来说,原告可以提出的损害赔偿主要包括以下四点。

1. **对人身伤害的损害赔偿**。如果原告由于产品的缺陷,遭受人身伤害,他可以向被告要求如下赔偿:(1) 痛苦与疼痛;(2) 精神上的痛苦和苦恼;(3) 收入的减少和挣钱能力的减弱;(4) 合理的医疗费用;(5) 身体残废。美国法律不仅允许受害者要求被告赔偿其医疗费用,还允许他索赔肉体上和精神上的痛苦,而且后者的金额在全部赔偿金额中占很大的比重,这是美国产品法的一个重要特点。

2. **财产损失的赔偿**。通常包括替换受损坏的财产或修复受损财产所指出的合理费用。

3. **商业上的损害赔偿**。通常是指有缺陷的产品的价值与完好、合格的产品的价值(合同价金)之间的差价。

4. **惩罚性的损害赔偿**。如果有过错的被告全然置公共政策于不顾,受损害的原告可以要求法院给予惩罚性的损害赔偿。惩罚性损害赔偿的金额一般很高,其目的是对有过错一方的恶意的、不负责任的行为施加惩罚,以遏止其他人重犯类似过错。至于是否判处惩罚性的损害赔偿以及其金额的大小,主要由陪审员根据案情事实酌情决定。

四、美国产品责任法的诉讼管辖和法律适用

1. 诉讼管辖。在美国的涉外产品责任诉讼中,早期采用"实际控制"原则,即要求被告应在管辖法院的辖区内。后来美国各州相继采用"长臂法"(Long-Arm Stature),又称"伸长司法管辖",即法院对不居住在本辖区内的被告(往往是外国的出口商或生产者)拥有司法管辖权。就具体管辖权的标准而言,各州法律规定不一致。一般采用"最低限度的接触"(Minimum Contact)标准。所

提示：
该原则对被告（特别是国外被告）十分不利。

谓"最低限度的接触"，通常是指被告经常直接地或通过代理人在该州境内从事商业活动，或因其作为或不作为在该州境内造成了损害。

美国的"长臂法"管辖原则对美国产品责任法的发展起了重要作用，它对原告十分有利，致使原告不仅能选择最方便的法院，还可以选择最有利的法律。

2. 法律的适用。产品责任诉讼中的法律适用，是指一国法院在审理该产品责任案件时，应适用哪国法律来确定双方当事人的权利义务。根据美国冲突法原则，通常是适用损害发生地的法律来确定当事人的责任，即产品在什么地方对消费者或用户造成了损害，就适用该地的法律。但近年来，该项原则受到批评，特别是在涉及汽车事故的产品责任案件中，由于汽车到处行驶，经常跨州跨国，如果完全以损害发生地的法律来确定汽车生产者或销售者的责任，有时对受害者不利。因此，近年来，美国一些有影响的州，如纽约州和加利福尼亚州已经不再坚持适用损害发生地的法律，而转为适用对原告最为有利的地方的法律，以保护美国原告的利益。

第三节 欧盟产品责任指令的主要内容

在20世纪80年代以前，欧洲各国没有实行专门的关于产品责任的立法。在实践中仅以各国民法典中有关合同和侵权行为的规定作为解决产品责任纠纷的法律依据。1976年欧洲理事会制定了《关于造成人身伤害与死亡产品责任的欧洲公约》。1985年7月，欧共体理事会通过了《关于对有缺陷产品的责任的指令》，要求各成员国在1988年8月1日前采取相应的国内立法予以实施，但允许各成员国有取舍的余地。1987年英国率先立法，其后，比利时、丹麦、德国、希腊等国相继颁布了本国的产品责任法，并采取严格责任原则。《产品责任指令》是《关于对有缺陷的新产品责任的指令》的简称。该指令对欧洲经济联盟各成员国的产品责任法产生了重大的影响。《产品责任指令》的主要内容包括：

一、产品

《产品责任指令》规定，所谓产品是指可以移动的物品，包括成品、零件或原材料。但是初级农产品和赌博用品不包括在内。不过，各成员国可以通过国内立法，将上述两种产品包括在产品的定义范围之内。

二、缺陷

《产品责任指令》规定，如果产品不能提供一般消费者有权期望得到的安全，该产品就被认为是有缺陷的产品，在确定产品是否存在缺陷时，要考虑到各种情况，包括产品的状况、对产品的合理预期的使用和产品投入流通的时间等。

三、责任主体

《产品责任指令》所定义的生产者范围较为广泛，包括：（1）制成品的制造者；（2）任何原材料的生产者；（3）零部件的制造者；（4）任何将其名称、商标或其他识别标志置于产品之上的人；（5）任何进口某种商品在共同体内销售、出租、租赁或在共同体内以任何形式经销该产品的人；（6）如果不能确认谁是生产者，则该产品的供应者即被视为生产者，除非受损害的消费者在合理的时间内获得查出谁是生产者的通知。

四、规则原则

《产品责任指令》规定产品责任适用严格责任原则，遭受损害的消费者只需证明有关产品存在缺陷，而且该缺陷的存在与其所遭受的损害之间有因果关系，就可以依法要求生产者给予损害赔偿，而不用证明生产者有过失。

五、责任的免除或减轻

《产品责任指令》规定，在产品责任诉讼中，被告可以提出如下抗辩：如果生产者能证明自己没有罪责，他就可以不承担责任。主要包括下列情况：（1）生产者未将产品投入流通；（2）产品投入流通时，产品缺陷并不存在，或产品投入流通后缺陷才出现；（3）该产品并非为销售、出租或其他经济目的而制造，也不是按惯常商业做法制造或分销；（4）缺陷是由于生产者遵守政府发布的有关产品的强制性规定而引起的；（5）按照产品投入市场时的科技水平和工艺水平，缺陷不可能被发现。零件的生产者如能证明该缺陷是由于该产品的设计所致，而不是零件本身的缺陷，亦可不承担责任。

六、损害赔偿

《产品责任指令》允许成员国在立法中规定，生产者对由于同一产品、同一缺陷引起的人身伤害或死亡的总赔偿责任不得高于7000万欧元。这也可以构成被告的抗辩理由之一。

七、诉讼时效

《产品责任指令》规定，受害者应当在生产者将因其损害的产品投入之日起10年内起诉，并且要求各成员国必须在立法中规定提起损害赔偿诉讼的时效。该诉讼时效为3年，从原告知道或理应知道受到损害，产品有缺陷以及获悉谁为生产者之日起开始计算。所以，如果受害者没有在有效的诉讼期内提起诉讼，那么被告就可以时效已过为由进行抗辩。

第四节 《关于产品责任的法律适用公约》的主要内容

在国际产品责任诉讼中，由于各国关于产品责任的法律规定不完全相同，法院所采取的法律冲突规则也有所不同，使案件的处理带有相当大的不确定性。为了统一各国关于产品责任的法律冲突规则，海牙国际私法会议于 1973 年 10 月 2 日，通过了《关于产品责任的法律适用公约》故又称《海牙公约》，（以下简称《海牙公约》）。该公约不涉及各国产品责任的实体规范，只对有关产品责任法律适用方面作出规定。该公约已于 1978 年 10 月 1 日起生效。

一、《海牙公约》的适用范围

（一）公约适用的产品责任类型

《海牙公约》主要适用于有关产品责任的国际性诉讼案件，而且仅适用于无合同关系的当事人之间发生的纠纷。

《海牙公约》对产品含义的叙述极其广泛，是指一切可供使用或消费的物品，包括天然物品和工业物品，既可以是动产，也可以是不动产。

> 注意：
> 产品本身的损害及由此引起的经济损失一般不包括在内。

《海牙公约》对损害的解释也相当广泛，认为损害是因产品有缺陷或虽然产品无缺陷但由于对产品的错误说明或对其使用方法未加以适当说明而致使消费者受到了损害。损害的类型包括对人身的伤害或对财产的损害以及经济损失。

（二）产品责任主体

《海牙公约》规定，承担产品责任的主体包括：成品或零部件的制造者；天然产品的生产者；产品的供应者；在产品准备或销售环节中的有关人员，包括修理人和仓库管理员；上述人员的代理人或雇员。

二、《海牙公约》对产品责任法律适用规则的规定

> 注意：
> 《海牙公约》提供的基本连接因素有 4 个，即损害地、直接遭受损害的人的经常居住地、被控负有责任的人的主要营业地、直接遭受损害的人取得产品的所在地。

在有关产品责任纠纷同时涉及几个国家的法律，而各国法律的规定又不尽相同时，应依据哪个国家的法律来解决纠纷的问题上，《海牙公约》采取了比较特别的法律适用原则，主张依据两个以上的连接因素来确定应予适用的准据法。即规定以某国家的国内法为基本的适用法律，同时又规定了几个连接因素。该国内法只有同时具备其中至少一个连接因素才能被作为准据法适用。

（一）法律适用原则

《海牙公约》确定了以下四项法律适用原则：

1. 以损害发生地所在国的国内法为基本的适用法律时，必须同时满足下列条件之一：该国又是直接遭受损害的人的经常居住地国家；该国又是被控负有责任的人的主要营业地所在国；该国又是直接遭受损害的人取得产品的所在国。

2. 以直接受害人惯常居住地的国内法作为基本的适用法律时，也必须同时满足下列条件之一：该国又是被控负有责任的人的主要营业地所在国；该国又是直接受损害人的取得产品所在国。

3. 如果上述两项法律适用的规则所确定的法律都无法适用时，除非原告选择侵害地所在国的国内法提起诉讼，否则，适用的法律应为被请求承担责任人的营业地国的国内法。

4. 如果被请求承担责任人证明，他不能合理地预见该产品或他自己的同类产品会经商业渠道在侵害地国家或直接受害人惯常居住地国家出售，则侵害地国家和直接受害人的惯常居住地国家的法律均不适用，应适用被请求承担责任人的主营业地国的法律。

（二）准据法的适用范围

《海牙公约》列举了准据法的适用范围，即准据法能够解决的问题包括：（1）责任的依据和范围。（2）免除、限制和划分责任的依据。（3）可予赔偿的责任种类。（4）赔偿的形式及范围。（5）损害赔偿的权利可否转让或继承的问题。（6）可依自己的权利要求损害赔偿的人。（7）委托人对其代理人或雇主对其雇员行为所承担的责任。（8）举证责任。（9）时效规则，包括有关时效的开始、中断和中止的规则。

第五节　中国的产品责任法

一、中国的产品责任法概述

中国自1979年开始实行经济体制改革和对外开放的政策，逐步转向市场经济，至20世纪80年代中期，发生了一些损害消费者利益的严重社会问题，如发生啤酒瓶爆炸、电视机显像管喷火、化妆品毁容、食品中毒等致消费者伤害、死亡的事件，甚至发现生产、贩卖假药、假酒和有毒食品等严重危害消费者生命财产安全的犯罪活动。在这种背景下，《民法通则》的起草人接受学者建议，参考《美国严格产品责任法》和《欧共体产品责任指令》（以下简称EC指令），规定了《民法通则》第一百二十二条，对产品制造者和销售者课以严格责任。在1993年以前，中国没有专门的有关产品责任方面的立法。与产品责任有关法律规定散见于《中华人民共和国民法通则》（简称《民法通则》）和与产品质量有关的单行法规或条例，如1982年的《食品卫生法》、1984年的《药品管理法》、1986年的《工业产品质量责任条例》、1989年的《进出口商品检验法》等。其中最重要的是《民法通则》的颁布。《民法通则》第一百二十二条专门规定了产品责任条款，从而奠定了中国产品责任专门立法的基础。

为适应中国经济发展和保护消费者利益的需要，1993年2月第七届全国人大常委会第三十次会议通过了《中华人民共和国产品质量法》（以下简称《产品质量法》)。该法从1993年9月1日开始实施。2000年7月《产品质量法》进行了修改,此次修改除强化了产品质量的行政管理和行政责任之外,增加了残疾赔偿金和死亡赔偿金的内容,扩大人身伤害赔偿责任的范围。

二、中国的产品责任法的内容

(一) 关于产品的定义

根据《产品质量法》的规定,产品是指经过加工、制作而用于销售的产品,但不包括建设工程。未经加工的天然产品以及不是用于销售目的的产品都不是《产品质量法》所称的产品。

(二) 关于缺陷的定义

根据《产量质量法》第四十六条规定:"缺陷,是指产品存在危及人身、他人财产安全的不合理的危险;产品有保障人体健康、人身、财产安全的国家标准、行业标准的,是指不符合该标准。"此规定系双重标准:其一,规定"缺陷"是指"不合理的危险",系采纳《美国侵权法第二次重述》402A条的"不合理危险"标准,而未采用EC指令第6条规定的"不具有消费者有权期待的安全性"标准。其二,规定"缺陷"是指"不符合法定安全标准"。其立法思想是,关于产品的安全性既然有强制性的国家标准、行业标准,生产者即负有遵循该标准的法定义务,凡不符合该标准即应认定为有缺陷。这在操作上也颇为方便。但此双重标准规定所引发的问题是:若产品符合该强制标准而仍造成消费者人身、财产损害,生产者可否以产品符合强制性标准而主张不存在缺陷,并据以要求免责?进一步的问题是:若认可生产者免责,则受害人可否向国家要求赔偿?或者生产者对受害人承担责任后,可否向国家要求赔偿?法律未对产品缺陷作分类,而学者参考美国严格产品责任理论将缺陷分为:设计缺陷、制造缺陷、警告缺陷和开发缺陷。考虑到本法第四十一条第2款已规定开发风险的抗辩,则《产品质量法》规定的应当承担严格责任的缺陷包括设计缺陷、制造缺陷和警告缺陷,不包括开发缺陷。

(三) 产品责任的主体

因产品存在缺陷造成人身、缺陷产品以外的其他财产(以下简称他人财产)损害的,生产者应当承担赔偿责任。

由于销售者的过错使产品存在缺陷,造成人身、他人财产损害的,销售者应当承担赔偿责任。销售者不能指明缺陷产品的生产者,也不能指明缺陷产品的供货者的,销售者应当承担赔偿责任。

因产品存在缺陷造成人身、他人财产损害的,受害人可以向产品的生产者要求赔偿,也可以向产品的销售者要求赔偿。属于生产者的责任而产品的销售者赔偿的,产品的销售者有权向产品的生产者追偿。属于产品的销售者的责任,产品的生产者赔偿的,产品的生产者有权向销售者追偿。

(四) 产品责任归责原则

《产品责任法》采取根据不同情况分别适用严格责任和过错责任相结合的原则。该法第四十一条规定:"因产品存在缺陷造成人身、缺陷产品以外的财产损害的,生产者应当承担赔偿责任。"这一规定表明生产者承担的是严格责任。该法第四十二条第1款规定:"由于销售者的过错使产品存在缺陷,造成人身、他人财产损害的,销售者应当承担赔偿责任。"这表明销售者只对因自己的过错造成的产品缺陷承担责任。同时在该法第四十二条第2款规定:"销售者不能指明缺陷产品的生产者,也不能指明缺陷产品的供货者的,销售者应当承担赔偿责任。"

(五) 生产者的免责事由

根据《产品责任法》的规定,生产者能够证明下列情形之一的,不承担赔偿责任:(1) 未将产品投入流通的;(2) 产品投入流通时,引起损害的缺陷尚不存在;(3) 将产品投入流通时的科学技术水平尚不能发现缺陷的存在。

(六) 损害赔偿的范围

根据《产品质量法》的规定,因产品缺陷造成受害人人身伤害的,侵害人应当赔偿医疗费、因误工减少的收入、残疾者生活补助费等费用。造成受害人死亡的还应支付丧葬费、抚恤费、死者生前扶养的人的必要的生活费等费用。因产品缺陷造成受害人财产损失的,侵害人应当恢复原判或折价赔偿,受害人因此遭受重大损失的,侵害人应当赔偿损失。

(七) 关于时效的规定

《产品质量法》规定,提起损害赔偿诉讼的时效为2年,自受害人知道或应当知道其权益受到损害时起计算。受害人的权利自产品最初交付之日起满10年消灭,但尚未超过明示的安全使用期的情况除外。

本章知识结构图

```
                        ┌──────────────┐
                        │ 国际产品责任法 │
                        └──────┬───────┘
    ┌──────────┬──────────┼──────────┬──────────┐
┌─────────┐┌─────────┐┌──────────┐┌─────────┐┌─────────┐
│产品责任概述││美国的产品││欧盟产品责任││《海牙公约》的││中国的产品│
│          ││责任法    ││指令的主要内容││主要内容    ││责任法    │
└─────────┘└─────────┘└──────────┘└─────────┘└─────────┘
```

思考练习题

一、选择题

1. 根据《美国产品责任法》的规定,以疏忽提起诉讼时,它是一种( )。
   A. 违约之诉   B. 侵权之诉
   C. 确认之诉   D. 合同之诉

2. 在《海牙公约》中,不能成为准据法的是( )的法律。
   A. 损害地所在国
   B. 直接受损害的人的惯常居住地所在国

C. 直接受损害的人取得产品地所在国
D. 赔偿责任人的主营业地所在国

3. 产品"缺陷"的种类有(　　)。
A. 设计缺陷　　　　　　　　　B. 发展缺陷
C. 制造缺陷　　　　　　　　　D. 指示缺陷

4. 下列属于美国《产品责任法》的损害赔偿范围是(　　)。
A. 财产损害赔偿　　　　　　　B. 精神损害赔偿
C. 人身损害赔偿　　　　　　　D. 惩罚性损害赔偿

二、判断题

1. 产品责任法属于社会经济立法的范畴，它的各项规定和原则都是强制性的，双方当事人在订立合同时不得事先加以排除或变更。（　　）
2. 目前美国产品责任的归责原则单一适用严格责任原则。（　　）
3. 《海牙公约》不适用合同关系当事人就产品责任提起的损害赔偿。（　　）

三、简答题

1. 什么是产品责任？产品责任有哪些构成要件？
2. 试述美国《产品责任法》的三种归责理论。
3. 简述中国产品责任的归责原则。

案例分析题

中国某进出口公司自1975年开始直接对美国出口烟花，其中包括带响的"空中旅行"花炮。1977年7月美国儿童斯考特因燃放"空中旅行"花炮而受伤。1979年6月，原告根据美国《产品责任法》，以中华人民共和国为烟花制造商列为第一被告，以烟花进口商远东进口公司和烟花经销商为第二、第三被告，向美国德克萨斯州拉达斯地方法院提起诉讼，要求赔偿600万美元。中华人民共和国是三权国家，不受任何外国法院的管辖，因此，中方拒绝应诉。这是我国建国以来发生的一起重大产品责任案。

［问题］　对此，中方应提出怎样的抗辩？

［分析提示］　中方应从以下几个方面提出抗辩：第一，诉讼对象错误。原告把中华人民共和国作为控告对象是十分荒谬的。中国是独立主权国家，享有司法豁免权，美国法院未经我同意，不得以我国为被告而行使司法权。这是国际法的重要原则。引起人身伤害的出口烟花确属我国某工厂生产，并由某省进出口公司出口，它们都是独立的法人，它们各自对其经济行为负责。第二，在我出口产品包装上印有警告和注意事项，用英文说明它是一般烟花，具有危险性；只能在室外使月，点燃引线人即离开；应在成年人监督下燃放，并特别指明不要用手拿着放。这次事故的发生，是由于原告违反说明书的过失行为造成的。

第八章
国际知识产权法

【知识目标】

- 知晓知识产权的概念和特征,商标权、专利权、著作权的概念,《保护工业产权巴黎公约》、《商标国际注册马德里协定》、WTO 的《与贸易有关的知识产权协定》
- 掌握商标权、专利权、著作权的取得和保护,《巴黎公约》的基本原则,商标国际注册的效力,WTO 的《与贸易有关的知识产权协定》的特殊规定

【技能目标】

- 熟悉商标权、专利权、著作权的取得和保护,《巴黎公约》的基本原则,商标国际注册的申请
- 熟练掌握商标权、专利权、著作权的取得方式和程序,代理商标和专利的申请

 案例导读

德国 B 公司与中国 A 企业洽谈技术合作,中国 A 企业准备使用一项在有效期内的德国 B 公司的专利,而该项技术未在中国和其他国家申请专利。如果达成合作协议,那么:(1) 依照该专利生产的产品在中国销售,中国 A 企业是否需要向德国 B 公司支付这项专利的许可费?(2) 依照该专利生产的产品如果返销德国,中国 A 企业是否需要向德国 B 公司支付这项专利的许可费?(3) 依照该专利生产的产品在德国以外的国家和地区销售,中国 A 企业是否需要向德国 B 公司支付这项专利的许可费?(4) 该专利有效期满后,该项技术是否还有使用价值?

运用国际知识产权法的相关知识,回答和解决以上问题。

第一节 知识产权法概述

一、知识产权与知识产权法

（一）知识产权的概念

知识产权（Intellectual property rights）的概念主要有列举式和概括式两种界定方式。

1. 列举式的概念。《成立世界知识产权组织公约》和《与贸易有关的知识产权协议》以列举的方式界定了知识产权的范围。

1967年7月14日在斯德哥尔摩签订的《成立世界知识产权组织公约》第2条第8款规定，知识产权包括下列权利：（1）关于文学、艺术和科学作品的权利；（2）关于表演艺术家的表演、录音制品和广播节目的权利；（3）关于人类经过努力在各个领域的发明的权利；（4）关于科学发现的权利；（5）关于工业品外观设计的权利；（6）关于商标、服务标志、厂商名称及标识的权利；（7）关于禁止不正当竞争的权利；（8）关于在工业、科学、文学或艺术领域内其他一切来自知识活动而产生的权利。

《世界贸易组织协定》中，《与贸易有关的知识产权协议》（TRIPS）中规定的知识产权范围包括：（1）版权与邻接权；（2）商标权；（3）地理标志权；（4）工业品外观设计权；（5）专利权；（6）集成电路布图设计（拓扑图）权；（7）未公开的信息专有权，主要是商业秘密权。

2. 概括式的概念。我国《民法通则》规定，知识产权是指公民、法人对自己的创造性智力成果依法享有的专有权利，包括财产权和人身权。在我国，一般包括著作权（版权）、专利权、商标权及其他科技成果权。

（二）知识产权法的概念

知识产权法是指因调整知识产权的归属、行使、管理和保护等活动中产生的社会关系的法律规范的总称。

在知识产权法中，既有私法规范，也有公法规范；既有实体法规范，也有程序法规范。但从法律部门的归属上分析，知识产权法仍属于民法的特别法。民法的基本原则、制度和法律规范大多适用于知识产权，并且知识产权法中的公法规范和程序法规范都为确认和保护知识产权这一私权服务。知识产权法具有综合性和技术性。

二、知识产权的特征

1. 知识产权客体的无形性。知识产权的客体是无形的智力创作成果，它是一种可以脱离其所有者而存在的无形的信息，可以同时为多个主体所使用，在一定条件下也不会因多个主体的使用而使该项知识财产自身遭受损耗或者灭失。

2. 某些知识产权具有财产权和人身权的双重性。这类知识产权如著作权，其财产权属性主要体现在所有人享有的独占权或者排他权以及许可他人使用而获得报酬的权利，其所有人可以通过自己独家实施获得收益，也可以通过有偿许可他人实施获得收益，还可以像有形财产那样进行买卖或抵押；其人身权属性主要是指署名权等。

> **注意：**
> 这个特点是与有形财产的不同之处。

3. 某些知识产权具有依法审查确认性。由于无形的智力成果不像有形财产那样直观可见，因此，确认这类智力成果的财产权及其法律保护需要依法审查确认。例如，我国发明人所完成的发明、实用新型或者外观设计虽然已经具有价值和使用价值，但是其完成人尚不能自动获得专利权，完成人必须依照专利法的有关规定，向国家专利局提出专利申请，专利局依照法定程序进行审查，申请符合《专利法》规定条件的，由专利局作出授予专利权的决定，颁发专利证书，只有当专利局发布授权公告后，其完成人才享有该项知识产权。对于商标权的获得，我国和大多数国家实行注册制，只有向国家商标局提出注册申请，经审查核准注册后，才能获得商标权。文学艺术作品和计算机软件等著作权虽然是自作品完成其权利即自动产生，但有些国家也要实行登记或标注版权标记后才能得到保护；法院在保护作品著作权时，也要首先依法审查该作品是否具有独创性，不具备独创性的作品是不予保护的，从这个意义上说，对著作权的客体保护也要依法审查。法院对商业秘密的保护，也要首先审查其是否具备法律规定的受保护的条件，缺少其中一个法定条件，法院即不予保护。所以，不少学者认为知识产权是法院授予的一种权利，需要依法确认。

> **注意：**
> 有的知识产权具有单一的属性，例如，发现权只具有名誉权属性，不具有财产权属性；商业秘密只具有财产权属性，不具有人身权属性。专利权、商标权主要体现为财产权，其人身权的属性是什么颇有争议。

4. 独占性或者排他性。由于智力成果具有可以同时被多个主体所使用的特点，因此，大多数知识产权是法律授予的一种独占权，具有排他性，未经其权利人许可，任何单位或个人不得使用，否则构成侵权，承担相应的法律责任。当然，法律对各种知识产权都规定了一定的限制，但这些限制不影响其独占权特征。

> **提示：**
> 也有少数知识产权不具有独占权特征，例如技术秘密的所有人不能禁止第三人使用其独立开发完成的或者合法取得的相同技术秘密，因此，商业秘密不具备完全的财产权属性。

5. 地域性。知识产权具有严格的地域性特点，即各国主管机关依照本国法律授予的知识产权只能在其本国领域内受法律保护。例如，中国专利局授予的专利权或中国商标局核准的商标专用权只能在中国领域内受保护，其他国家不给予保护，外国人在我国领域外使用中国专利局授权的发明专利，不侵犯我国专利权，所以，我国公民、法人完成的发明创造要想在外国受保护，必须在外国申请专利；反之亦然。这是《保护工业产权巴黎公约》规定的原则之一。著作权虽然自动产生，但它也受地域限制，我国法律对外国人的作品并不是都给予保护。由于我国加入了《保护文学艺术作品伯尔尼公约》和《世界版权公约》等国际公约，履行这两个国际公约规定的义务，因此应保护这些公约成员国的国民作品；公约的其他成员国也要按照公约规定，对我国公民和法人的作品给予保护；还有按照两国的双边协定，相互给予对方国民的作品保护。

6. 时间性。知识产权都有法定的保护期限，一旦保护期限届满，权利自行终止，成为社会公众可以自由使用的知识。期限的长短依各国的法律确定。例

> **注意：**
> 商业秘密受法律保护的期限是不确定的，该秘密一旦为公众所知悉，即成为公众可以自由使用的知识。

如，我国发明专利的保护期为 20 年，实用新型专利权和外观设计专利权的期限为 10 年，均自专利申请日起计算；我国公民的作品著作权的保护期为作者终生及其死亡后 50 年。这两个权利期限届满后，该发明和作品即成为公有领域财产。我国商标权的保护期限自核准注册之日起 10 年。

第二节　中国的知识产权法律制度

一、专利法

《中华人民共和国专利法》（以下简称《专利法》）于 1984 年 3 月 12 日通过，1985 年 4 月 1 日施行，并于 1992 年和 2000 年两次修订。

（一）专利和专利权

专利（Patent）一词本身有三个含义：

1. 从法律意义上看。专利是专利权的简称，是指依照专利法的规定，发明人或其权利受让人对某项发明创造在一定期限内享有的独占权或专用权。

2. 从智力成果的类型来看。专利是取得了专利权的发明创造，即具有独占权或专用权的科学技术。

3. 专利还指有关发明创造的文献，包括授予专利权的发明创造的说明书及其摘要、权利要求书、表示外观设计的图形或照片。

专利权（Franchise）是指专利权人在法定期限内对其发明创造成果享有的专有权利。它是国家专利行政部门授予发明人或申请人生产经营其发明创造、并禁止他人生产经营其发明创造的某种特权，是对发明创造的独占的排他权。

（二）专利权的主体

专利权的主体即专利权人，是指依法享有专利权并承担与此相应的义务的人，包括自然人和法人。

专利权主体与专利申请权的主体不同，两者具有不同的法律地位。专利申请人是指依法请求专利局授予专利权的组织或个人。专利权人是指专利权的所有人。专利权人既可以是专利申请人，也可以是其他依法获得专利权的非专利申请人。

专利权的取得首先是以专利申请为前提，能够申请并获得专利权的组织和个人包括：（1）发明人、设计人，是指对发明创造的实质性特点作出了创造性贡献的人。（2）发明人或者设计人所在单位，主要是职务发明创造的发明人和设计人所在的单位。（3）合法继受人，指通过转让、继承或赠与方式依法获得专利申请权或专利权的人。（4）外国人，即具有外国国籍的自然人和依照外国法律成立并在外国登记注册的法人，在我国可以依法获得专利，成为专利权的主体。

（三）专利权的客体

专利权客体，即专利法律关系的客体，是指专利权主体的权利和义务共同指向的对象，也是专利法所保护的对象，即依法授予专利权的发明创造。

（四）授予专利权的条件

我国《专利法》第二十二条规定："授予专利权的发明和实用新型，应当具备新颖性、创造性和实用性。"所以发明、实用新型获得专利权的实质性条件，就是必须同时具备新颖性、创造性和实用性。

1. 新颖性（Novelty）是指申请专利的发明或实用新型是新的，前所未有的，未被公用和公知的。

对于新颖性，《专利法》规定了丧失新颖性的例外。丧失新颖性的例外是指在某些特殊情况下，尽管申请专利的发明或者实用新型在申请日或者优先权日前公开，但在一定期限内提出专利申请的，则不丧失新颖性。

2. 创造性（Creativity）是指同申请日以前已有技术相比，该发明有突出的实质性特点和显著的进步；该实用新型有实质性特点和进步。

3. 实用性（Practicability）是指该发明或实用新型能够制造或者使用，并且能够产生积极效果。

《专利法》第二十三条规定："授予专利权的外观设计，应当同申请日前在国内外出版物上公开发表过或者国内外公开使用过的外观设计不相同和不相近似，并不得与他人在先取得的合法权利相冲突。"根据这一规定，对于授予专利的外观设计只要求具有新颖性。

并不是所有的发明创造具备了"三性"就可以授予专利权。《专利法》规定，这些发明创造有两类：第一类是违反国家法律、社会公德，妨害公众利益的发明创造；第二类是不属于《专利法》保护的发明创造。

（五）专利权人的权利和义务

1. 专利权人的权利：（1）利用自己的专利和禁止他人利用其专利的权利；（2）许可他人利用其专利并获得报酬的权利；（3）转让其专利的权利；（4）放弃其专利的权利；（5）标明专利标记和署名的权利。

2. 专利权人的义务：（1）实施专利的义务；（2）保证充分公开专利内容的义务；（3）缴纳年费的义务；（4）职务发明创造的专利权人应当对发明人或者设计人给予奖励和报酬。

3. 对专利权人权利的限制。专利权是一种具有排他性的专有权。其实质在于未经专利权人同意，任何单位或个人不得卖其专利，否则即构成对专利权的侵犯。但是，专利权人行使其权利并非是无条件的、绝对的，而是受到一定的限制。

（六）关于专利权的期限、终止和无效

1. 专利权的取得。要取得专利，首先要提出申请。专利申请根据先申请、单一性、优先权等原则，向国务院专利行政部门提交必要的申请文件。国务院专利行政部门收到申请后，经过初步审查、申请公开、实质审查后，没有发现驳回理由的，决定授予专利权，发给专利证书。

提醒：
我国《专利法》第二条指出："本法所称的发明创造是指发明、实用新型和外观设计。"

注意：
《专利法》规定，申请专利的发明创造在申请日以前6个月内，有下列情形之一的，不丧失新颖性：（1）在中国政府主办或者承认的国际展览会上首次展出的；（2）在规定的学术会议或者技术会议上首次发表的；（3）他人未经申请人同意泄露其内容的。

提示：
《专利法》第二十五条明确规定："对下列各项，不授予专利权：（1）科学发现；（2）智力活动的规则和方法；（3）疾病的诊断和治疗方法；（4）动物和植物品种；（5）用原子核变换方法获得的物质。"

《专利法》第四十二条规定："发明专利权的期限为20年，实用新型专利权和外观设计专利权的期限为10年，均自申请日起计算。"在统一的专利权保护期内，专利权人还可以根据本专业技术发展的周期以及专利技术的实施情况，通过不缴纳年费或者声明放弃专利权的做法，自行决定其实际受保护的期限长短。

2. 专利权的终止。专利权的终止是指专利权由于保护期届满或其他原因而失去法律效力。一旦专利权终止，该发明创造即成为社会的公共财富。

专利权终止的原因有以下几种：（1）因保护期届满而终止；（2）因没有按期缴纳年费而终止；（3）因专利权人自动书面声明放弃专利权而终止；（4）由于专利权人死亡又无继承人而终止。专利权在期限届满前终止的，由国务院专利行政部门登记和公告。

3. 专利权的无效。专利权的无效是指被授予的专利权因不符合《专利法》的规定，由专利复审委员会根据有关单位或者个人的请求，通过行政审查程序宣告无效。宣告无效的专利权视为自始即不存在。

（七）专利权的保护

1. 专利侵权行为。专利侵权是指违反《专利法》的规定，侵犯专利人权利的行为。具体表现为：（1）除法律另有规定外，未经专利权人许可，为生产经营目的制造、使用、许诺销售、销售、进口其专利产品或者使用其专利方法，以及使用、许诺销售、销售、进口依照该专利方法直接获得的产品。（2）假冒他人专利，即欺骗公众、以营利为目的而冒充他人获得专利权的发明创造。（3）国务院专利行政部门所作出的不符合专利法规定的决定，譬如错误地对专利实施强制许可，错误地作出驳回专利申请、宣告专利权无效的决定等。

2. 专利权的法律保护。专利权的法律保护是指依照《专利法》和有关法律，解决专利纠纷，从而维护专利权人的合法利益。专利纠纷是指因侵权行为、专利许可合同、专利权或专利申请权转让合同及专利申请权和专利权归属等问题，在发明人、设计人、专利权人、国务院专利行政部门以及其他人之间发生的争议。

根据《专利法》的规定，发生专利纠纷，专利权人或者利害关系人可以请求管理专利工作的部门处理，也可以向人民法院起诉。请求管理专利工作的部门或者人民法院处理纠纷的时效为两年，自专利权人或者利害关系人得知或者应当得知之日起计算。侵权行为人应承担相应的民事责任、行政责任和刑事责任。

二、商标法

《中华人民共和国商标法》（以下简称《商标法》）于1982年8月23日第五届全国人民代表大会常务委员会第二十四次会议通过，并于1993年2月22日和2001年10月27日两次修订。

（一）商标和商标权

1. 商标（Brand）。**商标是商品的标记，是指由文字、图形、字母、数字、三维标志和颜色组合以及上述要素的组合，使用于一定的商品或者服务项目，用以区别商标使用者与同类商品生产经营者或者同类服务业经营者的显著标记。**商标是经过人的设计，人为地、有意识地置于商品外表或包装上的显著标记；它又是一种具有显著特征的简洁符号，便于识别，能够借以指代某一特定的经营者所经营的商品或者服务。

2. 商标权（Trademark）。**商标权是指商标所有人对其商标拥有的独占的、排他的权利。**由于我国在商标权的取得方面实行的是注册原则，因此，商标权实际上是应商标所有人申请、经政府主管部门确认的专有权利，即因商标注册而产生的权利。从权利的性质上看，商标权与所有权一样，属于绝对权的范围，即权利主体对其注册商标享有完全的使用权和排他的权利。

（二）商标权的主体

商标权的主体是指通过法定程序，在自己生产、制造、加工、拣选、经销的商品或者提供的服务上享有商标专用权的人。根据《商标法》的规定，商标权的主体范围包括自然人、法人或者其他组织。两个以上自然人、法人或者其他组织可以共同向商标局申请注册同一商标，共同享有和行使该商标专用权。

（三）商标权的客体

商标权的客体是指经商标局核准注册的商标，即注册商标。

1. 注册的商标。申请注册的商标应当具备以下条件：

（1）商标应当具备显著性。《商标法》规定，申请注册的商标应当有显著特征，便于识别，并不得与他人在先取得的合法权利相冲突。商标具备的这种显著性可以通过两种方式产生：一是商标本身具有显著性；二是通过长期的使用获得商标的显著性。

（2）商标应当符合可视性要求。《商标法》规定，任何能够将自然人、法人或者其他组织的商品与他人的商品区别开的可视性标志，包括文字、图形、字母、数字、三维标志和颜色组合以及上述要素的组合，均可以作为商标申请注册。由此可见，气味标志、音响标志不能成为注册商标。

2. 商标禁用标志。根据《商标法》的规定，下列标志不得作为商标使用：（1）同中华人民共和国的国家名称、国旗、国徽、军旗、勋章相同或者近似的，以及同中央国家机关所在地特定地点的名称或者标志性建筑物的名称、图形相同的；（2）同外国的国家名称、国旗、国徽、军旗相同或者近似的，但该国政府同意的除外；（3）同政府间国际组织的名称、旗帜、徽记相同或者近似的，但经该组织同意或者不易误导公众的除外；（4）与表明实施控制、予以保证的官方标志、检验印记相同或者近似的，但经授权的除外；（5）同"红十字"、"红新月"的名称、标志相同或者近似的；（6）带有民族歧视性的；（7）夸大宣传并带有欺骗性的；（8）有害于社会主义道德风尚或者有其他不良影响的；（9）县级以上行政区划的地名或者公众知晓的外国地名；但是，地名具有其他含义或者作为集体商标、证明商标组成部分的除外；已经注册的使用地名的商标继续有效。

《商标法》规定下列标志不得作为商标注册：（1）仅有本商品的通用名称、图形、型号的；（2）仅仅直接表示商品的质量、主要原料、功能、用途、重量、数量及其他特点的；（3）缺乏显著特征的。

（四）商标权的取得、使用和终止

1. 商标权的取得。商标权的取得要经过申请和审查核准。

（1）商标注册申请。

首先，商标注册申请要遵循申请在先原则。申请在先是指两个或者两个以上申请人，先后在同一或类似商品或者服务上，以相同或类似的商标申请注册的，商标权授予申请在先的人。申请先后的确定以申请日为准。两个或者两个以上的申请人，在同一或类似商品或者服务上，以相同或类似的商标在同一天申请注册的，商标权授予使用在先的人。对于使用在先的认定，由申请人自己在接到商标局通知后30日内提交第一次使用该商标的日期的证明，同日使用或均未使用的，由各申请人进行协商，协商不成的，在商标局主持下，由申请人抽签决定。

其次，商标注册申请要遵循优先权原则。优先权原则是商标权取得程序中一项重要原则。

提示

根据《商标法》的规定，商标注册申请程序中优先权表现在两个方面：一是商标注册申请人自其商标在外国第一次提出商标注册申请之日起6个月内，又在中国就相同商品以同一商标提出商标注册申请的，依照该外国同中国签订的协议或者共同参加的国际条约，或者按照相互承认优先权原则，可以享有优先权。

（2）商标注册的审查核准。商标注册的审查核准是商标主管机关就申请注册的商标是否符合商标法的规定所进行的一系列审核活动，主要包括形式审查、实质审查、公告核准阶段。对于有争议的商标，还可能发生复审或者裁定。根据《商标法》第三十条、第三十四条的规定，初步审定的商标在公告期满（3个月）无异议的，或者经裁定异议不能成立的，商标局予以核准注册，发给商标注册证，并予公告。商标注册申请人自注册证签发之日起成为商标权人，依法享有商标权。

2. 商标权的使用。商标经核准注册后，商标注册人依法享有商标权。商标权人可以自己使用，也可以依法由他人使用。因此，商标权的使用要注意注册商标的使用许可、转让、续展等。

《商标法》规定，商标注册人可以通过签订商标使用许可合同，许可他人使用其注册商标。许可人应当监督被许可人使用其注册商标的商品质量。被许可人应当保证使用该注册商标的商品质量。经许可使用他人注册商标的，必须在使用该注册商标的商品上标明被许可人的名称和商品产地。商标使用许可合同应当报商标局备案。

《商标法》规定，转让注册商标的，转让人和受让人应当签订转让协议，并共同向商标局提出申请。受让人应当保证使用该注册商标的商品质量。转让注册商标经商标局核准后，发给受让人相应证明，并予以公告。受让人自公告之日起享有商标专用权。

《商标法》规定，注册商标的有效期为10年，自核准注册之日起计算。注册商标有效期满，需要继续使用的，应当在期满前6个月内申请续展注册；在此期间未能提出申请的，可以给予6个月的宽展期。宽展期满仍未提出申请的，注销其注册商标。

> **注意：**
> 续展注册可以无限制地重复进行，每次续展注册的有效期为10年，自该商标上一次有效期满次日起计算。

3. 商标权的终止。商标权的终止是指商标权人由于法定原因丧失商标权，其注册商标不再受法律保护。商标权终止的法定原因主要有两个：一是被注销终止；二是被撤销终止。

（1）注册商标因下列情况之一被商标局注销而终止商标权：①注册商标有效期届满，商标权人在法定续展注册申请期内或宽展期内均未提出续展注册申请的；②注册商标有效期内，商标权人自愿申请放弃商标权并主动向商标局办理注销手续的；③注册商标有效期内，因注册商标所有人被撤销、解散、破产及其他原因关闭，或者因注册商标所有人死亡而无人继承其商标权的。

（2）注册商标因下列情况之一被商标局撤销，或者被商标评审委员会裁定撤销而终止商标权：①违反《商标法》第十条、第十一条、第十二条规定的，或者是以欺骗手段或者其他不正当手段取得注册的；②自行改变注册商标的；③自行改变注册商标的注册人名义、地址或者其他注册事项的；④自行转让注册商标的；⑤连续3年停止使用的；⑥使用注册商标的商品粗制滥造、以次充好，或者服务项目存在严重质量问题，欺骗消费者的；⑦违反《商标法》第十三条、第十五条、第十六条、第三十一条规定的，自商标注册之日起5年之内的（对恶意注册的，驰名商标所有人不受5年的限制）。

（五）商标权的保护

1. 侵犯注册商标专用权。《商标法》规定，下列行为属于侵犯注册商标专用权：（1）未经商标注册人的许可，在同一种商品或者类似商品上使用与其注册商标相同或者近似的商标的；（2）销售侵犯注册商标专用权的商品的；（3）伪造、擅自制造他人注册商标标识或者销售伪造、擅自制造的注册商标标识的；（4）未经商标注册人同意，更换其注册商标，并将该更换商标的商品又投入市场的；（5）给他人的注册商标专用权造成其他损害的。

2. 侵犯注册商标专用权的法律责任。侵犯注册商标专用权的法律责任包括民事责任、行政责任和刑事责任。

民事责任主要包括：停止侵犯、消除影响、赔偿损失等。

行政责任主要包括：责令立即停止侵权行为，没收、销毁侵权商品和专门用于制造侵权商品、伪造注册商标标识的工具，罚款。根据规定，工商行政管理部门可以根据情节轻重处以非法经营额20%以下或者非法获利2倍以下的罚款；对侵犯注册商标专用权的单位的直接责任人员，可根据情节处以1万元以下的罚款。

刑事责任主要包括：罚金、管制、拘役和有期徒刑等。

三、著作权法

《中华人民共和国著作权法》（以下简称《著作权法》）于1990年9月7日

第七届全国人民代表大会常务委员会第十五次会议通过，1991年6月1日施行；2001年10月27日修订。

（一）著作权

著作权（Copyright），又称版权，是指文学、艺术和科学作品的作者及合法继受人因作品而享有的法定权利，以及作品的传播者（包括出版者、表演者、录音录像制作者、广播和电视节目播放者）所享有的法定权利。作品是指文学、艺术和科学领域内，具有独创性并能以某种有形形式复制的智力创作成果。作品除必须是属于文学、艺术和科学领域外，还必须具备以下构成要件：（1）作品必须是一种智力创作成果；（2）作品必须具有独创性；（3）作品必须具有可复制性。

提示

著作权因作品的创作完成而自动产生，一般不必履行任何形式的登记或注册手续，也不论其是否已经发表，有别于专利权、商标权。著作权突出对人身权的保护。著作权与作品的创作者密切相关，因此，在著作权中，保护作者对作品的人身权利是其重要的内容。在著作权中，作者的发表权、署名权、修改权、保护作品完整权等人身权利永远归作者享有，不能转让，也不受著作权保护期限的限制。

（二）著作权的主体

著作权的主体又称著作权人，是指依法对文学、艺术和科学作品享有著作权的人。我国《著作权法》规定，著作权主体包括创作作品的作者，其他依法享有著作权的公民、法人或者其他组织。在各类主体中，中国公民、法人或者其他组织的作品，不论是否发表，都享有著作权；外国人、无国籍人的作品在一定条件下享有著作权。

（三）著作权的客体

著作权的客体即著作权保护的对象——作品。根据《著作权法》的规定，作品包括以各种形式创作的文学、艺术和自然科学、社会科学、工程技术等作品。根据作品的表现形式不同，我国《著作权法》保护的作品主要有：（1）文字作品；（2）口述作品；（3）音乐、戏剧、曲艺、舞蹈、杂技艺术作品；（4）美术、建筑作品；（5）摄影作品；（6）电影作品和以类似摄制电影的方法创作的作品；（7）工程设计图、产品设计图、地图、示意图等图形作品和模型作品；（8）计算机软件；（9）法律、行政法规规定的其他作品。

（四）著作权的内容

我国《著作权法》第十条规定，著作权包括下列人身权和财产权：

1. 发表权，即决定作品是否公之于众的权利。
2. 署名权，即表明作者身份，在作品上署名的权利。
3. 修改权，即修改或者授权他人修改作品的权利。
4. 保护作品完整权，即保护作品不受歪曲、篡改的权利。
5. 复制权，即以印刷、复印、拓印、录音、录像、翻录、翻拍等方式将作品制作一份或者多份的权利。

6. 发行权，即以出售或者赠与方式向公众提供作品的原件或者复制件的权利。

7. 出租权，即有偿许可他人临时使用电影作品和以类似摄制电影的方法创作的作品、计算机软件的权利，计算机软件不是出租的主要标的的除外。

8. 展览权，即公开陈列美术作品、摄影作品的原件或者复制件的权利。

9. 表演权，即公开表演作品以及用各种手段公开播送作品的表演的权利。

10. 放映权，即通过放映机、幻灯机等技术设备公开再现美术、摄影、电影和以类似摄制电影的方法创作的作品等的权利。

11. 广播权，即以无线方式公开广播或者传播作品，以有线传播或者转播的方式向公众传播、广播作品，以及通过扩音器或者其他传送符号、声音、图像的类似工具向公众传播、广播作品的权利。

12. 信息网络传播权，即以有线或者无线方式向公众提供作品，使公众可以在其个人选定的时间和地点获得作品的权利。

13. 摄制权，即以摄制电影或者以类似摄制电影的方法将作品固定在载体上的权利。

14. 改编权，即改编作品，创作出具有独创性的新作品的权利。

15. 翻译权，即将作品从一种语言文字转换成另一种语言文字的权利。

16. 汇编权，即将作品或者作品的片段通过选择或者编排，汇集成新作品的权利。

17. 应当由著作权人享有的其他权利。

其中，前四项是人身权。

（五）著作权的保护

1. 著作权的保护期限。《著作权法》规定，著作权的保护期为：（1）作者的署名权、修改权、保护作品完整权的保护期不受限制。（2）公民的作品，其发表权、使用权和获得报酬权的保护期为作者终生及其死亡后50年，截止于作者死亡后第50年的12月31日；如果是合作作品，截止于最后死亡的作者死亡后第50年的12月31日。（3）法人或者其他组织的作品、著作权（署名权除外）由法人或者其他组织享有的职务作品，其发表权、使用权和获得报酬权的保护期为50年，截止于作品首次发表后第50年的12月31日，但作品自创作完成后50年内未发表的，著作权法不再保护。（4）电影、电视、录像和摄影作品的发表权、使用权和获得报酬权的保护期为50年，截止于作品首次发表后第50年的12月31日，但作品自创作完成后50年内未发表的，著作权法不再保护。

2. 侵犯著作权的行为。《著作权法》规定下列行为属于侵权行为：（1）未经著作权人许可，发表其作品的。（2）未经合作作者许可，将与他人合作创作的作品当做自己单独创作的作品发表的。（3）没有参加创作，为谋取个人名利在他人作品上署名的。（4）歪曲、篡改他人作品的。（5）窃取他人作品的。（6）未经著作权人许可，以展览、摄制电影和以类似摄制电影的方法使用作品，或者以改编、翻译、注释等方式使用作品的，著作权法另有规定的除外。（7）使用他人作品，

注意：
著作权要保障的是思想的表达形式，而不是保护思想本身，因为在保障著作财产权此类专属私人之财产权利益的同时，尚须兼顾人类文明的积累与知识及资讯的传播，从而算法、数学方法、技术或机器的设计均不属著作权所要保障的对象。

应当支付报酬而未支付的。(8) 未经电影作品和以类似摄制电影的方法创作的作品、计算机软件、录音录像制品的著作权人或者与著作权有关的权利人许可，出租其作品或者录音录像制品的，著作权法另有规定的除外。(9) 未经出版者许可，使用其出版的图书、期刊的版式设计的。(10) 未经表演者许可，从现场直播或者公开传送其现场表演，或者录制其表演的。

3. 侵害著作权的法律责任。侵害著作权的法律责任分为民事责任和行政处罚责任两种。其中，民事责任包括停止侵害、消除影响、公开赔礼道歉、赔偿损失等。行政处罚责任则是由国家著作权行政管理部门给予没收非法所得、罚款等。

第三节 《保护工业产权巴黎公约》

提示：《巴黎公约》不仅是知识产权领域第一个世界性多边公约，同时也是成员国最为广泛、对其他世界性和地区性工业产权公约影响最大的公约。

《保护工业产权巴黎公约》（Paris Convention on the Protection of Industrial Property）是1883年3月20日由比利时、瑞士等11个国家发起缔结，于1884年生效。由于公约在巴黎缔结，又简称为《巴黎公约》。《巴黎公约》缔结的直接原因就是解决工业产权保护的地域性。《巴黎公约》生效后，曾先后于1900年、1911年、1925年、1934年、1958年、1967年和1979年进行修订。到2004年8月，已有168个国家加入了《巴黎公约》。我国于1985年3月19日正式成为该公约成员国，并于加入时声明对公约的第28条（即将有关争议提交国际法院解决）予以保留。

《巴黎公约》是知识产权领域的基本公约，该公约的基本原则和内容对其他公约具有指导意义。《巴黎公约》共有30条，分为3组，第1~12条为实质性条款，规定了工业产权方面各成员国应遵循的共同规则或成员国进行国内立法的最低要求；第13~17条为行政性条款；第18~30条是关于成员国的加入、批准、退出及接纳新成员国等内容，称为"最后条款"。

一、工业产权的范围

《巴黎公约》将工业产权的适用范围作广义解释，不仅适用于工商业本身，也适用于农业和采掘工业以及一切制成品或天然产品。工业产权的具体保护对象是专利、实用新型、外观设计、商标、服务标记、厂商名称、产地标记或原产地名称以及制止不正当竞争。

二、基本原则

《巴黎公约》的基本目的是保证成员国的工业产权在所有其他成员国都得到保护。但由于各成员国间的利益矛盾和立法差别，巴黎公约没能制定统一的工业产权法，而是以各成员国内立法为基础进行保护，因此它没有排除专利权效力的地域性。公约在尊重各成员国国内立法的同时，规定了各成员国必须共同遵守的几个基本原则，以协调各成员国的立法，使之与公约的规定相一致。《巴黎公约》的基本原则有：

（一）国民待遇原则

国民待遇原则（The principle of national treatment）是《巴黎公约》的首要原则，其目的是解决外国人在本国的法律地位，即在成员国之间应给予何种保护。《巴黎公约》规定，在工业产权保护方面，公约各成员国必须在法律上给予公约其他成员国相同于其本国国民的待遇；即使是非成员国国民，只要他在公约某一成员国内有住所或有真实有效的工商营业所，亦应给予相同于本国国民的待遇。

（二）优先权原则

对于优先权原则（The principle of priority），《巴黎公约》规定凡在一个缔约国申请注册的商标，可以享受自初次申请之日起为期6个月的优先权，即在这6个月的优先权期限内，如申请人再向其他成员国提出同样的申请，其后来申请的日期可视同首次申请的日期。优先权的作用在于保护首次申请人，使他在向其他成员国提出同样的注册申请时，不致由于两次申请日期的差异而被第三者钻空子抢先申请注册。发明、实用新型和工业品外观设计的专利申请人从首次向成员国之一提出申请之日起，可以在一定期限内（发明和实用新型为12个月，工业品外观设计为6个月）以同一发明向其他成员国提出申请，而以第一次申请的日期为以后提出申请的日期。其条件是：申请人必须在成员国之一完成了第一次合格的申请，而且第一次申请的内容与日后向其他成员国所提出的专利申请的内容必须完全相同。

（三）专利权、商标权独立性原则

专利权独立原则意指成员国国民向各成员国申请的专利权与其在其他成员国或非成员国为同一发明而取得的专利权相互独立，各不相涉。特别是在优先权期限内申请的各项专利，在专利权的无效原因、被剥夺权利的原因以及有效期限方面是没有任何关系的。

商标权独立原则是指对成员国国民在任何成员一国中提出的商标注册申请，不能以未在本国申请、注册或续展为理由而加以拒绝或使其注册失效。在一个成员国内正式注册的商标均应视为与在其他成员包括申请人所属国注册的商标是相互独立的。

三、《巴黎公约》对成员国知识产权保护的最低要求

《巴黎公约》规定最为全面的是对专利权和商标权的保护要求。

（一）对专利权保护的最低标准

《巴黎公约》主要从以下几个方面对成员国专利权的保护提出限定：专利的独立性、发明人的署名权、法律禁止销售产品的专利性、进口不导致专利失效、方法专利权人对某些进口产品的权利、防止滥用专利权的强制许可制度、国际交通工具上的专利权的限制、国际展览会上展示的发明的临时保护等。

（二）对商标权的最低标准

《巴黎公约》对商标权国际保护的最低标准涉及商标注册、转让等诸多问

题，主要包括：

1. 对驰名商标的特殊保护。《巴黎公约》规定，商标注册国或使用国主管机关认为一项驰名商标已归享有公约利益的人所有，在该国该驰名商标的复制、伪造或翻译图案扩用于相同或类似商品上，易于造成混乱者，应依职权或应当事人的请求，拒绝或取消注册，并禁止使用。自注册之日起至少5年内，应允许提出取消这种商标的要求，允许提出禁止使用的期限可由各成员国规定。对以不诚实手段取得注册或使用的商标、提出取消注册或禁止使用的要求的，不应规定时间限制。

2. 对商标转让的特别规定。对商标的转让，有些国家规定不需要与企业同时转让，而另一些国家则规定商标与企业同时转让才产生效力。《巴黎公约》第6条之4规定，根据联盟某成员国的法律，商标的转让只有在与所属的企业或商誉同时转让时方为有效，即只要该企业或商誉坐落在该国的部分，连同在该国制造或销售标有被转让商标商品的专有权一同转让给受让人，则承认其转让有效。受让人对受让商标的使用，如果事实上具有使公众对使用商标的商品的原产地、性质或重要品质产生误解，则联盟各成员国不承担承认该项商标转让为有效的义务。

第四节 《商标国际注册马德里协定》

《巴黎公约》作为保护商标权在内的工业产权方面最有影响的公约，对商标权的国际保护原则作了明确规定，但对于取得商标权的程序问题并未作规定，很容易引起在各个成员国重复同一手续或程序的现象出现，对商标的国际注册造成不利，为此，《巴黎公约》第19条规定：公约成员国保留有相互间分别签订关于保护工业产权专门协定的权利，只要这些协定与本公约的规定不相抵触。根据《巴黎公约》的上述条款，1891年4月14日在西班牙的马德里签订了《商标国际注册马德里协定》（*Madrid Agreement Concerning the International Registration of Marks*，以下简称《马德里协定》）于1892年7月15日生效，其后多次修订。该协定只对《巴黎公约》成员国开放。中国于1989年10月4日加入该协定。

一、国际注册申请

《马德里协定》成员国内，有真实有效的工商业营业所或住所，或具有其国籍的自然人或法人，均可以提出商标国际注册的申请（"国际申请"）。

申请人只能通过原属国商标局向国际局提出商标国际注册申请。国际申请必须用法语，可以要求优先权。也就是说，国际申请只需用法语这一种语言，完成一套手续，缴纳一次费用就可以了。

 **提示**

商标必须先在原属国注册以后，才能提出国际申请。根据《马德里协定》第 1 条第 3 款规定，原属国（country of origin）是指设有真实有效的工商业营业所的协定缔约国；如果没有这样的工商业营业所，则指申请人设有住所的缔约国；如果也没有住所，则指申请人具有该国国籍的那一个缔约国。

二、国际注册的效力

根据《马德里协定》第 1 条第 2 款的规定，商标经国际注册后，其效力自动延伸于原属国以外的一切缔约国，这就是所谓的普遍性原则。但是，许多申请人并不想在所有缔约国使用该项商标，从而缴纳相应费用。1957 年尼斯修订会议上，经过讨论，决定补充领域限制原则。《马德里协定》缔约国可随时通知世界知识产权组织总干事，只有在申请人明确请求时，经国际注册所取得的保护才延伸到该国。当然，申请人也可以请求在所有协定缔约国中取得国际注册的保护。但是，在原属国内商标只受该国国家注册的保护，不适用《马德里协定》的国际注册的保护。

三、缔约国的拒绝保护

国际注册一经批准，即由国际局在公报上公布，并通知申请人要求给予保护的那些成员国。对于比利时、卢森堡和荷兰，则通知比、荷、卢的商标局。各该国或比利时、荷兰、卢森堡的商标局都可以在一年期限内声明，在其领土上不保护该项商标，但需说明拒绝保护的理由。

四、对原属国注册的依存

《马德里协定》第 6 条第 2～4 款规定，自国际注册之日起满 5 年后，该项注册同原属国对同一商标的国家注册即相互独立。换言之，在从国际注册之日起 5 年以内，该项注册与原属国的国家注册还存在着依存关系。在此期间，如在原属国注册的商标不再受法律保护，如因撤回、放弃、驳回、撤销、宣告失效等而失效，则该商标在受国际注册保护的一切国家也丧失保护。

注意：

自国际注册之日起已满 5 年的，国际注册即不再依存于原属国的注册，而取得了完全独立。

第五节 《与贸易有关的知识产权协定》

《与贸易有关的知识产权协定》（*Agreement on Trade - Related Aspects of Intellectual Property Rights*, TRIPS）是关贸总协定乌拉圭回合谈判的 21 个最后文件

之一，1994年由各国代表在摩洛哥的马拉喀什签订，并于1995年1月1日生效。

TRIPS 全文共73条，由7个部分组成，它的规定涉及知识产权的取得、效力、使用、效力范围等方面。

一、基本原则

TRIPS 主要规定了两种基本原则：国民待遇和最惠国待遇。

TRIPS 所保护的知识产权具有特定的含义，专指其第二部分第一节至第七节中所包括的特权及有关权利、商标权、地理标志、工业品外观设计、专利权、集成电路的布图设计、未披露的信息等七个类别的知识产权。

（一）国民待遇原则（The principle of national treatment）

国民待遇原则的基本含义是：除《巴黎公约》1967年文本、《伯尔尼公约》1971年文本、《罗马公约》及《集成电路知识产权条约》已规定的例外，各成员在知识产权保护上，对其他成员的国民提供的待遇不得低于其本国国民。

所谓国民，是指在世界贸易组织中独立关境成员中的人，包括自然人和法人。他们在此独立关境中有居住所或有实际的、有效的工商营业所。

（二）最惠国待遇原则（MFN principle）

最惠国待遇是指在知识产权保护方面，任何成员方对另一国国民所给予的利益、优惠、特权及豁免应立即无条件地给予其他国家的国民。

提示

但有四种利益、优惠、特权及豁免的规定除外：第一，由一般性司法协助及法律实施的国际协定引申出的且并非专为保护知识产权的；第二，1971年《伯尔尼公约》和《罗马公约》允许的按互惠原则而不按国民待遇提供的；第三，TRIPS 中未加规定的表演者权、录音制品制作者权及广播组织权；第四，建立世界贸易组织协定生效之前业已生效的知识产权保护国际协议中产生的。

注意：
在计算机程序和电影作品方面，TRIPS 第一次规定了作者的出租权。此外，还规定了对表演者和唱片制作者较长的保护期限，应以该录制品的演唱、广播的那一年年底起算，至少为50年。

二、《与贸易有关的知识产权协定》对知识产权保护的有关规定

（一）关于知识产权的效力、范围及使用标准

1. 版权及相关权利。TRIPS 规定，全体成员都应遵守1971年《伯尔尼公约》第1条至第21条和公约附件的规定，即《伯尔尼公约》的实体内容都已纳入到 TRIPS 协议中；但值得注意的是：《伯尔尼公约》第6条之2规定的作者的精神权利除外。TRIPS 明确规定，版权的保护应延伸到表达方式，而不是思想、程序、操作方法或数学上的概念等计算机程序，无论是原始资料还是实物代码，应作为文学作品保护。数据汇编或其他资料，无论是可直接为计算机所使用的还是别的形式，因为对内容的选编汇制而构成了智力创造，也应加以保护。

2. 商标。TRIPS 首先对商标给出明确定义，即任何能够将一企业的商品和服务与其他企业的商品或服务区分开的标记或标记组合，包括文字、字母、数

字、图形要素、色彩的组合以及上述内容的组合。

3. 地理标志。TRIPS 对地理标志下了定义:"本协议的地理标志,系指下列标志:其标示出某商品来源于某成员地域内,或来源于该地域中的某地区或某地方,该商品的特定质量、信誉或其他特征,主要与该地来源相关联。"对地理标志,成员方应提供法律保护,以防止不正当竞争以及公众对原产地的误解。如果某一商标包括了不表明商品真实产地的地理标志、且这种地理标志的使用使得在此成员国导致公众对真实原产地的误解,那么成员方可根据该国法律或当事人的请求,有权拒绝或使该注册商标无效。

4. 工业品外观设计。TRIPS 要求成员方应对具有新颖性或原创性的独立创造的工业品外观设计提供保护。各成员方应保证对纺织品外观设计提供保护,不得无理损害寻求和获得该保护的机会。但 TRIPS 也允许成员对工业品外观设计的保护规定有例外,只要在顾及第三方合法利益前提下,该例外并未与受保护设计的正常利用不合理地冲突,也未不合理地损害受保护设计所有人的合法利益。

5. 专利。TRIPS 明确规定了专利权授予的普遍性和非歧视性,第 27 条规定:一切技术领域中的任何发明,无论产品发明或方法发明,只要具有新颖性、创造性,并可付诸工业应用,均可获得专利,并享有专利权,不得因发明地点不同、技术领域不同、进口或系本地制造而被歧视。与《巴黎公约》相比,TRIPS 扩大了权利的内容,如增加了专利进口权、提供销售权等,要求成员将对方法专利的保护延及依该方法直接获得的产品。

6. 集成电路布图设计(拓扑图)。对集成电路布图设计专门立法实行知识产权保护,之前是《关于集成电路知识产权条约》。

> **注意:**
> 与《巴黎公约》相比,TRIPS 加大了对驰名商标的特殊保护。TRIPS 规定:第一,《巴黎公约》第 6 条之 2 关于商品驰名商标的保护原则上可以扩大适用于服务商标,确认某一商标是否驰名,是看有关公众对其知晓程度,包括在该成员地域内因宣传而使公众知晓的程度。第二,《巴黎公约》的规定原则上也可适用于与注册商标所标示的商品或服务不相类似的商品和服务。

> **注意:**
> TRIPS 还补充规定了对葡萄酒与白酒地理标志的特殊保护。

提示

与《关于集成电路知识产权条约》相比,TRIPS 在以下方面强化了对集成电路布图设计的保护:第一,保护扩及产品。TRIPS 规定,成员方有权认为未经权利人授权的行为为非法;为商业目的或以其他方式发行、进口、销售受保护的布图设计,或含有受保护的布图设计的集成电路为非法;而且持续非法复制含有这种集成电路布图设计的产品也为非法。第二,延长保护期限。TRIPS 规定:在以注册为保护条件的成员方,布图设计的保护期限从填写注册申请表之日或从第一次在世界上任何地方将其作商业应用之时起,不少于 10 年的有效期。对不以注册为保护条件的成员方,布图设计的保护期从首次在世界上任何地方将其作商业应用之日起算,不少于 10 年。成员也可规定自布图设计创作之日起保护期限为 15 年。第三,善意获得不属违法,但只能就现有存货或订单继续实施其行为,并有责任向权利所有人支付使用费。

7. 对未泄露的信息的保护。自然人和法人应尽可能防止其所控制的信息在没有得到其同意的情况下,被他人以违反诚信商业做法的方式泄露、被获得或使用。TRIPS 规定未披露的信息要想得到保护,必须符合下列三个条件:第一,涉及的信息是秘密的,即该信息作为一个整体或其组成部分的组合和精确排列方式不为接触该信息的公众所知或不容易获得;第二,该信息因为秘密而具有商业价值;第三,信息的拥有者在当时情况下已采取了合理的措施保证其秘密性。

8. 协议许可证中对限制竞争行为的控制。TRIPS规定各成员可以立法具体说明在特定场合可能构成滥用知识产权并对有关市场的竞争产生负效应的许可合同或条件;并可以在与本协议的其他规定一致的前提下,采取适当措施防止或控制这类活动。

(二) 知识产权的实施

对于知识产权的实施,TRIPS规定了具体措施,主要包括总义务、民事与行政程序及救济、临时措施、有关边境措施的专门要求、刑事程序等。这些具体措施的出台使得各成员加大了对本协议的执行力度,也使本协议的实体规定能够切实发挥作用。

(三) 知识产权的取得和保持及相关程序

成员方可以要求协议中规定的知识产权取得或保持应符合合理的程序和手续。如果知识产权以授予或注册取得,成员方应依据取得知识产权的实质性要件,确立授予或注册的程序,以保证在一个合理的时间内获得授予或注册,以避免保护期限被不适当地剥夺。

(四) 争端的防止和解决

有关据以审理案件的法律、条例、司法判决和行政裁决均应予以公布,以保持其透明度。关于争端解决的方式,TRIPS规定,1994年《货物贸易总协定》就解释和适用总协定第22条和第23条达成的《解决争端的规则和程序的谅解协议》适用于本协议产生的争端,其方法包括协商、中止履行、交叉报复等。

(五) 过渡协议与机构安排

TRIPS规定成员方无义务在《世界贸易组织协定》生效后1年期满内适用该协议。发展中国家的成员方有权再延迟4年适用该协议。正处于由中央计划经济向市场经济转化的过程中,且正着手知识产权体系上的改革,并在实施知识产权法的过程中遇到特殊困难者,也可以再延迟4年适用。

《与贸易有关的知识产权协定》的实施由与贸易有关的知识产权委员会负责监督,此外,知识产权委员会还应承担成员方指定的其他责任,特别是在争端解决程序方面,按成员国的要求提供援助。成员方应进行相互合作,以消除国际商品贸易中侵犯知识产权的现象。

> **注意:**
> 考虑到最不发达国家的特殊需要和要求,他们可以不适用协议的期限为10年。上述延迟均不适用于协议第3条至第5条的规定。

本章知识结构图

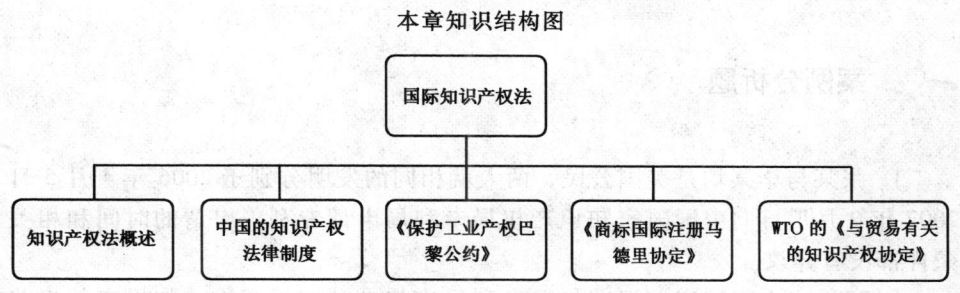

思考练习题

一、选择题

1. 下列选项中，所列内容均不属于专利法保护的智力成果的是（   ）。
A. 关于一种新化学元素的发现；一种新型高分子材料的聚合方法
B. 一种速算方法；一种演示新计算方法的教学用具
C. 一种诊断早期癌症的新方法；一种新的放射方法
D. 一种减肥药；一种新型减肥食品

2. 著作权与商标权的主要区别是（   ）。
A. 前者只是财产权，而后者同时包括财产权和人身权利
B. 前者的客体是无形物，后者的客体是有形物
C. 前者具有时间限制，而后者没有时间限制
D. 前者同时包括财产权和人身权，而后者只是财产权

3. 知识产权领域的第一个世界性的多边条约为（   ）。
A.《知识产权协议》   B.《伯尔尼公约》
C.《巴黎公约》   D.《专利合作条约》

二、判断题

1. 商业秘密只具有人身权属性，不具有财产权属性。   （   ）
2. 授予专利权的发明、实用新型好外观设计，应当具备新颖性、创造性和实用性。   （   ）
3. 与《巴黎公约》相比，《商标国际注册马德里协定》加大了对驰名商标的特殊保护。   （   ）

三、简答题

1. 专利的含义。
2.《巴黎公约》的基本原则。
3. TRIPS规定中未披露的信息要想得到保护必须符合的条件。

案例分析题

1. 张某与李某均是美国公民，两人就相同的发明分别于 2006 年 4 月 5 日和 2007 年 2 月 1 日向中国国家知识产权局专利局申请专利。申请的时间和相关的条件都没有异议。

[问题] 中国国家知识产权局专利局应将专利权授予谁？如果李某想获得该发明的专利权，必须具备什么法律依据和条件？

[分析提示] 应该授予张某。对于同一个发明只能授予一个专利权。当出现两个以上的人就同一发明分别提出专利申请的情况时，根据我国《专利法》第九条规定："专利权授予最先申请的人"，而不管谁先完成该项发明创造，这叫做专利先申请原则。

李某想获得该发明的专利权，必须拥有优先权。《专利法》第二十九条规定：申请人自发明或者实用新型在外国第一次提出专利申请之日起 12 个月内，或者自外观设计在外国第一次提出专利申请之日起 6 个月内，又在中国就相同主题提出专利申请的，依照该外国同中国签订的协议或者共同参加的国际条约，或者依照相互承认优先权的原则，可以享有优先权。申请人自发明或者实用新型在中国第一次提出专利申请之日起 12 个月内，又向国务院专利行政部门就相同主题提出专利申请的，可以享有优先权。第三十条规定：申请人要求优先权的，应当在申请的时候提出书面声明，并且在 3 个月内提交第一次提出的专利申请文件的副本；未提出书面声明或者逾期未提交专利申请文件副本的，视为未要求优先权。

专利权独立原则意指成员国国民向各成员国申请的专利权与其在其他成员国或非成员国为同一发明而取得的专利权相互独立，各不相涉。

2. 作家王某写了一部反映"文革十年"的纪实报告文学交某出版社出版，该出版社为该书配发了若干幅"文革"时期的照片作为插图。在审定该书清样稿时，王某觉得照片能使作品增色，便未提出异议。图书发行后，摄影家张某发现照片均是自己过去发表的作品，而王某和出版社在事前未征得他的同意，事后也未支付报酬，书中也没有将他署名为照片作者，故起诉王某和出版社侵犯了其著作权。出版社承认侵权事实，愿承担相应责任。但是王某称自己只是该书文字部分的作者，照片为出版社配发，与自己无关，故否认其侵权责任。

[问题] 王某的理由是否成立？为什么？

[分析提示] 王某的理由不能成立，其行为构成了侵权。其理由如下：

（1）张某的照片作为摄影作品受到著作权法的保护。

（2）王某在自己出版的作品中使用了张某的摄影作品而未征得张某的同意，未向他支付报酬，也未给他署名，故侵犯其著作权。

（3）王某见出版社配发的照片有利于自己的作品，却未审查照片来源，放任侵权事实的发生，故其主观上有过错，应承担侵权责任。

第九章

国际票据法

【知识目标】

- 知晓票据法的概念、票据的概念和特征、票据的种类及其相互区别
- 掌握票据行为、票据权利、票据结算规则、汇票的基本法律制度和具体运用规则,本票和支票的概念与基本制度

【技能目标】

- 熟悉票据行为规则
- 熟练掌握票据结算的程序

> **案例导读**
>
> 2006年5月10日,德国A公司与中国天津B纺织厂签订了买卖纺织品的合同,总价款为50万元美元。结算方式为跟单信用证。同年9月10日,德国A公司收到货物,但因该批货物存在质量问题,致使德国A公司遭受严重损失。为此,德国A公司起诉B纺织厂,要求退还货款,赔偿损失,并同时申请银行暂停支付汇票金额。德国A公司应如何追回货款?银行应否暂停支付汇票金额?
>
> 运用国际票据法的有关知识,回答和解决以上问题。
>
> 资料来源:张成武,《国际商法》,上海财经大学出版社2007年版。

第一节 票据法概述

票据在国际贸易中普遍使用，因此，票据法成为国际商法的重要内容。**票据法是调整票据的发生、转让及其行使的关系的法律规范的总和**。世界各国的票据法，无论是编制体例上还是内容上均存在着较大差别，有法国法系、德国法系、英国法系之分，这对票据在国际上的流通使用与国际贸易的发展极为不利。一战以后，在国际联盟支持下，于20世纪30年代初在日内瓦通过了六项关于统一汇票、本票和支票的《日内瓦公约》。现在大多数欧洲国家及日本和拉美某些国家已采用这些公约，而英美国家则一直拒不接受或部分接受。目前，在西方国家主要存在着《日内瓦公约》的统一票据法和英美法系的票据法的区别。

一、票据的概念和特征

（一）票据的概念

关于票据的概念，有广义和狭义之分。广义的票据是指以证明或设定权利为目的而制成的各种书面凭证，如提单、发票、股票、债券、汇票、本票、支票。**狭义的票据专指票据法上规定的，由出票人签发的，约定自己或委托他人于到期日或见票时无条件支付一定金额给收款人或持票人的一种有价证券**。票据法所称的票据是狭义上的票据，包括汇票（Bills of Exchange）、本票（Promissory Notes）和支票（Cheques）。

（二）票据的特征

根据票据的定义，票据具有如下特征：

1. 票据是设权证券。票据权利的发生必须首先做成票据。票据的签发不是为了证明已经存在的权利，而是为了创设一种权利。票据权利因票据的做成而产生，做成票据就创设了票据权利。因此，票据是一种设权证券。

2. 票据是要式证券。票据必须具备法定形式才能发生效力。票据法对票据上应记载的事项有明确的规定，如果欠缺必须记载事项，票据即归无效。

3. 票据是债权证券。就证券上的权利所表示的法律性质的不同，证券分为物权证券、债权证券和社员证券三种。物权证券是证明物权的，如提单、仓单等；社员证券是证明社员权利的，如股票；债权证券是证明债权的，票据权利人（收款人或持票人）对票据义务人（出票人、付款人、保证人、承兑人等）行使付款请求权和追索权。

4. 票据是文义证券。票据的一切权利和义务必须严格依照票据上记载的文义而定，不得以票据以外的任何事由变更其效力。

5. 票据是金钱证券。票据是以支付一定金额货币为目的的有价证券，凡以金钱以外的东西为给付标的，都不是票据法上所称的票据。

6. 票据是流通证券。票据具有流通性，票据在到期前可以通过背书和交付而转让，并可以在市场上自由流通。

7. 票据是无因证券。票据的持票人行使票据权利时，不必证明其取得票据的原因，仅依票据上记载的文义就可以请求给付一定金额的货币。

8. 票据是占有证券。票据权利人行使票据权利必须实际占有票据，如果票据失窃、毁损、灭失或出质，则无法向票据债务人主张权利。因此，票据权利主张须以占有票据为前提。

9. 票据是提示证券。票据权利人请求付款或行使追索权时，须向义务人提示票据，证明其占有票据的事实，否则将被拒付。

10. 票据是返还证券。票据权利人受领了票据金额后，必须将票据交还给债务人，使票据关系消灭。

二、票据法的概念和特征

（一）票据法的概念

票据法的概念有广义和狭义之分。广义的票据法也称实质意义上的票据法，是指各种法律中有关票据规定的总和。除了票据法本身外，还包括民法、民事诉讼法、破产法、刑法等一些法律规范中关于票据的规定。狭义的票据法也称形式意义上的票据法，仅指单一的票据法本身，即专指规定有关调整票据关系及票据行为有密切关系的非票据关系的法律规范的总称。

> **注意：**
> 本章所讲的票据法是指狭义上的票据法。

（二）票据法的特征

票据法与其他部门法律相比，具有以下特征：

1. 强行性。票据法的强行性表现在三个方面：其一，票据的种类是法定的，当事人不得创设；其二，票据的形式是法定的，不得任意签发；其三，票据行为也必须遵循要式规定，当事人不得任意作出。

2. 技术性。票据是为了方便商品交易和信用而创设的，票据法作为规范票据关系和票据行为的法律规范，表现为一种纯技术性规范。与其他部门法律相比，这种纯技术的法律规范比较缺少是非善恶的价值或伦理判断。

3. 国际统一性。各国票据立法的不同，对票据的国际交流带来了极大的不便。随着国际贸易的发展和经济全球化，各国的经济或商业立法越来越趋向国际一体化。作为国际支付和信用工具的票据法表现出了较强的国际统一性的特征。

> **提示：**
> 世界上大多数国家的票据法都以有关票据的《日内瓦公约》为蓝本。

三、票据关系的当事人

票据法调整的对象是票据关系的当事人。常见的票据关系的当事人主要有出票人、付款人、收款人、持票人、承兑人、背书人、保证人、参加人（包括参加承兑人和参加付款人）。其中，出票人、持票人（收款人）、付款人是票据基本关系人，三者之间的关系是票据的基本关系。这些人可以是自然人、法人，也可以是非法人组织，还可以是国家。

（一）出票人（Drawer）

出票人是签发票据的当事人。票据关系因出票人的出票而产生。汇票的出票人是进行委托支付或者发出支付命令的人；本票的出票人是承担或者承诺付款的人；支票的出票人是向银行发出支付命令的人。

（二）持票人（Bearer）、背书人（Endorser）和被背书人（Endorsee）

持票人是持有票据并享受票据权利的当事人。票据可以背书转让，转让人为背书人，受让人为被背书人。票据上载明的收款人为第一持票人或者原始持票人，背书人或者转让人为前手持票人，受让人为后手持票人或被背书人。票据可以多次背书转让，因此同一票据先后可能有多个持票人。

（三）付款人（Drawee）

付款人是指票据上载明的承担付款责任的当事人。远期汇票的付款人在对汇票进行承兑后，即为承兑人；本票的付款人为本票的出票人；支票的付款人为出票人指定的银行。

（四）保证人（Guarantor）

保证人是为出票人、背书人等特定债务人向付款人以外的第三人担保支付全部或部分票据金额的当事人。

四、票据行为

（一）票据行为的概念和特征

1. 票据行为的概念。票据行为有广义和狭义之分。广义的票据行为是指以产生、变更和消灭票据上权利义务关系为目的的法律行为，包括出票、背书、改写、涂销、付款、保证、承兑、参加承兑、保付、参加付款等。狭义的票据行为是指发生票据上债务的法律行为，这种法律行为包括出票、背书、保证、承兑、参加承兑、保付六种，其中，出票、背书、付款是三种票据共有的行为，承兑、参加承兑是汇票所独有的行为，保付是支票所独有的行为。

2. 票据行为的特征。票据行为作为法律行为的一种，与一般法律行为相比，具有以下特征：

（1）要式性。要式性亦称定型性，是指票据行为是一种严格的书面行为，应依据《票据法》规定的形式在票据上记载法定的事项，否则将影响票据行为的效力。如在票据上作书面记载、在票据上签章、交付票据为完成票据等。

（2）无因性。无因性亦称抽象性，是指票据行为成立后，其基础关系即使有缺陷而无效，也不影响票据行为的效力。票据权利的发生与转移，依票据行为而定，与其基础关系无任何关联。

（3）文义性。文义性是指票据行为的内容是依票据上所记载的文义而定，即使该项记载与行为的真实或实际情形不符，也不许当事人以票据之外的证明方法予以变更和补充，票据行为的解释也应依票据上的文义进行。

（4）独立性。独立性是指同一票据上的各种票据行为各自独立发生效力，相互之间互不影响。因此，在统一票据上，某一票据行为无效或有瑕疵，不影响其他行为的效力。

（5）连带性。连带性是指在同一票据上的各种票据行为人均对持票人承担连带责任。由于票据行为具有无因性和独立性，这就使得持票人的权利实现受到一定程度的影响。故此，各国票据法都规定了连带责任，以确保持票人票据权利的实现。

（二）票据行为的种类

票据行为主要有七种，即出票（Issue）、背书（Endorsement）、承兑（Acceptance）、参加承兑（Acceptance by intervention）、保证（Guarantee）、保付（Guarantees pays）、付款（Payment）。其中，出票为主票据行为，其他的皆为从票据行为。

1. 出票。出票又称发票，是指出票人签发票据并将其交给收款人的票据行为。出票是制作票据的原始行为，是以创设票据权利为目的，制作票据并交付给票面指定收款人的行为。出票的法律后果是产生票据法律关系，形成票据权利。

2. 背书。背书是指在票据背面或粘单上记载有关事项并签章的票据行为。背书是收款人或持票人以在票据背后签章的方式转让票据权利或委托他人行使票据权利、进行质押的行为。背书人在转让票据权利后，与其他票据债务人承担连带票据责任。

3. 承兑。承兑是指汇票付款人承诺在汇票到期日支付汇票金额的票据行为。承兑是汇票独有的票据行为，本票和支票均无承兑这一票据行为。

4. 参加承兑。参加承兑是付款人以外的其他人承诺负担票据债务的行为。参加承兑与承兑都是承诺负担债务的行为，但是承兑只能由付款人作出，参加承兑则由付款人以外的第三人作出。参加承兑也是汇票所独有的票据行为。

5. 保证。保证是票据债务人以外的其他人表示在被保证的票据债务人不履行其票据义务时，由其代负履行责任的行为。票据保证人在清偿汇票债务后，可以行使持票人对被保证人及其前手的追索权。保证行为仅适用于汇票和本票。

6. 保付。保付是指银行对出票人签发的支票所做的保证付款的行为。保付是支票独有的一种附属票据行为，类似于汇票的承兑。所不同的是保付的目的是为了增强票据的信用，而不是为了确定付款人的付款责任。

7. 付款。票据的付款人向票据的持票人支付票据金额，消灭票据关系的法律行为。

（三）票据行为的要件

票据行为作为一种法律行为，必须具备一般法律行为应具备的要件，即票据行为的实质要件。同时，票据行为作为要式的法律行为，还必须具备《票据法》所规定的特别要件，即票据行为的形式要件。

1. 实质要件。票据行为的实质要件包括行为人的能力和行为人的意思表示两个方面。

（1）票据行为能力。票据行为能力是指票据行为人的票据权利能力和票据行为能力。关于票据行为能力，各国票据法对此均未作专门规定，而适用民法上的规定，我国也如此。

（2）票据意思表示。意思表示是民事法律行为成立的要件之一。票据行为成立同样以意思表示为要件，并要求行为人的意思表示必须真实、合法。对于因欺诈、胁迫、同谋等情况所作的虚伪的、非法的意思表示，票据法不予保护。

2. 形式要件。票据行为除具备实质要件外，还必须具备形式要件，才能产生票据效力。票据的形式要件主要包括：

（1）书面形式。各种票据行为都不得以口头为之，而必须是行为人或其代理人将行为人的意思表示记载在一定的票据用纸上。《票据法》规定：汇票、本票、支票的书面格式应当统一。票据凭证的格式和印制管理办法由中国人民银行规定。

（2）记载事项。票据记载事项是票据意思的文字化。票据为文义证券，故需以文字表明票据行为人的票据意思。记载事项是《票据法》规定的票据行为的重要形式要件，对票据效力的影响至关重要，票据行为人必须严格按法定记载事项完成票据行为。根据记载事项的效力不同，可分为应记载事项、得记载事项、不产生票据效力的记载事项和不得记载事项四种。

（3）签章。票据是一种要式证券，签章是票据行为生效的必要条件，也是行为人承担票据责任的必要表示方法。

（4）交付。交付是指票据行为人将票据交付给相对持有人。票据行为成立和生效，除了应在票据上合法记载外，还必须将票据交付对方。因为票据是占有证券和提示证券，所以，无论出票还是背书、承兑、保证等，均需交付到相对人手中，才算完成票据行为，相对人才能据以行使票据权利。

（四）票据行为的代理

1. 票据代理行为的概念和要件。票据行为作为一种民事法律行为，也可以由他人代理。票据行为的代理是指代理人基于法律的规定或者被代理人（本人）的授权，在票据上明示本人的名义，证明为本人代理的意思并签名的一种法律行为。其有效成立的要件有：

（1）明示本人的名义，既代理人必须在票据上表明被代理人的姓名或名称，这是由票据的文义性决定的。

（2）证明为本人代理的意思，即代理人代本人为票据行为时，必须在票据上表示代理的意思。票据法不承认隐名代理。

（3）代理人签名或盖章，即代理人在票据上记载自己的姓名或名称并盖章。

（4）须经本人授权。这是票据代理行为有效成立的基础。

2. 无权代理和越权代理。

（1）无权代理。无权代理是指代理人没有代理权而以代理人的名义在票据上签章的行为。我国《票据法》第五条第二款规定："没有代理权而以代理人名义在票据上签章的，应当由签章人承担票据责任。"

（2）越权代理。越权代理是指票据代理人超越代理权限而进行的票据行为。《票据法》第五条第二款规定："代理人超越代理权限的，应当就其超越权限的部分承担票据责任。"

五、票据权利

（一）票据权利的概念和特征

1. 票据权利的概念。《票据法》中所规定的权利主要包括两大类：票据权利和票据法上的权利。票据权利是票据上的权利，票据法上的权利也称"票据法上的非票据权利"。票据权利即票据上的权利，是指持票人向票据债务人请求支付票据金额的权利，包括付款请求权和追索权。

2. 票据权利的特征。票据权利具有以下三个方面的特征：

（1）证券性。由于票据行为具有要式性、无因性和独立性，因此产生的票据权利是比一般民事债权效力更强的一种权利，即证券性权利。票据权利与票据合而为一，只有取得票据，才能取得票据权利；也只有依据票据，才能取得票据权利。

（2）单一性。由于票据权利与票据本身不可分割，不可能有两个以上的所有人同时占有同一张票据。因此，就同一票据来说，也就不可能同时存在两个以上的票据权利。所以说票据权利是一种单一性的权利。

（3）二次性。票据权利虽属金钱债权，但又区别于金钱债权。金钱债权一般仅为一次性债权，而票据债权则为二次性债权，权利人可能对两个以上的不同债务人行使请求权，即付款请求权和追索权。

（二）票据权利的取得和消灭

1. 票据权利以占有票据为前提，凡合法取得的票据，其持有人就取得了票据权利。票据的取得通常有以下几种情况：

（1）从出票人处取得。出票是创设票据权利的票据行为，从出票人处取得票据，即取得票据权利。

（2）从持票人处受让取得。票据通过背书和交付等方式可以转让他人，只要背书连续、交付有效，受让人即可取得票据，从而取得票据权利。

（3）依照法定方式，如税收、继承、赠与、企业合并等方式取得票据。

2. 票据权利的消灭是指由于一定事实的出现，从而使票据上的付款请求权和追索权失去法律效力。在一般情况下，票据权利因履行、免除、抵消等事由的发生而消灭。但我国《票据法》着重规定了持票人的票据权利因在一定期限内不行使而消灭的四种情形：

（1）持票人对票据的出票人和承兑人的权利，自票据到期日起2年；见票即付的汇票、本票，自出票日起2年。

（2）持票人对支票出票人的权利，自出票日起6个月。

（3）持票人对前手的追索权，自被拒绝承兑或拒绝付款之日起6个月。

（4）持票人对其前手的再追索权，自清偿日或被提起诉讼之日起3个月。

（三）票据权利的补救

票据为提示证券，如果不现实占有票据，不仅无法行使票据权利，而且有被他人取得票据权利的危险。所以，当票据丧失时，应当采取补救措施以维护票据权利人的合法利益。

注意： 我国《票据法》第十五条规定了挂失止付、公示催告、普通诉讼三种形式。

1. 挂失止付是失票人将丧失票据的情况通知付款人或代理付款人,并由接受通知的付款人暂停支付的临时性救济措施。我国《票据法》第十五条第一款对此作了规定。已承兑的商业汇票、支票、填明"现金"字样并填明代理付款银行的银行汇票、填明"现金"字样的银行本票可以挂失止付。但挂失止付是失票人在丧失票据后可以采取的一种暂时的预防措施,以防止票据被冒领或骗取。因此,失票人既可以在票据丧失后先采取挂失止付,再申请公示催告或提起诉讼;也可以直接申请公示催告,并由法院受理后发出止付通知;或直接向法院提起诉讼。

2. 公示催告是失票人在丧失票据后申请票据无效而使票据权利与票据相分离的一种制度。对此,我国《票据法》第十五条第三款作了规定,我国《民事诉讼法》第十八章专章规定了公示催告程序。

3. 普通诉讼是失票人向法院提起民事诉讼,要求法院判定向其支付票据金额的措施。我国《票据法》第十五条第三款规定:"失票人应当在通知挂失止付后3日内,也可以在票据丧失后……向人民法院提起诉讼。"

六、票据抗辩

(一)票据抗辩的概念

票据抗辩是指票据债务人依据《票据法》的规定对票据债权人拒绝履行义务的行为。基于《票据法》的规定,票据债务人对票据债权人的请求提出一定的合法事由予以对抗,并依此而拒绝履行票据义务。这里的合法事由称为抗辩事由;票据债务人享有对债权人拒绝履行义务的权利,这种权利称为抗辩权。

(二)票据抗辩的种类

票据抗辩可以分为物的抗辩和人的抗辩两类。

1. 物的抗辩又称绝对抗辩或客观抗辩,是基于票据本身所存在的事由而发生的抗辩。依行使抗辩权的主体的不同,物的抗辩可分为以下两种:

(1)一切债务人可以对一切债权人行使的抗辩,包括票据无效的抗辩、依票据记载不能提出请求的抗辩、票据权利已经消灭的抗辩、票据失效的抗辩。

(2)只有特定债务人可以提出、但可以对抗一切债权人的抗辩,包括对无权代理所作的抗辩、保全手续欠缺的抗辩、否定票据行为有效成立的抗辩、依票据记载而提出的抗辩。

2. 人的抗辩又称相对抗辩或主观抗辩,是基于票据当事人之间的特定关系而产生的抗辩。依行使抗辩权的主体不同,人的抗辩可分为以下两种:

(1)一切债务人可以对特定的债权人行使的抗辩,包括债权人欠缺实质上的受领票据金额的资格的抗辩、债权人欠缺形式上的受领票据金额的资格的抗辩。

(2)特定债务人可以向特定债权人行使的抗辩,包括基于基础关系原因而提出的抗辩、基于票据关系原因而提出的抗辩。

(三)票据抗辩的限制和例外

《票据法》并不鼓励抗辩,而是限制抗辩。因为票据是信用工具,如果放任债务人随意抗辩,则会影响票据的安全性、破坏票据的流通性,因此各国票据法对票据的抗辩均加以限制。票据抗辩的限制是指票据债务人与出票人或持票人前手之间的抗辩事由，不能用于对抗持票人的票据权利。

票据抗辩限制仅存在于对人的抗辩中，有以下两种情况：

1. 票据债务人对出票人的抗辩事由不能对抗持票人。因为付款人与出票人之间是民事关系，适用民法的有关规定，而持票人与付款人之间是票据关系，应适用票据法的规定来履行票据义务。

2. 票据债务人不得以对持票人前手的抗辩事由对抗持票人。

 提示

票据抗辩限制也有例外，我国《票据法》规定：因税收、继承、赠与等方式无对价取得票据的持票人所享有的票据权利不得优于其前手的权利；明知前手有以欺诈、盗窃或胁迫等手段取得票据的情形，出于恶意取得票据，不得享有票据权利；票据债务人不得以自己与出票人或者与持票人的前手之间的抗辩事由对抗持票人，但持票人明知存在抗辩事由而取得票据的除外。

七、票据国际法

（一）票据法的两大法系

一般认为，近代票据法起源于欧洲。1673 年法国《陆上商事条例》关于票据的法律规定是票据法的开端。但是发展到今天，世界票据法体系可分为英美法系的票据法和大陆法系的票据法。英美法系国家的票据法是以《英国票据法》为蓝本的。大陆法系国家的票据法是以《日内瓦统一法》为依据的。

英国于 1882 年颁布施行票据法，美国及大部分英联邦成员国，如加拿大、印度等都以此为参照制定本国的票据法。美国在 1952 年制定《统一商法法典》，其中第三章商业证券就是关于票据的法律规定，也就是美国的票据法，它在英美法系国家的票据法中也具一定的代表性和影响力。美国和其他英联邦国家的票据法虽在具体法律条文上与英国票据法有所不同，但总体说来，英美法系国家的票据法基本上是统一的，这种统一是建立在《英国票据法》基础上的。

1930 年法国、德国等欧洲大陆为主的二十多个国家在日内瓦召开国际票据法统一会议，签订了《日内瓦统一汇票、本票法公约》；1931 年又签订了《日内瓦统一支票法公约》。两个公约合称为《日内瓦统一法》。《日内瓦统一法》是有关票据方面的国际私法的重要渊源，参加签字的大陆法系的国家在制定或修改本国的票据法时都要依循这一国际公约。另有一些非大陆法系国家的票据法也参照《日内瓦统一法》制定本国的票据法（如我国的票据法）。在实际内容上，大陆法系国家的票据法基本趋于统一。

（二）《英国票据法》与《日内瓦统一法》的比较

比较《英国票据法》与《日内瓦统一法》，主要在票据的必要项目方面和票据的要式性上。

1. 在票据的必要项目方面。

（1）《日内瓦统一法》强调票据上要有票据名称的字样，即标明是汇票或本票或支票（我国《票据法》也有此规定）。《英国票据法》无此要求。

（2）在票据金额方面，两法都规定如大小写不一致，以大写金额为准（我国《票据法》规定，此种票据无效）。《日内瓦统一法》还规定，如果有两个大写不一致，以数额小的大写为准。

（3）关于票据的收款人抬头，《英国票据法》规定三种票据均可作记名抬头和来人抬头（我国《票据法》规定均不可作来人抬头）。

（4）关于出票日期，《日内瓦统一法》将此作为必要项目（我国《票据法》有相同规定）。《英国票据法》认为无出票日期，票据仍然成立。

在其他记载方面，两法也有一些不同规定。如《英国票据法》认为，出票人和背书人可用"免于追索"的文句来免除在票据被拒绝付款时受追索的责任。而《日内瓦统一法》认为出票人只能免除担保承兑的责任，而不能免除担保付款的责任（我国《票据法》认为此种责任不可免）。

2. 在票据的要式性上，票据的要式性除票据的格式、内容要符合要式，票据行为也是要式的。票据法对各种票据行为都有详细严格的规定。这样可以使票据纠纷减少到最低限度，从而保证票据的顺利流通。

（1）《英国票据法》规定，限制背书的被背书人无权转让票据权利。《日内瓦统一法》认为不得转让背书的票据仍可由被背书人转让，转让人只对直接后手负责，对其他后手概无责任（我国《票据法》同《英国票据法》）。

（2）票据权利的善意取得，应该包括取得票据时无恶意或重大过失。《英国票据法》对是否知道前手权利缺陷是以"实际知悉"为原则的。《英国票据法》认为，只有出于善意并付对价的正当持票人不受对抗。《日内瓦统一法》不强调是否付过对价（我国《票据法》同《英国票据法》）。

（3）票据应在时效内提示。《日内瓦统一法》规定，即期票据必须从出票日起 1 年内作付款提示；见票后定期汇票必须在出票日起 1 年内作承兑提示；远期票据必须在到期日及以后的两个营业日中作付款提示。《英国票据法》规定，即期汇票必须在合理时间内作付款提示；见票后定期汇票必须在合理时间内作承兑提示；远期汇票必须在到期日当天作付款提示（我国《票据法》规定，即期汇票自出票日起 1 个月内作付款提示；远期汇票自到期日起 10 日内作付款提示）。如果持票人未在规定时效内提示票据，那么他就丧失对前手的追索权。然而承兑人对持票人仍有付款责任。其责任时效《日内瓦统一法》规定为到期日起 3 年，《英国票据法》规定为承兑日起 6 年（我国《票据法》规定为到期日起 2 年）。

（4）作出承兑的时效，《英国票据法》规定付款人须在习惯时间内（24 小时）作出承兑。《日内瓦统一法》规定 2 天内作出承兑（我国《票据法》规定 3 日内作出承兑）。

（5）《日内瓦统一法》规定付款人付款时不需要认定背书真伪。《英国票据法》规定付款必须认定背书真伪（我国《票据法》同《英国票据法》）。

（6）持票人遭到拒付时，根据《英国票据法》，只有国际汇票才必须由公证人做出拒绝证书。《日内瓦统一法》允许在汇票人或付款人破产时，以法院判决代替拒绝证书（我国《票据法》有相似规定）。

（7）《英国票据法》没有"保证"规定，《日内瓦统一法》允许"保证"票据（我国《票据法》同《日内瓦统一法》）。

> **相关链接**
>
> 世界各国票据法的编制大致有三种形式：一是制定票据单行法规，如英国、德国以及我国的台湾地区；二是把票据规定编入商法典，作为其组成部分，如法国、日本等；三是将票据规定编入民法典或债法中，如瑞士。
>
> 票据法的体例主要有两种：一是分离主义，即将汇票、本票规定在一起，支票单独立法。大陆法系多采此体例。二是包括主义，即将汇票、本票、支票规定在一部法律中。英美法系国家多采此体例。
>
> 我国目前采取包括主义，并将票据单独立法，于1995年通过了《票据法》。

第二节 汇 票

一、汇票的概念及分类

（一）汇票的概念

汇票是由出票人签发的，委托付款人在见票时或在指定日期无条件支付确定的金额给收款人或持票人的票据。与本票、支票相比，具有以下特征：

1. 汇票是信用证券。汇票涉及出票人、付款人、收款人三方当事人，而且汇票权利人可以是收款人、收款人的指定人、背书后的持票人，汇票关系中包含了票据关系中的最一般内容。

2. 汇票是委付证券。汇票是出票人委托付款人无条件支付票款的命令，所以，汇票的付款人通常为交易关系的第三人。而本票是一种自付证券。

3. 汇票是即期票据，但更主要的是远期票据。汇票除有见票即付的情况外，还有定日付款、出票后定期付款、出票后定期付款和见票后定期付款等情况，所以，承兑是汇票独有的法律行为，是区别于本票和支票的重要特征。

（二）汇票的分类

汇票以不同的标准分类，可以划分为以下几种：

1. 记名汇票、指示汇票和无记名汇票。记名汇票是指出票人在票据上载明收款人姓名或名称的汇票，又称"抬头汇票"。指示汇票是指出票人除在汇票上载明收款人姓名或名称外，还记载"或其他指定人"的汇票。无记名汇票是指在汇票上不记载收款人的姓名或名称，或仅记载"付与来人"字样的汇票。该种汇票依交付而转让。这是依汇票上对收款人的记载方式来划分的。

2. 银行汇票和商业汇票。银行汇票是指汇款人将款项交存当地银行，由银行签发给汇款人持往异地办理转账结算或支取现金的票据。银行汇票是一种变式汇票，即已付汇票，出票人和付款人均为银行。商业汇票是指出票人签发的，委托付款人在指定日期无条件支付确定的金额给收款人或者持票人的票据。商业汇票的出票人和付款人为银行以外的公民、法人或非法人组织。这是依出票人的身份划分的。

3. 即期汇票和远期汇票。即期汇票是指见票即付的汇票，以持票人提示汇票之日作为汇票到期日。远期汇票是指必须到约定的日期才能请求付款的汇票。远期汇票又分为定日付款、出票后定期付款、见票后定期付款三种。这是依汇票到期日划分的。

4. 光单汇票和跟单汇票。光单汇票即光票，是指在付款时不需要附带任何其他单据即发生付款效力的汇票。光票多在异地交易中使用，持票人提示付款时，只须提交汇票本身即可。跟单汇票是指须随附一些单据才能发生付款效力的汇票。跟单汇票到期付款时不仅需要提示汇票本身，还须提示汇票所附的各种单据，如发票、提单、税票、保险单等，才能获得付款。这是依汇票的付款要求划分的。

二、出票

（一）出票的概念

出票，又称发票，是指出票人签发票据并将其交付给收款人的票据行为。汇票的出票是基本的票据行为，是创设票据权利的行为。它包括两个具体的行为程序：一是制作汇票的行为；二是将汇票交付收款人的行为。

（二）汇票的记载事项

依各国法律，汇票必须记载下列事项：（1）表明"汇票"的字样，这是《日内瓦统一法》的规定，而英美法系不作此要求；（2）必须是无条件的支付命令；（3）必须载明付款人姓名；（4）必须载明受款人，这是《日内瓦统一法》的规定，而英美法认为无论各式汇票以持票人为受款人是有效的；（5）汇票的出票日期及地点，英美法系国家不认为这是必要事项；（6）汇票的到期日与付款地点。《日内瓦统一法》虽有此规定，但允许有例外；英美法系则并不将之作为法定条件；（7）出票人的签名。

（三）出票的效力

出票的效力，是指汇票出票后就是票据完成，票据进入流通领域，票据关系人依完成的票据所载文义而享有票据权利、承担义务。出票的效力对出票人而言，是承担保证该汇票承兑和付款的责任；对票载付款人而言，赋予了承兑和付款的义务；对票载收款人而言，享有票据上的权利，即付款请求权和追索权。

三、背书

（一）背书的概念

背书是指持票人在票据背面或者粘单上记载有关事项并签章的票据行为。背书的方式有记名背书与不记名背书或空白背书，这是以是否在背书时填写背书人而划分的,现在各国都承认两种背书皆有效。按照《日内瓦统一法》和许多国家票据法的规定,汇票的执票人应以背书的连续性来证明权利的成立。背书的连续是指第一次作背书的人应当是该汇票的受款人,其后各次背书的背书人均应为前一次背书的被背书人,依次连续直至最后的持票人。背书主要包括转让背书和非转让背书。转让背书是以转让为目的的背书,非转让背书是持票人以转让票据权利以外的其他目的而为的背书,如委任背书、设质背书等。

(二)背书的格式

背书的格式包括三方面的内容:(1)应记载事项,包括背书人签章、被背书人名称和背书日期。(2)得记载事项,包括不得转让的背书和背书人的住所。(3)不得记载事项,包括背书不得附条件,一部背书和分割背书无效。

(三)背书的效力

背书的效力是指汇票背书后的法律后果,包括转让背书的效力和非转让背书的效力两种。

1. 转让背书的效力有三方面:一是权利转移的效力,即票据权利由背书人转移给被背书人;二是担保责任的效力,即背书人以负担票据债务的意思为背书,对其后手有担保承兑及付款的责任;三是权利证明的效力,即持票人应以背书的连续性来证明其取得的票据权利。

2. 非转让背书的效力包括两方面:一是委任取款背书的效力,即对被背书人的代理权授予的效力;二是设质背书的效力,即被背书人取得票据权利的质权,具有权利证明的效力。

四、汇票的提示

(一)汇票提示的概念

汇票的提示是指持票人向付款人出示汇票,请求其承兑或付款的行为,这是持票人为行使和保全其票据权利必须做的行为。

(二)汇票提示的规定

无论是承兑提示还是付款提示,都必须在法定期限内进行。

 提示

这个期限《日内瓦统一法》规定:见票后定期付款的汇票,应在出票日起 1 年内为承兑提示;见票即付的汇票,应于出票日起 1 年内为付款提示,出票人或背书人有特别约定者除外。英美法系则只是要求在"合理时间"内提示。

五、承兑

(一)承兑的概念

承兑是指汇票付款人承诺在汇票到期日支付汇票金额的票据行为。承兑是汇票所特有的一种制度,承兑的方式通常由付款人在汇票正面横写"承兑"字样并签名注明承兑日期。《日内瓦统一法》规定,承兑除需承兑人签名外,必须于汇票上记载"承兑"或其他相似字样,对某些汇票,还必须载明承兑日期;英美法系则认为承兑只需有承兑人的签名即可,不必加注"承兑"字样。

承兑具有以下特征:(1)承兑是汇票独有的一种附属票据行为;(2)承兑只能是付款人的票据行为;(3)承兑只能在汇票正面为之。

(二) 承兑的程序

四种到期日的汇票中,除见票即付的汇票无须承兑外,其他三种均需承兑。汇票承兑程序一般包括以下三个步骤:

1. 提示承兑是指持票人向付款人出示汇票,并要求付款人承诺付款的行为。提示承兑是行使和保全票据权利的行为,不但表现为持票人对票据权利的主张,还能中断票据失效,保全追索权。提示承兑必须依法定提示期限进行,定日付款或出票后定期付款的汇票,持票人应当在汇票到期日之前向付款人提示承兑;见票后定期付款的汇票,持票人应当自出票日起1个月内向付款人提示承兑。

2. 承兑或拒绝承兑。付款人对向其提示承兑的汇票,应当自收到提示承兑的汇票之日起3日内承兑或拒绝承兑。付款人决定承兑的,应在汇票上记载承兑应记载的事项并签章,见票后定期付款的汇票还要记载付款日期。如果付款人拒绝承兑,则必须出具拒绝证明,它是持票人保全汇票权利追索权的法定形式。

3. 交还汇票。承兑人完成承兑记载后,应将已承兑的汇票交还持票人,持票人应向承兑人交还回单。汇票只有交还给持票人,承兑才告最终完成。

(三) 承兑的效力

汇票承兑后,该汇票上的付款请求权得到确认和保全,该汇票也才表现出完整的票据效力。承兑的效力主要体现在以下几个方面:

1. 对付款人的效力。付款人承兑汇票后,便成为汇票的主债务人,承担到期付款的义务。承兑人的付款责任是绝对责任,承兑人不得以汇票金额未经出票人给付等理由而对抗持票人的请求。

2. 对持票人的效力。汇票一经付款人承兑,持票人的付款请求权转变为现实而确定的权利,于到期日届满时,持票人可以向承兑人请求付款。汇票的承兑具有确认和保全持票人付款请求权的效力。

3. 对出票人和背书人的效力。汇票经付款人承兑后,出票人和汇票上的所有背书人都免受期前追索。拒绝承兑是持票人行使期前追索的法定原因之一。

六、保证

(一) 保证的概念

保证是指票据以外的他人对票据债务的履行提供担保的一种附属票据行为。《日内瓦统一法》对票据保证作了较详细的规定,而英美法系仅略为提及,无具体规定。

汇票保证作为一种票据行为,是一种附属票据行为、是一种要式法律行为、是单方法律行为,是为担保特定票据债务的履行而为的票据行为,是票据债务人外的人所为的票据行为。

> **注意:**
> 汇票保证是一种要式行为并具有独立性,且汇票保证人不得享有先诉抗辩权。

（二）保证的规则

汇票保证是为出票人、承兑人、背书人提供保证的。如果保证人为出票人、承兑人保证的，应将保证事项记载在票据正面；保证人为背书人保证的，应将保证事项记载在票据的背面或粘单上。

汇票保证应记载下列事项：(1) 表明"保证"的字样；(2) 保证人的名称和住所；(3) 被保证人的名称；(4) 保证日期；(5) 保证人签章。

保证人在汇票或粘单上未记载被证人名称的，已承兑的汇票，以承兑人为被保证人；未承兑的汇票，以出票人为被保证人。保证人未记载保证日期的，以出票日期为保证日期。保证不得附条件，附条件的，不影响保证人的保证责任。

（三）保证的效力

保证的效力是指保证人依法承担的保证责任，包括：

1. 独立责任。只要被保证人债务在形式上有效成立，保证行为就有效，保证人就负保证责任。

2. 连带责任是指与票据债务人负连带责任，即保证人所负的责任以被保证人所负的责任为准。

3. 共同责任是指共同保证责任。共同保证的各保证人对共同保证的票据债务负连带责任。持票人可以向共同保证人中的一人、数人、全体，同时或先后请求履行保证的债务。共同保证人中的一人或数人在清偿全部债务后，可向其他保证人行使追索权。

七、付款（Payment）

（一）付款的概念

汇票的付款是指汇票的付款人（承兑人）向持票人支付汇票金额，消灭票据关系的法律行为。汇票的付款是狭义的付款行为，是以消灭票据关系为目的和法律后果的行为。《日内瓦统一法》规定，付款人需证明汇票背书的连续性，没有义务证明签名的真实性，因此付款人经核对背书的连续性认为合格而付款之后，便合法解除了其对汇票的责任；而英美法系则认为在上述情况下，善意付款人不能解除其对汇票真正所有人的义务。

（二）付款的程序

付款的程序一般分为以下三步：

1. 付款提示又称提示付款，是指持票人在法定的日期内向付款人出示票据，行使付款请求权以保全票据权利的行为。提示付款的期限有两种：见票即付的汇票自出票日起1个月内；定日付款、出票后定期付款、见票后定期付款的汇票应自票据到期日起10日内。

2. 审查。付款人应对向其提示付款的汇票进行审查。审查的内容包括背书是否连续、持票人的合法身份证明、审查记载事项。

3. 付款或拒绝付款。付款人对汇票进行审查后，如果无误，应于持票人提示付款的当日足额付款。持票人获得付款时，应当在汇票上签收，并将汇票交还给付款人；如果发现汇票的记载事项有欠缺的话，可以拒绝付款。

（三）付款的效力

付款是一种消灭票据债权债务关系的行为。付款人依法足额付款后，全体债务人的责任，包括付款责任和担保责任都被解除。这就是付款的效力。

八、追索权

（一）追索权的概念

追索权又称偿还请求权，是指汇票持票人在法定提示期内不获承兑、不获付款或其他法定原因发生时，向其前手请求偿还票据金额及其损失的权利。这种权利是法律上为补充付款请求权而设定的二次请求权。

（二）追索权的行使

1. 行使追索权的条件。追索权是一种附条件的票据权利，只有符合法定条件，持票人才能行使追索权。《票据法》规定的条件有：汇票在到期日前被拒绝承兑、汇票到期被拒绝付款、承兑人或付款人于汇票到期日前死亡或逃逸、承兑人或付款人被依法宣告破产、承兑人或付款人因违法被责令终止业务活动。同时，要求持票人按规定的期限提示承兑和提示付款，按规定取得拒绝证明、退票理由书和其他合法证明。

2. 追索权的行使包括以下程序：

（1）通知拒绝事由，又称追索通知或偿还请求的通知。这是行使追索权的第一步，持票人应按法定期限及时将拒绝事由通知其前手，前手也应依法通知其再前手，依次通知。

（2）债务人自动偿还是指被追索人收到通知后，可以主动向持票人清偿。被追索人自动偿还后获得持票人的追索权，可行使再追索权。

（3）确定追索对象。追索通知发出后，无债务人自动偿还，追索权人就可以确定具体的追索对象。持票人可以向出票人、背书人、承兑人、保证人中的一人、数人或全体行使追索权。

（4）受领追索金额及履行交还义务。持票人在受领追索金额时，应依法交出汇票和所有有关证明，并出具收到利息和费用的收据，追索程序终结。

第三节　本　票

一、本票的概念和特征

（一）本票的概念

本票是由出票人签发的，承诺自己在见票时无条件支付确定的金额给收款人或持票人的票据。 国际上通用的本票有个人本票、商业本票和银行本票。我国《票据法》所称的本票仅指银行本票。所以，我国本票的出票人是由中国人民银行审定的银行，且必须具有支付本票金额的可靠资金来源并保证支付。

（二）本票的特征

同汇票、支票相比，本票有以下特征：

1. 本票的出票人是确定的。我国的本票仅限于银行本票，所以本票的出票人只能是银行。

2. 本票的基本当事人只有两个。本票的出票人，也是付款人，又是追索权的最终被追索人，所以本票的基本当事人只有两个，即出票人和收款人。

3. 本票是出票人的一种承诺。本票是出票人见票时无条件支付确定的金额给收款人或持票人的一种承诺。

4. 本票无承兑制度。根据我国《票据法》的规定，本票仅为即期本票，持票人自出票日起即可向出票银行请求付款，出票银行自出票日起负绝对付款责任。

5. 本票是自负证券。本票是出票人自己支付本票金额，即所为"自负证券"。这是本票的最基本特征。

二、本票的记载事项

本票的记载事项包括：

（一）绝对记载事项

我国《票据法》第七十六条规定是本票绝对必须记载事项，缺少任何一项都会导致本票失效，内容包括：（1）标明"本票"的字样；（2）无条件支付的承诺；（3）确定的金额；（4）收款人的名称；（5）出票日期；（6）出票人签章。

（二）相对记载事项

我国《票据法》第七十七条规定了相对记载事项。相对记载事项是出票人应该记载的，未记载时法律可以推定而使本票成立，内容包括：（1）出票地。出票人出票时应记载出票地，未记载的，以出票人的营业场所为出票地。（2）付款地。出票人出票时应记载付款地，未记载的，以出票人的营业场所为付款地。

三、本票的付款

我国《票据法》规定的本票为"见票即付"的即期本票。这里的"见票"是"出示票据，请求付款"之意。所以，本票需提示付款。提示有两个方面的效力：一方面使出票人于提示日足额付款；另一方面在出票人拒绝付款的情况下，保全对其他前手的追索权，持票人如果不按期提示，则丧失对除出票人以外的前手的追索权。

相关链接

本票的付款，要注意以下两个问题：

1. 提示付款。这是收款人或持票人向出票人行使票据权利的主要方式。《票据法》规定，本票的出票人在持票人提示见票时，必须承担付款的责任。

2. 付款期限。我国《票据法》规定，本票的付款期限最长不得超过两个月。因此，持票人必须在出票日的第二天至第三个月的出票日的对日内向出票人提示付款。

四、本票与汇票的比较

本票与汇票有许多共同之处,汇票法中有关出票、背书、付款、拒绝证书以及追索权等规定,基本上都可适用于本票。

提示

本票与汇票的区别主要有两点:

1. 汇票有三个当事人,即出票人、付款人与受款人;而本票只有两个当事人,即出票人(同时也是付款人)与受款人。

2. 汇票必须经过承兑之后,才能使承兑人(付款人)处于主债务人的地位,而出票人则居于从债务人的地位;本票的出票人始终居于主债务人的地位,自负到期偿付的义务,不必办理承兑手续。

第四节 支 票

一、支票的概念和特征

(一) 支票的概念

支票是指由出票人签发的,委托办理支票存款业务的银行或其他金融机构见票时无条件支付确定的金额给收款人或持票人的票据。

根据《支付结算办法》的规定,我国的支票有三类:(1)现金支票,是指票据正面印有"现金"字样、只能用来支取现金的支票;(2)转账支票,是指票面正面印有"转账"字样、只能用来转账的支票;(3)普通支票,是指票据上印有"现金"或"转账"字样的、既可以用来支取现金、也可用来转账的支票。

(二) 支票的特征

支票是票据的一种,与汇票、本票相比,具有以下特征:

1. 支票的付款人是特定的。支票的付款人是银行和其他金融机构,其他任何单位和个人都不能担当支票的付款人。

2. 支票的出票人与付款人之间需有特定关系,即两者之间需有资金关系,而且先有支付委托合同。

3. 支票是即期票据。支票的付款时间只有见票即付一种形式,而且支票的法定付款期限很短,我国《票据法》规定只有10天。因此,支票没有承兑制度,只有提示付款。

4. 支票是委付证券。支票是出票人委托特定的关系人(付款的银行或金融机构）付款的一种承诺。

二、支票的出票

（一）出票人的资格条件

为了保证收款人的利益，支票制度对出票人的资格条件有如下规定：

1. 开立支票的存款账户。我国《票据法》规定，票据的出票人必须使用其本名，提交证明其身份的合法证件，在银行或其他金融机构开立支票存款账户。

2. 存入足够付款的款项。支票是即期票据，付款人见票付款。如果出票人的存款余额比支票记载的金额少，就构成空头支票，付款的金融机构就会拒付。《票据法》规定，开立支票存款账户，应当有可靠的资信，并存入足够的资金。

3. 预留签名和印鉴。《票据法》规定，申请开立支票存款账户，应在银行预留其本名的签名式样和印鉴。

（二）支票的记载事项

支票的记载事项包括绝对记载事项和相对记载事项。

1. 绝对必须记载事项。《票据法》规定必须记载的事项，缺少任何一项，支票无效，内容包括：（1）标明"支票"的字样；（2）无条件支付的委托；（3）确定的金额；（4）付款人名称；（5）出票日期；（6）持票人签章。

2. 相对记载事项是出票人应记载的，未记载时法律可以推定补救，其内容包括：（1）收款人的名称。未记载的，经出票人授权，可以补记。（2）出票地。未记载出票地的，以出票人的营业场所、住所或经常居住地为出票地。（3）付款地。未记载付款地的，以付款人的营业场所为付款地。

三、支票的付款

由于支票是即期票据、见票即付、无须承兑、支票的付款通常需要：

1. 提示付款。由于支票是支付证券，故提示期限较短。《票据法》规定，支票的持票人应当自支票出票日起10日内提示付款；异地使用的支票，提示付款的期限由中国人民银行另行规定。超过提示付款期限的，付款人可以拒绝付款。

2. 审查提示付款的支票。付款人要对提示付款的支票进行审查，以确定是否付款。审查的内容包括：支票是否具备了法定要件、支票背书是否连续、支票出票人的印章与出票人在银行预留的印鉴是否一致。

3. 收回支票。付款人审查支票后，认为确定无误，决定付款。付款时，应要求付款提示人在票据上签章，并收回该支票。

4. 支付金额或转账。付款人收回支票后，应按支票上记载的货币和金额付款，或将支票的金额划入持票人的开户银行，转入其存款账户上。

本章知识结构图

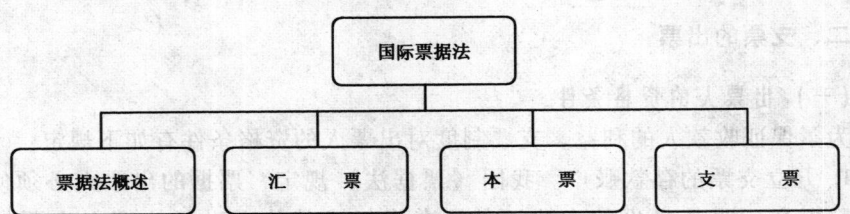

 思考练习题

一、选择题

1. 在下列当事人中，只存在于汇票中的当事人是（　　）。
A. 付款人　　　　　　　　　　B. 背书人
C. 承兑人　　　　　　　　　　D. 出票人
2. 本票的出票人资格由（　　）负责审定。
A. 国务院　　　　　　　　　　B. 财政部
C. 中国人民银行　　　　　　　D. 银监会
3. 票据追索权的行使期限，适用（　　）。
A. 出票地法律　　　　　　　　B. 付款地法律
C. 行为地法律　　　　　　　　D. 住所地法律

二、判断题

1. 世界上大多数国家的票据法都以有关票据的《日内瓦统一法》为蓝本。
（　　）
2. 挂失止付是票据丧失后票据权利补救的必经程序，必须在挂失止付后再申请公示催告或提起诉讼。（　　）
3. 票据法中规定的支票是由出票人约定自己付款的一种自付证券，在出票人之外不存在独立的付款人。（　　）

三、简答题

1. 《英国票据法》与《日内瓦统一法》在票据的必要项目方面的比较。
2. 简述票据行为的要件。
3. 票据权利丧失后如何补救？

案例分析题

1. 2004年3月19日，大禹公司从飞达公司购进一批价款100万元的设备，大禹公司开出了一张付款期限为 3 个月的银行承兑汇票,承兑人为光大银行。飞达公司收到汇票后,将其背书转让给宏大公司,宏大公司又将其背书转让给鹏远公司。6 月 19 日该汇票到期后,持票人鹏远公司向光大银行提示付款,光大银行以出票人大禹公司账户资金不足为由拒绝付款。

[问题] 光大银行的主张成立吗?为什么?如果光大银行按期足额付款,其损失应如何处理?

[分析提示] 光大银行的主张不成立。根据《票据法》的规定,承兑人不得以汇票金额未经出票人给付等理由而对抗持票人的请求。因为汇票一经承兑,承兑人就成为汇票的主债务人,承兑人于汇票到期日必须向持票人无条件地足额付款,否则应承担延迟付款的法律责任。光大银行付款后,没有足额得到出票人大禹公司的资金,可依票据基础资金关系向大禹公司请求民事赔偿。

2. 某公司财务科被盗,会计人员在清点财物时发现,除现金、财务印章外,还有如下票据被盗:两张现金支票、两张转账支票、一张未填明"现金"字样的银行本票、一张已填明"现金"字样的银行本票、一张填明"现金"字样和代理付款人名称的银行汇票。

[问题] 公司票据被盗后,哪些票据可以挂失止付?票据挂失止付后,还可以采取哪些补救措施?

[分析提示] 除 1 张未填明"现金"字样的银行本票外,都可以挂失止付。公司对票据挂失止付后,可以采取的措施有:公示催告和普通诉讼。

第十章
国际商事救济法律制度

【知识目标】

- 知晓仲裁的概念和分类、仲裁协议和机构
- 掌握国际商事仲裁的概念和特征；仲裁的程序；国际商事诉讼的概念和特征；国际商事诉讼的管辖权、期间和送达；WTO 争端解决机构和程序

【技能目标】

- 熟悉仲裁的程序、国际商事诉讼的概念和特征；国际商事诉讼的管辖权；期间和送达、WTO 争端解决机构和程序
- 熟练掌握纠纷的解决途径和方法

案例导读

杰伊在安提瓜创建了一家"世界体育交易公司"，向美国境内提供网络赌博服务，其注册用户上万，交易资金数量巨大。境外网络赌博渗入美国市场一方面抢走了美国传统赌博业相当一部分客源和收入，另一方面也增加了防止和打击洗钱犯罪和有组织犯罪的难度。2000 年，美国一家法院经过审理，以违反 1961 年《有线通讯法》为由判处杰伊 21 个月的监禁。2003 年，美国众议院通过一项《禁止非法网络赌博交易法》，规定对网络赌博活动加以限制，特别是限制美国网民使用信用卡和通过银行账户向国外赌博网站支付赌金。致使安提瓜一度繁荣的网络赌博服务产业日渐衰落。其赌博公司的数量和就业人数都大幅度减少，政府收入也相应锐减。2003 年 3 月 13 日，安提瓜向 WTO 争端解决机制下就美国实施的影响赌博服务的跨境提供的措施起诉美国（案号为 WT/DS285）。安提瓜的

起诉目标直指美国1961年的《有线通讯法》等联邦立法及部分州立法，要求专家组裁定美国禁止跨境提供赌博服务以及限制有关赌博服务的国际货币转让和支付等措施，与美国根据GATS所作的具体承诺不一致，同时也违反了GATS的有关规定。专家组经过审理，认定美国违反了GATS相关规定，建议DSB要求美国修改其措施，以符合它在GATS项下的义务。安提瓜是运用什么措施解决与美国的争端的？美国因何输给了一个与自己实力相差悬殊的小国？美国能否上诉？解决这些问题，需要学习、理解、掌握国际商事救济法律制度的相关知识。

资料来源：聪慧网（info.biz.hc360.com）

第一节　国际商事救济概述

随着世界经济一体化进程的加快，国际商事交易迅速发展，国际商事争议不断增多。世界各国对于国际商事争议，除由争议双方进行协商解决外，还采用调解、仲裁、诉讼以及WTO等方式来处理。就解决的方法而言，概括起来，主要有两种——司法方法和非司法方法。

一、司法方法

所谓"司法方法"，即通过诉讼的方法解决国际商事争议。由于世界上并不存在而且在近期内也不可能存在专门解决这类争议的、凌驾于各主权国家之上的法院，我们这里所说的司法诉讼，是在一国法院提起的涉及不同国家当事人之间的国际经济贸易争议，各国法院根据本国的民事诉讼法对此类争议行使管辖权。一国法院作出的判决，如果需要到另一国家执行，还要得到另一国法院的司法协助。

二、非司法方法

即通过法院以外的方式解决争议的方法，如通过双方当事人友好协商或谈判，或者由双方同意的第三人进行调解或仲裁。这种方法又称选择性解决争议的方法（Alternative´Dispute Resolution，ADR）。这种解决争议的方法的前提，是当事人之间达成的通过ADR解决争议的协议。

广义的ADR包括协商、调解和仲裁，狭义ADR仅包括协商和调解。这里使用的是狭义的概念。

（一）协商

协商是由争议双方当事人自行解决争议的最常见的方法。其特点是没有第三人的介入，而由当事人双方友好协商，自行解决争议。实践证明，只要双方当事人能够在解决争议的问题上密切合作，并怀着解决问题的诚意，本着互谅互让的原则，通过协商谈判，通常都可以有效地解决争议。

（二）调解

调解一般是在双方当事人发生争议后，由第三人（调解人）就争议进行协调，促进双方达成和解协议的争议解决方式。调解一般由第三人主持进行，也可以在法院或仲裁机构的主持下进行。调解的双方当事人以自愿为基础，如果一方当事人不愿意接受调解，则不能进行调解。

 提示

在西方国家，无论是诉讼还是仲裁，一旦程序开始，当事人即无法决定争议的解决方式，一切由法官和仲裁机构决定，程序中不存在类似中国采取的调解程序。但 ADR 方式的运用，使当事人可以自主决定如何解决争议，当事人有了更多的自主性，减少了争议解决的时间和费用，更有利于提高商业效益。

第二节　国际商事仲裁

一、仲裁与国际商事仲裁

（一）仲裁的概念和分类

1. 仲裁的概念。仲裁（Arbitration），也称公断，是争议的当事人根据事前或事后达成的仲裁协议，自愿将争议提交仲裁机构，由其按一定程序进行审理并作出裁决，且该裁决对争议双方当事人具有约束力的一种争议解决方式。

2. 仲裁的分类。依不同标准，仲裁可分为以下几种：

（1）临时仲裁与机构仲裁。临时仲裁，是指无固定仲裁机构介入，而由当事人各方通过仲裁协议，将其之间的争议交给临时组成的仲裁庭，并由其进行的仲裁。其特点在于仲裁庭是依据当事人的仲裁协议而设立，就当事人特定的案件进行审理，因而在程序上较为灵活、仲裁费用较低。

机构仲裁又称制度仲裁，是指依照当事人双方的协议将争议交由一定的常设仲裁机构并依该机构所制定的现存仲裁规则进行仲裁。

 提示

机构仲裁具有两大优势：一是它依据仲裁机构既定的仲裁规则进行仲裁，程序较为严格；二是它有现存的固定管理机构和合格可信的仲裁人员。机构仲裁已成为当前世界范围内的主要仲裁方式。

（2）国内仲裁与国际仲裁。国内仲裁，是指仲裁所解决的纠纷在法律关系的三要素上均无涉外因素。国际仲裁，是指一国仲裁机构对在法律关系上具有涉外因素的争议所进行的仲裁。一般表现为争议主体分属于不同国家，或者争议的内容涉及不同国家，或者客体涉及外国，又称为涉外仲裁。

（二）国际商事仲裁

对于何谓国际商事仲裁，法国《民事诉讼法典》第1492条作了原则性的界定："如果包含国际商事利益，仲裁就是国际性的。"这里"国际商事利益"的含义，显然是极为广泛的。对一国而言，凡是仲裁协议的一方或双方为外国人、无国籍人或其他外国企业或实体，或者仲裁协议订立时双方当事人的住所或营业地位于不同的国家；或者即便仲裁协议双方当事人的住所或营业地位于相同的国家，但如果仲裁地点位于该国境外，或者仲裁协议中所涉及的商事关系的设立、变更或终止的法律事实发生在国外；或者争议标的位于该国境外者，均可视为国际商事仲裁。因此，国际商事仲裁，是指在国际贸易中的当事人根据其自愿达成的仲裁协议，将商事纠纷提交仲裁机构进行裁决的制度。一般而言，国际商事仲裁具有下列几个特征：

1. 争议解决的自愿性。当事人之间约定的通过仲裁方式解决他们之间已经发生的或将来可能发生的争议的仲裁协议，是通过仲裁解决争议的基本前提。如无此项协议，就不可能有仲裁的发生。这一特点与ADR是相同的。

2. 争议解决的灵活性。当事人可就由谁来仲裁、仲裁适用的规则和法律、仲裁地点、仲裁所使用的语言及仲裁费用的承担等作出约定。除非当事双方另有约定，仲裁一般均采用不公开审理的方法，这样，当事人的商业信誉和商业秘密就有可能得到较好的保护。

3. 争议解决结果的法律效力性。仲裁裁决具有与法院判决相同的法律效力。而且，与法院判决相比，仲裁裁决如须在外国执行时，则具有更大的优势。因为世界上一百多个国家均是1958年在纽约签订的《承认与执行外国仲裁裁决公约》的缔约国。据此公约，缔约国有义务承认与执行在另一国境内作出的仲裁裁决，除非裁决中有公约规定的拒绝承认与执行的情况。而一国法院作出的判决在另一国执行时，由于各国在政治、经济、文化和意识形态等方面的差异，本国法院往往对外国法院的判决采取不信任的态度，而目前又缺乏相互承认与执行法院判决的普遍性的国际公约，所以在执行上，本国法院在对该外国法院判决的审查上，往往附有非常苛刻的条件。

二、仲裁协议

1. 仲裁协议的概念。仲裁协议，是指各方当事人自愿将他们之间已经发生或可能发生的争议提交仲裁的一种协议。

联合国国际贸易法委员会制定的《国际商事仲裁示范法》中将仲裁协议表述为：当事人各方同意将他们之间确定的不论是契约性或非契约性法律关系上已经发生或可能发生的一切或某些争议提交仲裁的协议。所谓"契约性法律关系"，指由于合同关系而产生的争议，例如，由于国际商事合同、国际货物运输

提示：
所谓"非契约性法律关系"，是指由于合同之外的关系而产生的争议，如海上船舶碰撞、国际产品责任、环境污染、侵犯知识产权等引起的争议。

注意：
仲裁协议应包括合同中的仲裁条款，以及一份双方当事人签订的或包含在相互交换函电中的仲裁协议。

合同、国际工程承包合同、国际许可合同、国际合资经营合同等引起的争议。

2. 仲裁协议的内容。在一般情况下，仲裁协议的内容由双方当事人共同商定，但不得违反有关国家的法律规定。世界各国的仲裁法律对于一项有效的仲裁协议应包括的内容，有的有明文规定，有的则没有。总的来说，仲裁协议应当包括：仲裁事项、仲裁地点、仲裁机构、仲裁程序、仲裁效力等内容。

仲裁协议首先要明确提交仲裁解决的争议事项。仲裁事项是指当事人提交仲裁解决的争议内容。当事人约定的提交仲裁的争议事项必须具有可仲裁性，否则法院就会判定该仲裁协议无效，依此仲裁协议作出的仲裁裁决也无法律效力。

 提示

我国《仲裁法》第二条规定："平等主体的公民、法人和其他组织之间发生的合同纠纷和其他财产权益纠纷，可以仲裁。"第三条规定："下列纠纷不能仲裁：（1）婚姻、收养、监护、扶养、继承纠纷；（2）依法应当由行政机关处理的行政争议。"并规定：当事人约定的仲裁事项超出法律规定的仲裁范围的仲裁协议无效。1958年《纽约公约》第1条第3款规定：仲裁协议事项属商事争执问题而不适用非商事争执。第5条第2款规定：当事人之间争议的事项，如果依照仲裁裁决执行地国家的法律不可以用仲裁方式解决，执行仲裁裁决国家的法院可以拒绝承认和执行裁决。但必须指出，各国的仲裁法发展是不平衡的，其规定不具有可仲裁性的范围也不尽相同。

仲裁协议选定仲裁地点。仲裁地点与仲裁所适用的程序法及按哪一国的冲突规则来确定合同的实体法都有密切关系。

我国法律规定，当事人在订立涉外经济合同时，对于仲裁地点，可以依次选择：（1）在中国仲裁；（2）在被申请人所在国仲裁；（3）在第三国或地区的仲裁机构仲裁。仲裁协议中不仅应规定仲裁地点，还应规定具体的仲裁机构及仲裁裁决的效力。

注意：
一般来说，在哪一国仲裁，就适用哪一国的仲裁法来决定仲裁程序方面的问题。

三、仲裁机构

仲裁机构，根据性质不同，分为临时仲裁机构和常设仲裁机构。

1. 临时仲裁机构。是指商事争议双方当事人临时指定的仲裁机构，又称专设仲裁庭或特设仲裁庭。临时仲裁庭的特点是，待特定案件处理完毕后，临时仲裁庭即告解散。它没有固定的组织、规则和人员，因此，凡与仲裁有关的事项，包括仲裁庭的组成人员、仲裁地点、仲裁适用的规则等，都由双方当事人自己选择或制订，也可委托仲裁人选择或制订。由于这种机构临时设定，缺乏仲裁所必需的设施和程序规则，因此，越来越少的当事人选择这种仲裁。

2. 常设仲裁机构。是指在某社会团体或社会组织之下设立的，具有固定的组织形式和仲裁地点，有自己的仲裁规则的仲裁机构，一般都有仲裁员名单可供选择。常设仲裁机构是国际商事争议解决的主要场所。

目前世界主要商事仲裁机构有：

（1）国际商会国际仲裁院（ICC 国际仲裁院：International Chamber of Commerce International Court of Arbitration）1923 年成立，在国际商事仲裁领域，该国际仲裁院是最具影响的仲裁机构；（2）解决国际投资争端中心（hitlatlongl Center for the Settlement of Investment Disputes，简称 IC SID）；（3）WIPO 仲裁和调解中心，主要受理涉及知识产权争议的仲裁案件，同时也受理其他民商事案件；（4）美国仲裁协会（American Arbitration Association，简称 AAA）；（5）伦敦国际仲裁院（London Court of International Arbitration，简称 LCIA）LCIA 是世界上最古老的仲裁机构，成立于 1892 年。原名为伦敦仲裁厅；（6）斯德哥尔摩商会仲裁院（Arbitration Institute of Stockholm Chamber of Commerce，简称 SCC），该仲裁机构设立于 1949 年，以解决涉及远东或中国的争议而著称；（7）中国国际经济贸易仲裁委员会（CIETAC）。

四、仲裁的程序

仲裁程序是根据仲裁法的规定进行仲裁活动的操作规程。不同的仲裁机构都有自己的仲裁规则。原则上，当事人可以就争议所适用的仲裁规则进行选择。但许多仲裁机构规定，凡当事人同意将争议提交该仲裁机构仲裁的，均视为同意按照其仲裁规则进行仲裁。下面主要介绍《中华人民共和国仲裁法》规定的仲裁程序。

（一）仲裁申请和受理

1. 申请。提出仲裁申请是开始仲裁程序的最初的法律步骤。当事人申请仲裁应当符合下列条件：（1）有仲裁协议；（2）有具体的仲裁请求和事实、理由；（3）属于仲裁委员会的受理范围。

申请人提出仲裁申请时应提交仲裁申请书，并附具申请人请求所依据事实的证明文件，按照仲裁委员会制定的仲裁费用表的规定预缴仲裁费。

2. 受理。仲裁委员会收到仲裁申请书之日起 5 日内认为符合受理条件的，应当受理，并通知当事人；认为不符合受理条件的，应当书面通知当事人不予受理，并说明理由。

申请人可以放弃或变更仲裁请求，被申请人可以承认或反驳诉讼请求，并有权提出反请求。一方当事人因另一方当事人的行为或其他原因，可能使裁决不能执行或难以执行的，可以向仲裁委员会申请财产保全。仲裁委员会应当将当事人的财产保全申请提交人民法院，由人民法院裁定并实施。

（二）仲裁庭的组成

1. 仲裁庭的组成。仲裁庭是由当事人选定，或者当事人授权其他机构并依照法律或仲裁规则的规定所指定仲裁员组成的，对仲裁事项进行审理，并作出裁决的组织。

根据仲裁委员会的仲裁规则，仲裁庭分为独任仲裁庭和合议仲裁庭两种，即由一名仲裁员或者三名仲裁员组成仲裁庭。

双方当事人可以在仲裁委员会仲裁员名册中共同选定或者共同委托仲裁委员会主任指定一名仲裁员作为独任仲裁员，成立仲裁庭审理案件。如果双方当事人约定由一名独任仲裁员审理案件，但在被申请人收到仲裁通知之日起 15 天内未能就独任仲裁员的人选达成一致意见，则由仲裁委员会主任指定。

申请人和被申请人应各自在收到仲裁通知之日起 15 天内在仲裁委员会仲裁员名册中各自指定一名仲裁员，或委托仲裁委员会主任指定。第三名仲裁员由双方当事人共同选定或者共同委托仲裁委员会主任指定，第三名仲裁员担任首席仲裁员。如果双方当事人在被申请人收到仲裁通知之日起 15 天内未能共同选定或委托委员会主任指定第三名仲裁员，则由仲裁委员会主任指定。

2. 仲裁员的回避。是指仲裁员在具有可能影响对案件公正裁决的情形时依照法律的规定，自行申请退出仲裁，或者经当事人的申请根据仲裁委员会主任的决定退出仲裁。根据我国《仲裁法》规定，仲裁员有下列情形之一的，必须回避，当事人也有权提出回避申请：(1) 是本案当事人或者当事人、代理人的近亲属；(2) 与本案有利害关系；(3) 与本案当事人、代理人有其他关系，可能影响公正仲裁的；(4) 私自会见当事人、代理人，或者接受当事人、代理人请客送礼的。

当事人提出回避申请，应当说明理由，并在首次开庭前提出。回避事由在首次开庭后知道的，可以在最后一次开庭前提出。仲裁员是否回避，由仲裁委员会主任决定；仲裁委员会主任担任仲裁员的，由仲裁委员会集体决定。

（三）审理

仲裁审理案件一般应当开庭审理，但是如果各方当事人要求或者征得各方当事人同意而且仲裁庭认为不必开庭审理的，或者根据仲裁规则应适用简易程序的，仲裁庭可以只依据书面文件进行审理并作出仲裁裁决。

> **提示：** 仲裁一般不公开进行，但是当事人协议公开的，可以公开进行，涉及国家秘密的除外。

仲裁员开庭审理案件时，当事人应当到庭。申请人、被申请人经书面通知，无正当理由不到庭或未经仲裁庭许可中途退庭的，对申请人，可以视为撤回申请，对被申请人，可以缺席裁决。开庭时，当事人应当对自己提出的主张提供证据，也有权进行辩论。仲裁庭开庭后，可以先行调解。当事人自愿调解的，仲裁庭应当调解。仲裁庭征得双方当事人同意后，也可对案件进行调解。达成和解协议的，可以请求仲裁庭根据和解协议制作裁决书，申请人也可以撤回仲裁申请。

（四）裁决

调解成功，双方当事人应签订和解协议，除非当事人另有约定，仲裁庭则应当根据和解协议作出裁决书。当事人在仲裁委员会之外通过调解达成和解协议的，申请人也可以撤回仲裁申请，也可以请求仲裁庭作出裁决书。对于调解不成的，仲裁庭应当及时作出裁决。

裁决应当按多数仲裁员的意见作出，对少数仲裁员的不同意见应当记入笔录。当仲裁庭无法形成多数意见时，裁决应当按照首席仲裁员的意见作出。裁决书自作出之日起发生法律效力。

（五）裁决的撤销

如果当事人能够提出证据证明裁决有下列情形之一，可以在收到裁决书之日起 6 个月内向仲裁委员会所在地的中级人民法院申请撤销裁决：(1) 没有仲裁协议的;(2)裁决的事项不属于仲裁协议的范围或者仲裁委员会无权仲裁的;(3)仲裁的组成或者仲裁的程序违反法定程序的;(4)裁决所根据的证据是伪造的;(5)对方当事人隐瞒了足以影响公正裁决的证据的;(6)仲裁员在仲裁该案时有索贿受贿、徇私舞弊、枉法裁决的行为的。

五、仲裁裁决的承认与执行

国际商事仲裁裁决的承认与执行,是指法院或其他法定的权力机关承认国际商事仲裁裁决的约束力并予以强制执行的制度。

仲裁裁决作出后,如果当事人拒绝履行裁决,对方当事人可以请求相关法院强制执行。各国在承认和执行仲裁裁决时,一般都区分内国仲裁裁决和外国仲裁裁决,并采取不同的态度和条件,各国对外国仲裁裁决的承认和执行要求更为严格。

1. 仲裁裁决境内执行。仲裁裁决在本国境内执行的程序比较简单,首先由当事人向有管辖权的法院提出申请,法院收到申请后即对仲裁协议和裁决作出审查,审查合格后,即发布执行该裁决的命令,予以强制执行。

2. 仲裁裁决在境外执行。裁决在本国境外执行包括两种含义:一方面是本国所作的裁决要求得到外国的承认与执行,另一方面是外国所作的裁决要求得到本国的承认与执行。

为了统一各国承认和执行国际商事仲裁裁决的制度,国际上先后缔结了三个有关承认和执行外国仲裁裁决的国际条约。即1923年的《日内瓦仲裁条款议定书》、1927年的《关于执行外国仲裁裁决的日内瓦公约》和1958年的《承认和执行外国仲裁裁决的公约》(以下简称《纽约公约》)。目前,《纽约公约》已取代了前两项公约,成为有关承认和执行外国仲裁裁决的最全面、最有影响的国际公约。《纽约公约》规定,各缔约国相互承认仲裁裁决具有约束力,并且依照执行地的程序规则予以执行。

第三节 国际商事诉讼

一、国际商事诉讼的概念和特征

国际商事诉讼是指由一国法院主持的,当事人和其他诉讼参与人参加的,为解决国际商事案件所进行的全部活动。国际商事诉讼是解决国际经济贸易争议的重要手段,也是解决国际商事争端的主要方式。国际商事诉讼具有如下特征:

1. 案件的涉外性。国际商事诉讼涉及的案件都具有涉外因素,诉讼当事人一方或者双方是外国人,或者诉讼的标的物位于国外或为外国人所有。

2. 审判机构的一国性。由于国际商事诉讼具有涉外性,而世界上没有专门审理涉外商事诉讼案件的国际法院,因此国际商事诉讼只能在某一国家的法院进行，诉讼程序通常依据该国法院所在地的规定进行。

3. 适用法律的广泛性。审判适用的实体法，既可能是国内法，也可能是外国法或国际条约、国际贸易惯例。

4. 诉讼程序的协助性。国际商事诉讼的完成，一般需要国际间的司法协助，如调查取证、判决执行等往往需要其他国家的协助才能完成。

二、国际商事诉讼的管辖权

国际商事司法管辖权是一国法院受理国际商事案件的权限和范围，或不同国家对国际商事案件的司法管辖权或裁判权。

对于国际商事司法管辖权问题，各国法律规定了不同的原则。我国法院在处理国际商事案件时，依据《中华人民共和国民事诉讼法》（以下简称《民事诉讼法》）对管辖权的一般规定和涉外民事诉讼管辖权的特别规定。

一般规定即普通民事案件的管辖规定，包括地域管辖、级别管辖、专属管辖、移送管辖和指定管辖等。涉外民事诉讼管辖权的特别规定包括：

1. 原告选择的管辖。《民事诉讼法》第二百四十一条规定："因合同纠纷或者其他财产权益纠纷，对在中华人民共和国领土内没有住所的被告提起的诉讼，如该合同在中华人民共和国领域内签订或履行，或诉讼标的物在中华人民共和国领域内，或者被告在中华人民共和国领域内有可供扣押的财产，或者被告在中华人民共和国领域内设有代表机构，可以由合同签订地、合同履行地、诉讼标的物所在地、可供扣押财产所在地、侵权行为地或者代表机构住所地人民法院管辖。"

2. 协议管辖。《民事诉讼法》第二百四十二条规定："涉外合同或者涉外财产权益纠纷的当事人，可以用书面协议选择与争议有实际联系的地点的法院管辖。选择中华人民共和国人民法院管辖的，不得违反关于级别管辖和专属管辖的规定。"

3. 专属管辖。

专属管辖的案件一般包括：

（1）有关不动产的诉讼，由物之所在地法院管辖；

（2）有关知识产权的诉讼，由登记地法院管辖；

（3）有关自然人身份的诉讼，由当事人国籍国法院管辖；

（4）境内发生的重大侵权行为的诉讼，由行为地法院管辖；

（5）有关法人设立、解散、破产的诉讼，由法人国籍国法院管辖。

三、送达、期间、时效

（一）送达

送达是指人民法院依照法定程序和方式，将诉讼文书送交当事人或者其他诉讼参与人的诉讼行为。我国《民事诉讼法》第二百四十五条规定，人民法院对在我国领域内没有住所的当事人送达诉讼文书，可采用下列方式：

1. 依照受送达人所在国与我国缔结或者共同参加的国际条约中规定的方式

注意：
一般情况下，国际商事案件由哪一国家法院管辖，就应遵循该国管辖权的法律规定。

注意：
《民事诉讼法》第二百四十四条规定："因在中华人民共和国履行中外合资经营企业合同、中外合作经营企业合同、中外合作勘探开发自然资源合同发生纠纷提起的诉讼，由中华人民共和国法院管辖。"

送达。

2. 通过外交途径送达。
3. 住在外国的中国籍的受送达人，可委托我国驻外使、领馆代为送达。
4. 向有权代收的诉讼代理人送达。
5. 向受送达人在我国领域内设立的代表机构或者有权接受送达的分支机构、业务代办人送达。
6. 受送达人所在国的法律允许的，可邮寄送达。自邮寄之日起满 6 个月，送达回证没有退回，但根据各种情况足以认定已经送达的，期限届满之日视为送达。
7. 上述送达方式均不能使用时，采用公告送达，自公告之日起满 6 个月，视为送达。

（二）期间

诉讼上的期间是指法院、当事人和其他诉讼参与人完成某种诉讼行为的期限和日期。我国《民事诉讼法》第二百四十六条规定，在我国领域内没有住所的被告，应当在收到人民法院送达的起诉状副本后 30 日内提出答辩状。第二百四十七条规定，当事人不服一审判决和裁定的，有权在判决书、裁定书送达之日起 30 日内提出上诉状。当事人不能在上述法定期限内提起上诉而要求延期的，是否准许，由人民法院决定。

（三）时效

我国涉外诉讼时效大多是按照涉外经济活动的具体情况和国际惯例规定的。具体归纳为以下四个方面：

1. 海上货物索赔诉讼、国内航空运输索赔的诉讼时效为 1 年。
2. 共同海损争议的诉讼费、救助报酬请求的诉讼、船舶碰撞索赔诉讼、国际航空运输和航空事故索赔的诉讼时效一般为 2 年。
3. 关于油污染损害索赔的诉讼时效为 3 年。
4. 国际货物买卖合同争议的诉讼时效为 4 年。

诉讼时效期限是从当事人知道或应当知道其权限被侵害之日起计算。

四、国际商事诉讼程序

1. 一审程序。根据我国《民事诉讼法》规定，涉外诉讼程序的一审程序包括起诉与受理、调查与调解、开庭审理、评议和审判等几个阶段。
2. 二审程序。二审程序指涉外诉讼当事人不服一审人民法院作出的未生效判决和裁定，向上一级人民法院提起上诉，上一级法院对案件进行审理所适用的程序。通过二审程序可以维持第一审的裁决，或纠正其错误，维护当事人合法权益，实现上级法院对下级法院审判工作的指导和监督。
3. 执行程序。执行是人民法院的执行组织，因已发生法律效力的判决书、裁定书和调解书所确定的义务当事人拒不履行的，依法定程序行使民事执行权，强制实施法律文书内容的诉讼活动。执行对于实现人民法院的裁判，维护法院威信和裁判严肃性，保护当事人的合法权益，具有重要意义。

第四节　WTO 国际贸易争端解决办法

世界贸易组织"乌拉圭回合"《关于争端解决规则与程序的谅解》是对 40 多年来在 GATT 框架内形成的争端解决安排的全面修改和更新。该谅解规定了适用于"乌拉圭回合"各项协议下可能产生的争端的一套统一规则，涉及 GATT、《世界贸易组织协议》本身及其后所附全部货物贸易协议、GATS 和《TRIPS 协定》。新规则保留了 GATT 体制中的核心内容，但更为详细。

一、争端解决机构

1. 争端解决机构。世界贸易组织争端解决机制由"争端解决机构（简称 DSB）"负责监督。DSB 组织是世界贸易组织总理事会以不同名义召开的会议。DSB 主席通常与总理事会主席不是一个人。DSB 有权成立专家组，监督裁决和建议的执行。争端解决机构的主要职能包括以下几个方面：（1）接受成员方的申诉请求，成立专家组并审议通过其有关报告；（2）接受成员方的上诉请求，组建上诉机构并通过其报告；（3）监督裁决和建议的履行；（4）当败诉方不履行义务时，授权申诉方中止对败诉方的各项减让和其他义务。

2. 专家组。专家组由 DSB 设立，承担一项具体的任务，任务完成后解散。专家组成员是"完全合格的政府或非政府个人"。

秘书处负责任命专家组成员。**专家组应该按照在文件中提交的 DSB 处理的事项，并提出调查以协助 DSB 提出该协议所规定的建议或裁决。**专家组要评估案件的事实，及有关协议实施的程度。最终形成双方满意的解决办法。

3. 上诉机构。该谅解允许争端各方对专家组报告进行上诉，但仅限于专家组报告中有关法律问题和专家组详述的法律解释。上诉案件由上诉机构 7 名成员中的 3 名进行审议。上诉机构可以维持、修改或撤销专家组的法律调查结论，上诉机构的报告一旦经 DSB 通过，争端各方就必须无条件接受。

二、争端解决程序

当争端发生时，争端方也可以求助于仲裁，但必须接受仲裁结果。除仲裁外，另一种不使用专家组和上诉程序的办法是请求第三方进行斡旋、调解和调停。总干事可以在其职权范围内提供斡旋、调解和调停。如争端涉及的最不发达国家提出请求，则总干事要与 DSB 主席一起提供帮助。新的争端解决规则重申，有可能邀请总干事在涉及发展中国家的任何争端中进行斡旋，斡旋采用 GATT 在 1996 年制定的程序。

世界贸易组织争端解决的总的时限，从专家组设立到 DSB 通过报告不能超过 9 个月，除非争端各方另有议定。如报告被上诉，最长的时限可以延长至 12

> 注意：
> 专家不能从涉及审议中的争端国家中选择，且如果争端涉及一个发展中国家，该国家可以要求专家组成员至少有一名来自发展中国家的专家。

个月，以便给出上诉程序需要的时间。

世界贸易组织争端从磋商、设立专家组到上诉的正常程序如下：

1. 磋商。受损害的成员要求磋商，另一成员应在 10 天内答复，并在 30 天内开始磋商，磋商要通知 DSB。

2. 设立专家组。如有关成员在 10 天内对磋商请求未能作出答复，或磋商未能在 60 天后获得成功，那么受损害的成员可以要求 DSB 设立专家组。专家组应在不迟于 DSB 审议此项请求的第二次会议上设立，第二次会议应在提出开会请求后 15 天内举行。专家组应在设立后 30 天内组成，即选择组成人员。

3. 专家组程序。

（1）专家组在组成一周内确定时间表；

（2）争端各方向专家组提交有关案件事实和论据的陈述；

（3）在专家组第一次实质性会议上，起诉方陈述案情，应诉方进行辩护，其他有利害关系成员陈述其意见，专家组成员可以提出问题，要求进行澄清；

（4）在专家组第二次实质会议上，先是应诉方，然后是起诉方进行正式反驳，专家组成员可以提出问题，要求澄清；

（5）如有必要，专家组可以咨询专家或专家审议小组，专家审议小组就科学或技术问题提出报告；

（6）专家组将其报告中有关事实和论据的部分提交争端各方，给予各方两周时间提出意见；

（7）专家组提交中期报告，包括调查结果和结论。争端各方可在一周内提出进行审议的请求。如果请求进行审议，那么审议不能超过两周，包括可能与各方举行另外的会议；

（8）专家组向各方提交最终报告。3 周后，报告散发全体世界贸易组织成员。如应诉方的措施被认定不符合世界贸易组织有关协议，那么专家组应提出建议，使这一措施符合协议，还可以建议如何操作。

4. 通过报告。DSB 在报告提交 60 天内通过报告，除非一方提出上诉，或经协商一致决定不通过报告。报告的通过只能在 20 天后。成员必须在 DSB 审议报告的会议召开前，提交书面反对意见。

5. 上诉机构审议。如要求上诉，这一程序不能超过 60 天，最多可以 90 天。上诉机构的报告应在发出后 30 天内经 DSB 通过，除非经协商一致决定不这样做，争端各方应无条件的接受报告。

6. 执行。有关争端方必须在有关报告通过后 30 天内举行的 DSB 会议上，说明其执行专家组或上诉机构建议的意图。如果立即执行建议不可行，那么应确定执行建议的合理时限；如该成员未能在这一时限采取措施，那么起诉方可以要求与其进行磋商，以便确定双方可以接受的补偿。

如在 20 天内未能议定满意的补偿，那么起诉方可以要求 DSB 授权其对另一方暂停减让或义务的实施。除经协商一致不同意这一请求，否则 DSB 应在合理时限结束前 60 天内完成，仲裁人的决定是最终的。

DSB 监督其通过的裁决和建议的执行，案件在未解决前，仍保留在 DSB 的议事日程上。

提示   争端解决各阶段时间表

磋商、调解等　60 天
设立专家组并任命其成员　45 天
最终报告提交各方　6 个月
最终报告提交 WTO 成员　3 个星期
争端解决机构通过报告（如无上诉）　60 天
总计（如无上诉）　1 年
上诉机构报告　60～90 天
争端解决机构通过上诉机构报告　30 天
总计（如上诉）　1 年零 3 个月

本章知识结构图

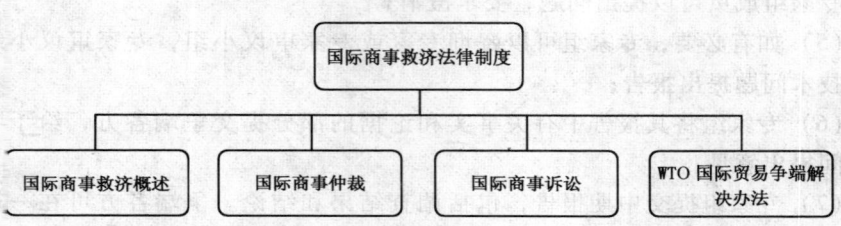

思考练习题

一、选择题

1. 国际商事争议解决的"非司法方法"主要有（　　）。
   A. 协商　　　　　　　　　　B. 调解
   C. 仲裁　　　　　　　　　　D. 诉讼

2. 《国际商事仲裁示范法》中的"非契约性法律关系"是指（　　）。
   A. 海上船舶碰撞　　　　　　B. 国际产品责任
   C. 环境污染　　　　　　　　D. 侵犯知识产权

3. 我国涉外民事诉讼管辖权的特别原则包括：（　　）。
   A. 原告选择的管辖　　　　　B. 协议管辖
   C. 专属管辖　　　　　　　　D. 指定管辖

二、判断题

1. 在西方国家，无论是诉讼还是仲裁，一旦程序开始，都采取调解程序。
（　　）

2. WTO 专家组成员是"完全合格的非政府个人"。（   ）
3. 国际货物买卖合同争议的诉讼时效为 5 年。（   ）

三、简答题

1. 我国《仲裁法》规定仲裁员回避的情形有哪些？
2. 我国《民事诉讼法》规定，人民法院对在我国领域内没有住所的当事人送达诉讼文书的方式有哪些？
3. WTO 争端解决机构的主要职能有哪些？

案例分析题

1. 2001 年，胶州某建筑装潢公司与青岛某饭店签订了装饰装修合同。合同履行后，饭店以装修质量低劣为由拒绝付款。在多次协商未果的情况下，装潢公司依据合同约定，向青岛仲裁委员会提请仲裁。青岛仲裁委员会受理此案后，依据《仲裁规则》和当事人双方的约定，组成了合议庭审理此案。开庭后，装潢公司发现仲裁庭的一名仲裁员与饭店的代理人曾经是同事，认为这可能影响本案的公正裁决。

[问题] 什么是回避制度？如果装潢公司向青岛仲裁委员会提出了仲裁员回避申请，能否被批准？

[分析提示] 回避制度是指仲裁员遇到法律规定的回避事由时，退出对某一具体案件的仲裁活动的制度。这是为保证案件公正裁决而设置的制度。作为仲裁活动的基本制度之一，已逐渐成为一种国际惯例，在国际商事仲裁以及各国的仲裁活动中得到普遍的确认和施行。它对于保证仲裁活动的公正合理，避免不公正的裁决，消除当事人不必要的疑虑，树立仲裁机构的威信，具有重要作用。

我国《仲裁法》第三十四至三十八条明确规定了仲裁员回避的事由、程序等事宜。具体回避事由主要有四种情况：是本案当事人或者当事人、代理人的近亲属；与本案有利害关系；与本案当事人、代理人有其他关系，可能影响公正裁决的；私自会见当事人、代理人，或者接受当事人、代理人请客送礼的。上述案件就涉及第三条回避事由。同时，仲裁法还规定，当事人提出回避申请，应当说明理由，在首次开庭前提出；回避事由在首次开庭后知道的，可以在最后一次开庭终结前提出。仲裁员是否回避，还要在查明情况的前提下，由仲裁委员会主任决定；仲裁委员会主任担任仲裁员时的回避，由仲裁委员会全体会议决定。装潢公司向青岛仲裁委员会提出了仲裁员回避申请，符合仲裁法的规定，依法会得到批准。

2. 2006 年 2 月 20 日，我国甲公司向日本乙公司发出要约愿以每台 400 美元的价格按照 CIF 天津价格条件购买电冰箱 3000 台，总价值 120 万美元。2006 年 2 月 22 日，日本乙公司接到我国甲公司发出的要约，2 月 23 日，日本乙公司将 3000 台电冰箱交给日本环球货运公司装船运输，但日本环球货运公司发现其中有500台电冰箱包装破损,准备签发不清洁提单。但日本乙公司为从日本环球货运公司处拿到清洁提单,在其签发提单前,向日本环球货运公司出具了承担赔偿责任的保函,承运人日本环球货运公司遂给乙公司签发了清洁提单。乙公司持清洁提单按信用证结汇,中国甲公司于2006年3月1日收到货物,发现500台电冰箱有严重质量问题,于是向承运人日本环球货运公司索赔。

(资料来源:张成武等编:《国际商法》,上海财经大学出版社2007年版。)

[问题]

(1) 案例中的承运人应否承担责任?

(2) 如果甲公司向乙公司索赔,你认为索赔能否成立?

[分析提示]

(1) 承运人应当承担责任。承运人是否应承担责任,取决于承运人和收货人的法律关系。二者的关系由提单来确定。承运人签发清洁提单,说明货物表面状况良好。根据《中华人民共和国海商法》,提单是承运人已经按照提单所载状况收到货物或者货物已装船的初步证据;对于承运人向收货人提出的与提单所载状况不符的证据,不予承认。承运人有妥善、谨慎地保管货物的义务。货物和提单不符,承运人应当负责。

(2) 甲公司直接向乙公司索赔不能成立。甲公司和乙公司的关系,依买卖合同确定。甲公司向乙公司索赔,必须证明乙公司没有适当履行合同义务。但是根据清洁提单,可以从法律上推定包装破损造成的货损不是乙公司造成的,而是承运人造成的。因此,直接向乙公司索赔不能成立。甲公司应该向承运人索赔。

附 录

附一

联合国国际货物销售合同公约

（1980年4月11日订于维也纳）

本公约各缔约国，铭记联合国大会第六届特别会议通过的关于建立新的国际经济秩序的各项决议的广泛目标，考虑到在平等互利基础上发展国际贸易是促进各国间友好关系的一个重要因素，认为采用照顾到不同的社会、经济和法律制度的国际货物销售合同统一规则，将有助于减少国际贸易的法律障碍，促进国际贸易的发展，兹协议如下：

第一部分　适用范围和总则

第一章　适用范围

第一条
（1）本公约适用于营业地在不同国家的当事人之间所订立的货物销售合同：
（a）如果这些国家是缔约国；或
（b）如果国际私法规则导致适用某一缔约国的法律。
（2）当事人营业地在不同国家的事实，如果从合同或从订立合同前任何时候或订立合同时，当事人之间的任何交易或当事人透露的情报均看不出，应不予考虑。
（3）在确定本公约的适用时，当事人的国籍和当事人或合同的民事或商业性质，应不予考虑。

第二条
本公约不适用于以下的销售：
（a）购供私人、家人或家庭使用的货物的销售，除非卖方在订立合同前任何时候或订立合同时不知道而且没有理由知道这些货物是购供任何这种使用；
（b）经由拍卖的销售；

(c) 根据法律执行令状或其他令状的销售；

(d) 公债、股票、投资证券、流通票据或货币的销售；

(e) 船舶、船只、气垫船或飞机的销售；

(f) 电力的销售。

第三条

(1) 供应尚待制造或生产的货物的合同应视为销售合同，除非订购货物的当事人保证供应这种制造或生产所需的大部分重要材料。

(2) 本公约不适用于供应货物一方的绝大部分义务在于供应劳力或其他服务的合同。

第四条 本公约只适用于销售合同的订立和卖方和买方因此种合同而产生的权利和义务。特别是，本公约除非另有明文规定，与以下事项无关：

(a) 合同的效力，或其任何条款的效力，或任何惯例的效力；

(b) 合同对所售货物所有权可能产生的影响。

第五条 本公约不适用于卖方对于货物对任何人所造成的死亡或伤害的责任。

第六条 双方当事人可以不适用本公约，或在第十二条的条件下，减损本公约的任何规定或改变其效力。

第二章 总 则

第七条

(1) 在解释本公约时，应考虑到本公约的国际性质和促进其适用的统一以及在国际贸易上遵守诚信的需要。

(2) 凡本公约未明确解决的属于本公约范围的问题，应按照本公约所依据的一般原则来解决，在没有一般原则的情况下，则应按照国际私法规定适用的法律来解决。

第八条

(1) 为本公约的目的，一方当事人所作的声明和其他行为，应依照他的意旨解释，如果另一方当事人已知道或者不可能不知道此一意旨。

(2) 如果上一款的规定不适用，当事人所作的声明和其他行为，应按照一个与另一方当事人同等资格、通情达理的人处于相同情况中，应有的理解来解释。

(3) 在确定一方当事人的意旨或一个通情达理的人应有的理解时，应适当地考虑到与事实有关的一切情况，包括谈判情形、当事人之间确立的任何习惯做法、惯例和当事人其后的任何行为。

第九条

(1) 双方当事人业已同意的任何惯例和他们之间确立的任何习惯做法，对双方当事人均有约束力。

(2) 除非另有协议，双方当事人应视为已默示地同意对他们的合同或合同的订立适用双方当事人已知道或理应知道的惯例，而这种惯例，在国际贸易上，已为有关特定贸易所涉同类合同的当事人所广泛知道，并为他们所经常遵守。

第十条 为本公约的目的：

(1) 如果当事人有一个以上的营业地，则以与合同及合同的履行关系最密切的营业地为其营业地，但要考虑到双方当事人在订立合同前任何时候或订立合同时所知道或所设想的情况；

（2）如果当事人没有营业地，则以其惯常居住地为准。

第十一条　销售合同无须以书面订立或书面证明，在形式方面也不受任何其他条件的限制。销售合同可以用包括人证在内的任何方法证明。

第十二条　本公约第十一条、第二十九条或第二部分准许销售合同或其更改或根据协议终止，或者任何发价、接受或其他意旨表示得以书面以外任何形式作出的任何规定不适用，如果任何一方当事人的营业地是在已按照本公约第九十六条作出了声明的一个缔约国内，各当事人不得减损本条或改变其效力。

第十三条　为本公约的目的，"书面"包括电报和电传。

第二部分　合同的订立

第十四条

（1）向一个或一个以上特定的人提出的订立合同的建议，如果十分确定并且表明发价人在得到接受时承受约束的意旨，即构成发价。一个建议如果写明货物并且明示或暗示地规定数量和价格或规定如何确定数量和价格，即为十分确定。

（2）非向一个或一个以上特定的人提出的建议，仅应视为邀请作出发价，除非提出建议的人明确地表示相反的意向。

第十五条

（1）发价于送达被发价人时生效。

（2）一项发价，即使是不可撤销的，得予撤回，如果撤回通知于发价送达被发价人之前或同时，送达被发价人。

第十六条

（1）在未订立合同之前，发价得予撤销，如果撤销通知于被发价人发出接受通知之前送达被发价人。

（2）但在下列情况下，发价不得撤销：

（a）发价写明接受发价的期限或以其他方式表示发价是不可撤销的；或

（b）被发价人有理由信赖该项发价是不可撤销的，而且被发价人以本着对该项发价的信赖行事。

第十七条　一项发价，即使是不可撤销的，于拒绝通知送达发价人时终止。

第十八条

（1）被发价人声明或作出其他行为表示同意一项发价，即是接受，缄默或不行动本身不等于接受。

（2）接受发价于表示同意的通知送达发价人时生效。如果表示同意的通知在发价人所规定的时间内，如未规定时间，在一段合理的时间内，未曾送达发价人，接受就成为无效，但须适当地考虑到交易的情况，包括发价人所使用的通讯方法的迅速程序。对口头发价必须立即接受，但情况有别者不在此限。

（3）但是，如果根据该项发价或依照当事人之间确立的习惯做法和惯例，被发价人可以做出某种行为，例如与发运货物或支付价款有关的行为，来表示同意，而无须向发价人发出通知，则接受于该项行为作出时生效，但该项行为必须在上一款所规定的期间内作出。

第十九条

（1）对发价表示接受但载有添加、限制或其他更改的答复，即为拒绝该项发价，并构成还价。

（2）但是，对发价表示接受但载有添加或不同条件的答复，如所载的添加或不同条件在实质上并不变更该项发价的条件，除发价人在不过分迟延的期间内以口头或书面通知反对其间的差异外，仍构成接受。如果发价人不做出这种反对，合同的条件就以该项发价的条件以及接受通知内所载的更改为准。

（3）有关货物价格、付款、货物质量和数量、交货地点和时间、一方当事人对另一方当事人的赔偿责任范围或解决争端等等的添加或不同条件，均视为在实质上变更发价的条件。

第二十条

（1）发价人在电报或信件内规定的接受期间，从电报交发时刻或信上载明的发信日期起算，如信上未载明发信日期，则从信封上所载日期起算。发价人以电话、电传或其他快速通讯方法规定的接受期间，从发价送达被发价人时起算。

（2）在计算接受期间时，接受期间内的正式假日或非营业日应计算在内。但是，如果接受通知在接受期间的最后一天未能送到发价人地址，因为那天在发价人营业地是正式假日或非营业日，则接受期间应顺延至下一个营业日。

第二十一条

（1）逾期接受仍有接受的效力，如果发价人毫不迟延地用口头或书面将此种意见通知被发价人。

（2）如果载有逾期接受的信件或其他书面文件表明，它是在传递正常、能及时送达发价人的情况下寄发的，则该项逾期接受具有接受的效力，除非发价人毫不迟延地用口头或书面通知被发价人：他认为他的发价已经失效。

第二十二条　接受得予撤回，如果撤回通知于接受原应生效之前或同时，送达发价人。

第二十三条　合同于按照本公约规定对发价的接受生效时订立。

第二十四条　为公约本部分的目的，发价、接受声明或任何其他意旨表示"送达"对方，系指用口头通知对方或通过任何其他方法送交对方本人，或其营业地或通讯地址，如无营业地或通讯地址，则送交对方惯常居住地。

第三部分　货物销售

第一章　总　　则

第二十五条　一方当事人违反合同的结果，如使另一方当事人蒙受损害，以致于实际上剥夺了他根据合同规定有权期待得到的东西，即为根本违反合同，除非违反合同一方并不预知而且一个同等资格、通情达理的人处于相同情况中也没有理由预知会发生这种结果。

第二十六条　宣告合同无效的声明，必须向另一方当事人发出通知，方始有效。

第二十七条　除非公约本部分另有明文规定，当事人按照本部分的规定，以适合情况的方法发出任何通知、要求或其他通知后，这种通知如在传递上发生耽搁或错误，或者未能到达，并不使该当事人丧失依靠该项通知的权利。

第二十八条 如果按照本公约的规定,一方当事人有权要求另一方当事人履行某一义务,法院有义务作出判决,要求具体履行此一义务,除非法院依照其本身的法律对不属本公约范围的类似销售合同愿意这样做。

第二十九条

(1) 合同只需双方当事人协议,就可更改或终止。

(2) 规定任何更改或根据协议终止必须作出书面合同,不得以任何其他方式更改或根据协议终止。但是,一方当事人的行为,如经另一方当事人寄以信赖,就不得坚持此项规定。

第二章 卖方的义务

第三十条 卖方必须按照合同和本公约的规定,交付货物,移交一切与货物有关的单据并转移货物所有权。

第一节 交付货物和移交单据

第三十一条 如果卖方没有义务要在任何其他特定地点交付货物,他的交货义务如下:

(1) 如果销售合同涉及货物的运输,卖方应把货物移交给第一承运人,以运交给买方;

(2) 在不属于上款规定的情况下,如果合同指的是特定货物或从特定存货中提取的或尚待制造或生产的未经特定化的货物,而双方当事人在订立合同时已知道这些货物是在某一特定地点,或将在某一特定地点制造或生产,卖方应在该地点把货物交给买方处置;

(3) 在其他情况下,卖方应在他于订立合同时的营业地把货物交给买方处置。

第三十二条

(1) 如果卖方按照合同或本公约的规定将货物交付给承运人,但货物没有以货物上加标记、或以装运单据或其他方式清楚地注明有关合同,卖方必须向买方发出列明货物的发货通知。

(2) 如果卖方有义务安排货物的运输,他必须订立必要的合同,以按照通常运输条件,用适合情况的运输工具,把货物运到指定地点。

(3) 如果卖方没有义务对货物的运输办理保险,他必须在买方提出要求时,向买方提供一切现有的必要资料,使他能够办理这种保险。

第三十三条 卖方必须按以下规定的日期交付货物:

(1) 如果合同规定有日期,或从合同可以确定日期,应在该日期交货;

(2) 如果合同规定有一段时间,或从合同可以确定一段时间,除非情况表明应由买方选定一个日期外,应在该段时间内任何时候交货;或者

(3) 在其他情况下,应在订立合同后一段合理时间内交货。

第三十四条 如果卖方有义务移交与货物有关的单据,他必须按照合同所规定的时间、地点和方式移交这些单据。如果卖方在那个时间以前已移交这些单据,他可以在那个时间到达前纠正单据中任何不符合合同规定的情形,但是,此一权利的行使不得使买方遭受不合理的不便或承担不合理的开支。但是,买方保留本公约所规定的要求损害赔偿的任何权利。

第二节 货物相符与第三方要求

第三十五条

（1）卖方交付的货物必须与合同所规定的数量、质量和规格相符，并须按照合同所规定的方式装箱或包装。

（2）除双方当事人业已另有协议外，货物除非符合以下规定，否则即为与合同不符：

（a）货物适用于同一规格货物通常使用的目的；

（b）货物适用于订立合同时曾明示或默示地通知卖方的任何特定目的，除非情况表明买方并不依赖卖方的技能和判断力，或者这种依赖对他是不合理的；

（c）货物的质量与卖方向买方提供的货物样品或样式相同；

（d）货物按照同类货物通用的方式装箱或包装，如果没有此种通用方式，则按照足以保全和保护货物的方式装箱或包装。

（3）如果买方在订立合同时知道或者不可能不知道货物不符合同，卖方就无须按上一款（a）项至（d）项负有此种不符合同的责任。

第三十六条

（1）卖方应按照合同和本公约的规定，对风险移转到买方时所存在的任何不符合同情形，负有责任，即使这种不符合同情形在该时间后方始明显。

（2）卖方对在上一款所述时间后发生的任何不符合同情形，也应负有责任，如果这种不符合同情形是由于卖方违反他的某项义务所致，包括违反关于在一段时间内货物将继续适用于其通常使用的目的或某种特定目的，或将保持某种特定质量或性质的任何保证。

第三十七条 如果卖方在交货日期前交付货物，他可以在那个日期到达前，交付任何缺漏部分或补足所交付货物的不足数量，或交付用以替换所交付不符合同规定的货物，或对所交付货物中任何不符合同规定的情形做出补救，但是，此一权利的行使不得使买方遭受不合理的不便或承担不合理的开支。但是，买方保留本公约所规定的要求损害赔偿的任何权利。

第三十八条

（1）买方必须在按情况实际可行的最短时间内检验货物或由他人检验货物。

（2）如果合同涉及到货物的运输，检验可推迟到货物到达目的地后进行。

（3）如果货物在运输途中改运或买方须再发运货物，没有合理机会加以检验，而卖方在订立合同时已知道或理应知道这种改运或再发运的可能性，检验可推迟到货物到达新目的地后进行。

第三十九条

（1）买方对货物不符合同，必须在发现或理应发现不符情形后一段合理时间内通知卖方，说明不符合同情形的性质，否则就丧失声称货物不符合同的权利。

（2）无论如何，如果买方不在实际收到货物之日起两年内将货物不符合同情形通知卖方，他就丧失声称货物不符合同的权利，除非这一时限与合同规定的保证期限不符。

第四十条 如果货物不符合同规定指的是卖方已知道或不可能不知道而又没有告知买方的一些事实，则卖方无权援引第三十八条和第三十九条的规定。

第四十一条 卖方所交付的货物，必须是第三方不能提出任何权利或要求的货物，除非买方同意在这种权利或要求的条件下，收取货物。但是，如果这种权利或要求是以工业产权或其他知识产权为基础的，卖方的义务应依照第四十二条的规定。

第四十二条

（1）卖方所交付的货物，必须是第三方不能根据工业产权或其他知识产权主张任何权利或要求的货物，但以卖方在订立合同时已知道或不可能不知道的权利或要求为限，而且这种权利或要求根据以下国家的法律规定是以工业产权或其他知识产权为基础的：

（a）如果双方当事人在订立合同时预期货物将在某一国境内转售或做其他使用，则根据货物将在其境内转售或做其他使用的国家的法律；或者

（b）在任何其他情况下，根据买方营业地所在国家的法律。

（2）卖方在上一款中的义务不适用于以下情况：

（a）买方在订立合同时已知道或不可能不知道此项权利或要求；或者

（b）此项权利或要求的发生，是由于卖方要遵照买方所提供的技术图样、图案、程式或其他规格。

第四十三条

（1）买方如果不在已知道或理应知道第三方的权利或要求后一段合理时间内，将此一权利或要求的性质通知卖方，就丧失援引第四十一条或第四十二条规定的权利。

（2）卖方如果知道第三方的权利或要求以及此一权利或要求的性质，就无权援引上一款的规定。

第四十四条　尽管有第三十九条第（1）款和第四十三条第（1）款的规定，买方如果对他未发出所需的通知具备合理的理由，仍可按照第五十条规定减低价格，或要求利润损失以外的损害赔偿。

第三节　卖方违反合同的补救办法

第四十五条

（1）如果卖方不履行他在合同和本公约中的任何义务，买方可以：

（a）行使第四十六条至第五十二条所规定的权利；

（b）按照第七十四条至第七十七条的规定，要求损害赔偿。

（2）买方可能享有的要求损害赔偿的任何权利，不因他行使采取其他补救办法的权利而丧失。

（3）如果买方对违反合同采取某种补救办法，法院或仲裁庭不得给予卖方宽限期。

第四十六条

（1）买方可以要求卖方履行义务，除非买方已采取与此一要求相抵触的某种补救办法。

（2）如果货物不符合同，买方只有在此种不符合同情形构成根本违反合同时，才可以要求交付替代货物，而且关于替代货物的要求，必须与依照第三十九条发出的通知同时提出，或者在该项通知发出后一段合理时间内提出。

（3）如果货物不符合同，买方可以要求卖方通过修理对不符合同之处做出补救，除非他考虑了所有情况之后，认为这样做是不合理的。修理的要求必须与依照第三十九条发出的通知同时提出，或者在该项通知发出后一段合理时间内提出。

第四十七条

（1）买方可以规定一段合理时限的额外时间，让卖方履行其义务。

（2）除非买方收到卖方的通知，声称他将不在所规定的时间内履行义务，买方在这段时间内不得对违反合同采取任何补救办法。但是，买方并不因此丧失他对迟延履行义务可能享有的要求损害赔偿的任何权利。

第四十八条

（1）在第四十九条的条件下，卖方即使在交货日期之后，仍可自付费用，对任何不履行义务做出补救，但这种补救不得造成不合理的迟延，也不得使买方遭受不合理的不便，或无法确定卖方是否将偿付买方预付的费用。但是，买方保留本公约所规定的要求损害赔偿的任何权利。

（2）如果卖方要求买方表明他是否接受卖方履行义务，而买方不在一段合理时间内对此一要求作出答复，则卖方可以按其要求中所指明的时间履行义务。买方不得在该段时间内采取与卖方履行义务相抵触的任何补救办法。

（3）卖方表明他将在某一特定时间内履行义务的通知，应视为包括根据上一款规定要买方表明决定的要求在内。

（4）卖方按照本条第（2）和第（3）款做出的要求或通知，必须在买方收到后，始生效力。

第四十九条

（1）买方在以下情况下可以宣告合同无效：

（a）卖方不履行其在合同或本公约中的任何义务，等于根本违反合同；或

（b）如果发生不交货的情况，卖方不在买方按照第四十七条第（1）款规定的额外时间内交付货物，或卖方声明他将不在所规定的时间内交付货物。

（2）但是，如果卖方已交付货物，买方就丧失宣告合同无效的权利，除非：

（a）对于迟延交货，他在知道交货后一段合理时间内这样做；

（b）对于迟延交货以外的任何违反合同事情：

（一）他在已知道或理应知道这种违反合同后一段合理时间内这样做；或

（二）他在买方按照第四十七条第（1）款规定的任何额外时间满期后，或在卖方声明他将不在这一额外时间履行义务后一段合理时间内这样做；或

（三）他在卖方按照第四十八条第（2）款指明的任何额外时间满期后，或在买方声明他将不接受卖方履行义务后一段合理时间内这样做。

第五十条 如果货物不符合同，不论价款是否已付，买方都可以减低价格，减价按实际交付的货物在交货时的价值与符合合同的货物在当时的价值两者之间的比例计算。但是，如果卖方按照第三十七条或第四十八条的规定对任何不履行义务做出补救，或者买方拒绝接受卖方按照该两条规定履行义务，则买方不得减低价格。

第五十一条

（1）如果卖方只交付一部分货物，或者交付的货物中只有一部分符合合同规定，第四十六条至第五十条的规定适用于缺漏部分及不符合同规定部分的货物。

（2）买方只有在完全不交付货物或不按照合同规定交付货物等于根本违反合同时，才可以宣告整个合同无效。

第五十二条

（1）如果卖方在规定的日期前交付货物，买方可以收取货物，也可以拒绝收取货物。

（2）如果卖方交付的货物数量大于合同规定的数量，买方可以收取也可以拒绝收取多交部分的货物。如果买方收取多交部分货物的全部或一部分，他必须按合同价格付款。

第三章 买方的义务

第五十三条 买方必须按照合同和本公约规定支付货物价款和收取货物。

第一节 支付价款

第五十四条 买方支付价款的义务包括根据合同或任何有关法律和规章规定的步骤和手续，以便支付价款。

第五十五条 如果合同已有效的订立，但没有明示或暗示地规定价格或规定如何确定价格，在没有任何相反表示的情况下，双方当事人应视为已默示地引用订立合同时此种货物在有关贸易的类似情况下销售的通常价格。

第五十六条 如果价格是按货物的重量规定的，如有疑问，应按净重确定。

第五十七条

（1）如果买方没有义务在任何其他特定地点支付价款，他必须在以下地点向卖方支付价款：

（a）卖方的营业地；或者

（b）如凭移交货物或单据支付价款，则为移交货物或单据的地点。

（2）卖方必须承担因其营业地在订立合同后发生变动而增加的支付方面的有关费用。

第五十八条

（1）如果买方没有义务在任何其他特定时间内支付价款，他必须于卖方按照合同和本公约规定将货物或控制货物处置权的单据交给买方处置时支付价款。卖方可以支付价款作为移交货物或单据的条件。

（2）如果合同涉及货物的运输，卖方可以在支付价款后方可把货物或控制货物处置权的单据移交给买方作为发运货物的条件。

（3）买方在未有机会检验货物前，无义务支付价款，除非这种机会与双方当事人议定的交货或支付程序相抵触。

第五十九条 买方必须按合同和本公约规定的日期或从合同和本公约可以确定的日期支付价款，而无需卖方提出任何要求或办理任何手续。

第二节 收取货物

第六十条 买方收取货物的义务如下：

采取一切理应采取的行动，以期卖方能交付货物和接收货物。

第三节 买方违反合同的补救办法

第六十一条

（1）如果买方不履行他在合同和本公约中的任何义务，卖方可以：

（a）行使第六十二条至第六十五条所规定的权利；

（b）按照第七十四条至第七十七条的规定，要求损害赔偿。

（2）卖方可能享有的要求损害赔偿的任何权利，不因他行使采取其他补救办法的权利而丧失。

（3）如果卖方对违反合同采取某种补救办法，法院或仲裁庭不得给予买方宽限期。

第六十二条 卖方可以要求买方支付价款、收取货物或履行他的其他义务，除非卖方已采取与此一要求相抵触的某种补救办法。

第六十三条

（1）卖方可以规定一段合理时限的额外时间，让买方履行义务。

（2）除非卖方收到买方的通知，声称他将不在所规定的时间内履行义务，卖方不得在这段时间内对违反合同采取任何补救办法。但是，卖方并不因此丧失他对迟延履行义务可能享有的要求损害赔偿的任何权利。

第六十四条

（1）卖方在以下情况下可以宣告合同无效：

（a）买方不履行其在合同或本公约中的任何义务，等于根本违反合同；或

（b）买方不在卖方按照第六十三条第（1）款规定的额外时间内履行支付价款的义务或收取货物，或买方声明他将不在所规定的时间内这样做。

（2）但是，如果买方已支付价款，卖方就丧失宣告合同无效的权利，除非：

（a）对于买方迟延履行义务，他在知道买方履行义务前这样做；或者

（b）对于买方迟延履行义务以外的任何违反合同事情：

（一）他在已知道或理应知道这种违反合同后一段合理时间内这样做；或

（二）他在卖方按照第六十三条第（1）款规定的任何额外时间满期后或在买方声明他将不在这一额外时间内履行义务后一段合理时间内这样做。

第六十五条

（1）如果买方应根据合同规定订明货物的形状、大小或其他特征，而他在议定的日期或在收到卖方的要求后一段合理时间内没有订明这些规格，则卖方在不损害他可能享有的任何其他权利的情况下，可以依照他所知的买方的要求，自己订明规格。

（2）如果卖方自己订明规格，他必须把订明规格的细节通知买方，而且必须规定一段合理时间，让买方可以在该段时间内订出不同的规格。如果买方在收到这种通知后没有在该段时间内这样做，卖方所订的规格就具有约束力。

第四章 风 险 移 转

第六十六条 货物在风险移转到买方承担后遗失或损坏，买方支付价款的义务并不因此解除，除非这种遗失或损坏是由于卖方的行为或不行为所造成。

第六十七条

（1）如果销售合同涉及到货物的运输，但卖方没有义务在某一特定地点交付货物，自货物按照销售合同交付给第一承运人以转交给买方时起，风险就移转到买方承担。如果卖方有义务在某一特定地点把货物交付给承运人，在货物于该地点交付给承运人以前，风险不移转到买方承担。卖方受权保留控制货物处置权的单据，并不影响风险的移转。

（2）但是，在货物以货物上加标记、或以装运单据、或向买方发出通知或其他方式清楚地注明有关合同以前，风险不移转到买方承担。

第六十八条　对于在运输途中销售的货物，从订立合同时起，风险就移转到买方承担。但是，如果情况表明有此需要，从货物交付给签发载有运输合同单据的承运人时起，风险就由买方承担。尽管如此，如果卖方在订立合同时已知道或理应知道货物已经遗失或损坏，而他又不将这一事实告之买方，则这种遗失或损坏应由卖方负责。

第六十九条

（1）在不属于第六十七条和第六十八条规定的情况下，从买方接收货物时起，或如果买方不在适当时间内这样做，则从货物交给他处置但他不收取货物从而违反合同时起，风险移转到买方承担。

（2）但是，如果买方有义务在卖方营业地以外的某一地点接收货物，当交货时间已到而买方知道货物已在该地点交给他处置时，风险方始移转。

（3）如果合同指的是当时未加识别的货物，则这些货物在未清楚注明有关合同以前，不得视为已交给买方处置。

第七十条　如果卖方已根本违反合同，第六十七条、第六十八条和第六十九条的规定，不损害买方因此种违反合同而可以采取的各种补救办法。

第五章　卖方和买方义务的一般规定

第一节　预期违反合同和分批交货合同

第七十一条

（1）如果订立合同后，另一方当事人由于下列原因显然将不履行其大部分重要义务，一方当事人可以中止履行义务：

（a）他履行义务的能力或他的信用有严重缺陷；或

（b）他在准备履行合同或履行合同中的行为。

（2）如果卖方在上一款所述的理由明显化以前已将货物发运，他可以阻止将货物交给买方，即使买方持有其有权获得货物的单据。本款规定只与买方和卖方间对货物的权利有关。

（3）中止履行义务的一方当事人不论是在货物发运前还是发运后，都必须立即通知另一方当事人，如经另一方当事人对履行义务提供充分保证，则他必须继续履行义务。

第七十二条

（1）如果在履行合同日期之前，明显看出一方当事人将根本违反合同，另一方当事人可以宣告合同无效。

（2）如果时间许可，打算宣告合同无效的一方当事人必须向另一方当事人发出合理的通知，使他可以对履行义务提供充分保证。

（3）如果另一方当事人已声明他将不履行其义务，则上一款的规定不适用。

第七十三条

（1）对于分批交付货物的合同，如果一方当事人不履行对任何一批货物的义务，便对该批货物构成根本违反合同，则另一方当事人可以宣告合同对该批货物无效。

（2）如果一方当事人不履行对任何一批货物的义务，使另一方当事人有充分理由断定对今后各批货物将会发生根本违反合同，该另一方当事人可以在一段合理时间内宣告合同今后无效。

（3）买方宣告合同对任何一批货物的交付为无效时，可以同时宣告合同对已交付的或今后交付的各批货物均为无效，如果各批货物是互相依存的，不能单独用于双方当事人在订立合同时所设想的目的。

第二节　损害赔偿

第七十四条　一方当事人违反合同应付的损害赔偿额，应与另一方当事人因他违反合同而遭受的包括利润在内的损失额相等。这种损害赔偿不得超过违反合同一方在订立合同时，依照他当时已知道或理应知道的事实和情况，对违反合同预料到或理应预料到的可能损失。

第七十五条　如果合同被宣告无效，而在宣告无效后一段合理时间内，买方已以合理方式购买替代货物，或者卖方已以合理方式把货物转卖，则要求损害赔偿的一方可以取得合同价格和替代货物交易价格之间的差额以及按照第七十四条规定可以取得的任何其他损害赔偿。

第七十六条

（1）如果合同被宣告无效，而货物又有时价，要求损害赔偿的一方，如果没有根据第七十五条规定进行购买或转卖，则可以取得合同规定的价格和宣告合同无效时的时价之间的差额以及按照第七十四条规定可以取得的任何其他损害赔偿。但是，如果要求损害赔偿的一方在接收货物之后宣告合同无效，则应适用接收货物时的时价，而不适用宣告合同无效时的时价。

（2）为上一款的目的，时价指原应交付货物地点的现行价格，如果该地点没有时价，则指另一合理替代地点的价格，但应适当地考虑货物运费的差额。

第七十七条　声称另一方违反合同的一方，必须按情况采取合理措施，减轻由于该另一方违反合同而引起的损失，包括利润方面的损失。如果他不采取这种措施，违反合同一方可以要求从损害赔偿中扣除原可以减轻的损失数额。

第三节　利　　息

第七十八条　如果一方当事人没有支付价款或任何其他拖欠金额，另一方当事人有权对这些款额收取利息，但不妨碍要求按照第七十四条规定可以取得的损害赔偿。

第四节　免　　责

第七十九条

（1）当事人对不履行义务，不负责任，如果他能证明此种不履行义务，是由于某种非他所能控制的障碍，而且对于这种障碍，没有理由预期他在订立合同时能考虑到或能避免或克服它或它的后果。

（2）如果当事人不履行义务是由于他所雇用履行合同的全部或一部分规定的第三方不履行义务所致，该当事人只有在以下情况下才能免除责任：

（a）他按照上一款的规定应免除责任，和

（b）假如该项的规定也适用于他所雇用的人，这个人也同样会免除责任。

（3）本条所规定的免责对障碍存在的期间有效。

（4）不履行义务的一方必须将障碍及其对他履行义务能力的影响通知另一方。如果该项通知在不履行义务的一方已知道或理应知道此一障碍后一段合理时间内仍未为另一方收到，则他对由于另一方未收到通知而造成的损害应负赔偿责任。

（5）本条规定不妨碍任何一方行使本公约规定的要求损害赔偿以外的任何权利。

第八十条　一方当事人因其行为或不行为而使得另一方当事人不履行义务时，不得声称该另一方当事人不履行义务。

第五节　宣告合同无效的效果

第八十一条

（1）宣告合同无效解除了双方在合同中的义务，但应负责的任何损害赔偿仍应负责。宣告合同无效不影响合同关于解决争端的任何规定，也不影响合同中关于双方在宣告合同无效后权利和义务的任何其他规定。

（2）已全部或局部履行合同的一方，可以要求另一方归还他按照合同供应的货物或支付的价款，如果双方都须归还，他们必须同时这样做。

第八十二条

（1）买方如果不可能按实际收到货物的原状归还货物，他就丧失宣告合同无效或要求卖方交付替代货物的权利。

（2）上一款的规定不适用于以下情况：

（a）如果不可能归还货物或不可能按实际收到货物的原状归还货物，并非由于买方的行为或不行为所造成；或者

（b）如果货物或其中一部分的毁灭或变坏，是由于按照第三十八条规定进行检验所致；或者

（c）如果货物或其中一部分，在买方发现或理应发现与合同不符以前，已为买方在正常营业过程中售出，或在正常使用过程中消费或改变。

第八十三条　买方虽然依第八十二条规定丧失宣告合同无效或要求卖方交付替代货物的权利，但是根据合同和本公约规定，他仍保有采取一切其他补救办法的权利。

第八十四条

（1）如果卖方有义务归还价款，他必须同时从支付价款之日起支付价款利息。

（2）在以下情况下，买方必须向卖方说明他从货物或其中一部分得到的一切利益：

（a）如果他必须归还货物或其中一部分；或者

（b）如果他不可能归还全部或一部分货物，或不可能按实际收到货物的原状归还全部或一部分货物，但他已宣告合同无效或已要求卖方支付替代货物。

第六节　保全货物

第八十五条　如果买方推迟收取货物，或在支付价款和交付货物应同时履行时，买方没有支付价款，而卖方仍拥有这些货物或仍能控制这些货物的处置权，卖方必须按情况采取合理措施，以保全货物。他有权保有这些货物，直至买方把他所付的合理费用偿还他为止。

第八十六条

（1）如果买方已收到货物，但打算行使合同或本公约规定的任何权利，把货物退回，他必须按情况采取合理措施，以保全货物。他有权保有这些货物，直至卖方把他所付的合理

费用偿还给他为止。

（2）如果发运给买方的货物已到达目的地，并交给买方处置，而买方行使退货权利，则买方必须代表卖方收取货物，除非他这样做需要支付价款而且会使他遭受不合理的不便或需承担不合理的费用。如果卖方或受权代表他掌管货物的人也在目的地，则此一规定不适用。如果买方根据本款规定收取货物，他的权利和义务与上一款所规定的相同。

第八十七条　有义务采取措施以保全货物的一方当事人，可以把货物寄放在第三方的仓库，由另一方当事人担负费用，但该项费用必须合理。

第八十八条

（1）如果另一方当事人在收取货物或收回货物或支付价款或保全货物费用方面有不合理的迟延，按照第八十五条或第八十六条规定有义务保全货物的一方当事人，可以采取任何适当办法，把货物出售，但必须事前向另一方当事人发出合理的意向通知。

（2）如果货物易于迅速变坏，或者货物的保全牵涉到不合理的费用，则按照第八十五条或第八十六条规定有义务保全货物的一方当事人，必须采取合理措施，把货物出售，在可能的范围内，他必须把出售货物的打算通知另一方当事人。

（3）出售货物的一方当事人，有权从销售所得收入中扣回为保全货物和销售货物而付的合理费用。他必须向另一方当事人说明所余款项。

第四部分　最后条款

第八十九条　兹指定联合国秘书长为本公约保管人。

第九十条　本公约不优于业已缔结或可以缔结并载有与属于本公约范围内事项有关的条款的任何国际协定，但以双方当事人的营业地均在这种协定的缔约国内为限。

第九十一条

（1）本公约在联合国国际货物销售合同会议闭幕会议上开放签字，并在纽约联合国总部继续开放签字，直至1981年9月30日为止。

（2）本公约须经签字国批准、接受或核准。

（3）本公约从开放签字之日起开放给所有非签字国加入。

（4）批准书、接受书、核准书和加入书应送交联合国秘书长存放。

第九十二条

（1）缔约国可在签字、批准、接受、核准或加入时声明他不受本公约第二部分的约束或不受本公约第三部分的约束。

（2）按照上一款规定就本公约第二部分或第三部分作出声明的缔约国，在该声明适用的部分所规定事项上，不得视为本公约第一条第（1）款范围内的缔约国。

第九十三条

（1）如果缔约国具有两个或两个以上的领土单位，而依照该国宪法规定、各领土单位对本公约所规定的事项适用不同的法律制度，则该国得在签字、批准、接受、核准或加入时声明本公约适用于该国全部领土单位或仅适用于其中的一个或数个领土单位，并且可以随时提出另一声明来修改其所做的声明。

（2）此种声明应通知保管人，并且明确地说明适用本公约的领土单位。

（3）如果根据按本条做出的声明，本公约适用于缔约国的一个或数个但不是全部领土单位，而且一方当事人的营业地位于该缔约国内，则为本公约的目的，该营业地除非位于本公约适用的领土单位内，否则视为不在缔约国内。

（4）如果缔约国没有按照本条第（1）款做出声明，则本公约适用于该国所有领土单位。

第九十四条

（1）对属于本公约范围的事项具有相同或非常近似的法律规则的两个或两个以上的缔约国，可随时声明本公约不适用于营业地在这些缔约国内的当事人之间的销售合同，也不适用于这些合同的订立。此种声明可联合做出，也可以相互单方面声明的方式做出。

（2）对属于本公约范围的事项具有与一个或一个以上非缔约国相同或非常近似的法律规则的缔约国，可随时声明本公约不适用于营业地在这些非缔约国内的当事人之间的销售合同，也不适用于这些合同的订立。

（3）作为根据上一款所做声明对象的国家如果后来成为缔约国，这项声明从本公约对该新缔约国生效之日起，具有根据第（1）款所做声明的效力，但以该新缔约国加入这项声明，或做出相互单方面声明为限。

第九十五条 任何国家在交存其批准书、接受书、核准书或加入书时，可声明它不受本公约第一条第（1）款（b）项的约束。

第九十六条 本国法律规定销售合同必须以书面订立或书面证明的缔约国，可以随时按照第十二条的规定，声明本公约第十一条、第二十九条或第二部分准许销售合同或其更改或根据协议终止，或者任何发价、接受或其他意旨表示得以书面以外任何形式做出的任何规定不适用，如果任何一方当事人的营业地是在该缔约国内。

第九十七条

（1）根据本公约规定在签字时做出的声明，须在批准、接受或核准时加以确认。

（2）声明和声明的确认，应以书面提出，并应正式通知保管人。

（3）声明在本公约对有关国家开始生效时同时生效。但是，保管人于此种生效后收到正式通知的声明，应于保管人收到声明之日起6个月后的第1个月第1天生效。根据第九十四条规定做出的相互单方面声明，应于保管人收到最后一份声明之日起6个月后的第1个月第1天生效。

（4）根据本公约规定做出声明的任何国家可以随时用书面正式通知保管人撤回该项声明。此种撤回于保管人收到通知之日起6个月后的第1个月第1天生效。

（5）撤回根据第九十四条作出的声明，自撤回生效之日起，就会使另一国家根据该条所做的任何相互声明失效。

第九十八条 除本公约明文许可的保留外，不得作任何保留。

第九十九条

（1）在本条第（6）款规定的条件下，本公约在第10件批准书、接受书、核准书或加入书、包括载有根据第九十二条规定作出的声明的文书交存之日起12月后的第1个月第1天生效。

（2）在本条第（6）款规定的条件下，对于在第10件批准书、接受书、核准书或加入书交存后才批准、接受、核准或加入本公约的国家，本公约在该国交存其批准书、接受书、核准书或加入书之日起12个月后的第1个月第1天对该国生效，但不适用的部分除外。

（3）批准、接受、核准或加入本公约的国家，如果是1964年7月1日海牙签订的《关于国际货物销售合同的订立统一法公约》（《1964年海牙订立合同公约》）和1964年7月1日在海牙签订的《关于国际货物销售统一法的公约》（《1964年海牙货物销售公约》）中一项或两项公约的缔约国。应按情况同时通知荷兰政府声明退出《1964年海牙货物销售公约》或《1964年海牙订立合同公约》或退出该两公约。

（4）凡为《1964年海牙货物销售公约》缔约国并批准、接受、核准或加入本公约和根据第九十二条规定声明或业已声明不受本公约第二部分约束的国家，应于批准、接受、核准或加入时通知荷兰政府声明退出《1964年海牙货物销售公约》。

（5）凡为《1964年海牙订立合同公约》缔约国并批准、接受、核准或加入本公约和根据第九十二条规定声明或业已声明不受本公约第三部分约束的国家，应于批准、接受、核准或加入时通知荷兰政府声明退出《1964年海牙订立合同公约》。

（6）为本条的目的，《1964年海牙订立合同公约》或《1964年海牙货物销售公约》的缔约国的批准、接受、核准或加入本公约，应在这些国家按照规定退出该两公约生效后方始生效。本公约保管人应与1964年两公约的保管人荷兰政府进行协商，以确保在这方面进行必要的协调。

第一百条

（1）本公约适用于合同的订立，只要订立该合同的建议是在本公约对第一条第（1）款（a）项所指缔约国或第一条第（1）款（b）项所指缔约国生效之日或其后作出的。

（2）本公约只适用于在它对第一条第（1）款（a）项所指缔约国或第一条第（1）款（b）项所指缔约国生效之日或其后订立的合同。

第一百零一条

（1）缔约国可以用书面正式通知保管人声明退出本公约，或本公约第二部分或第三部分。

（2）退出于保管人收到通知12个月后的第1个月第1天起生效。凡通知内订明一段退出生效的更长时间，则退出于保管人收到通知后该段更长时间满时起生效。

1980年4月11日订于维也纳，正本1份，其阿拉伯文本、中文本、英文本、法文本、俄文本和西班牙文本都具有同等效力。

下列全权代表，经各自政府正式授权，在本公约上签字，以资证明。

＊ 本公约于1988年1月1日生效。

1981年9月30日中华人民共和国政府代表签署本公约，1986年12月11日交存核准书。核准书中载明，中国不受公约第一条第（1）款（D）、第十一条及与第十一条内容有关的规定的约束。《联合国国际货物销售合同公约》是联合国国际贸易法委员会（UNCITRAL）于1980年4月11日在维也纳召开的外交会议上通过的。该公约于1988年1月1日生效。截至1992年，批准加入和认可该公约的国家有34个，它们是：阿根廷①；澳大利亚、奥地利、保加利亚、白俄罗斯、加拿大⑧⑨；智利①；中国②＊；捷克斯洛伐克③；丹麦④⑤；埃及、芬兰④⑤；法国、德国⑦；几内亚、匈牙利①；伊拉克、意大利、莱索托、墨西哥、荷兰、挪威④⑤；波兰、罗马尼亚、新加坡、瑞典④⑤；瑞士、叙利亚、美国③；委内瑞拉、乌克兰①；俄罗斯①；南斯拉夫、赞比亚。

上述国别后之序号代表该国在加入公约时所作的声明和保留内容，具体如下：

①阿根廷、白俄罗斯苏维埃社会主义共和国、智利、匈牙利和乌克兰苏维埃社会主义共和国政府在批准该公约时根据公约第十二条和第九十六条规定声明，公约第十一条、第二十九条或第二部分任何条款凡准予以书面形式以外的任何形式签订销售合同或根据协议对其进行修改或予以终止，或进行报价、认可或表示意向者不适用于在它们各自国家内设有营业点的任何当事方。

②中国政府在认可公约时宣布，它不受第一条第（1）款（b）项和第十一条的约束，也不受公约内与第十一条内容有关的规定的约束。

③捷克政府和美国政府在批准公约时宣布，它们不受第一条第一款（b）项的约束。

④丹麦、芬兰、挪威和瑞典政府在批准公约时根据第九十二条第（1）款的规定宣布，它们不受公约第二部分（合同的订立）的约束。

⑤丹麦、芬兰、挪威和瑞典政府在批准公约时根据第九十四条第（1）款和第（2）款声明，公约不适用于营业地点设在丹麦、芬兰、瑞典、冰岛或挪威的当事方的销售合同。

⑥匈牙利政府在批准公约时声明，它认为经济互助委员会各成员国组织之间交货的共同条件应受公约第九十条规定的约束。

⑦德国政府在批准公约时宣布，对于已经声明不适用第一条第（1）款（b）项的任何国家，它将不适用第一条第（1）款（b）项。

⑧加拿大政府在加入该公约时宣布，根据该公约第九十三条，该公约不适用于艾伯塔、不列颠哥伦比亚、曼尼托巴、新不伦瑞克、纽芬兰、新斯科舍、安大略、爱德华太子岛和西北地区。

⑨加拿大政府在加入该公约时宣布，根据该公约第九十五条，就不列颠哥伦比亚而言，加拿大不受该公约第一条第（1）款（b）项的约束。

＊中国政府于1981年9月30日在公约上签字，并于1986年12月11日批准该公约。

附二

外商代理协议样本

本协议于___年___月___日在_____签订，协议双方为：

名称：_____
地址：_____
（下称甲方）
名称：_____
地址：_____
（下称乙方）
双方一致同意按下列条款签订本协议。

第1条 定义

1.1 产品:本协议中所称"产品",系指由甲方制造并以其商标销售的(产品名称)和随时经双方以书面同意的其他商品。

1.2 地区:本协议中所称"地区",系指_____国_____。

1.3 商标:本协议中所称"商标"系指_____(商标全称)。

第2条 委任及法律关系

2.1 委任:在本协议有效期内,甲方委任乙方作为其代理,以便在"地区"获致"产品"的订单。乙方愿意接受并承担此项委托。

2.2 法律关系:本协议给予乙方的权利和权力只限于给予一般代理的权利和权力,本协议不产生其他任何关系,或给予乙方以代表甲方或使甲方受其他任何协议约束的任何权利,特别是,本协议并不构成或委派乙方为甲方的代表,雇员或人。双方明确和理解并同意,在任何情况下,乙方可能遭受的任何损失,不论部分或全部,甲方均不承担责任。

2.3 指示:乙方应严格遵守甲方随时发来的指示。由于乙方超越或违背甲方指示而造成的任何索赔、债务和责任,乙方应设法保护甲方利益并赔偿甲方因此而遭受的损失。

第3条 甲方的责任

3.1 广告资料:中方应按实际成本向乙方提供合理数量的"产品"样品、样本、价目表、广告宣传用的小册子及其他有关"产品"推销的辅助资料。

3.2 支付推销:甲方应尽力支持乙方开展"产品"的推销;甲方不主动向乙方代理"地区"的其他客户发盘。

3.3 转介客户:除本协议另有规定外,如"地区"其他客户直接向甲方询价或订购,甲方应将该客户转介乙方联系。

3.4 价格:甲方提供乙方的"产品"价格资料,应尽可能保持稳定,如有变动应及时通知乙方,以利推销。

3.5 优惠条款:甲方提供乙方获致订单的条款是最优惠的。今后如甲方向"地区"其他客户销售"产品"而提供比本协议更有利条件时,甲方应立即以书面通知乙方,并向乙方提供比此项更有利的条件。

3.6 保证:甲方担保凡根据本协议出售的"产品"如经证实在出售时质量低劣,并经甲方认可,则甲方应予免费修复或调换。但此项免费修复或调换的保证,以"产品"在出售后未经变更或未经不正确地使用为限。除上述保证外,甲、乙双方均同意不提供任何其他保证。

第4条 乙方的责任

4.1 推销:乙方应积极促进"产品"的推销,获取订单,并保持一个有相当规模和足够能力的推销机构,以利"产品"在"地区"的业务顺利开展和扩大。

4.2 禁止竞争:乙方除得到甲方书面同意外,不应制造、购买、获取订单、或协助推销与本协议"产品"相同或类似的其他国家商品,或将本协议内"产品"转销其他国家和地区。

4.3 最低销售额:在本协议有效期间的第一个12个月内,乙方从"地区"客户获得的"产品"订单,总金额应不少于_____元。以后每12个月递增15%。

4.4 费用:在本协议有效期内,乙方应承担在"地区"推销和获取"产品"订单的全部费用,如电报费、旅费和其他费用,本协议另有规定者除外。

4.5 "产品"价格与条件:乙方保证按照甲方在本协议有效期内随时规定的价格和条件进行推销。在获取订单时,乙方应充分告知客户,甲方的销售确认书或合同内的一些条款以及任何订单均须经乙方确认接受后方为有效。乙方收到的"产品"订单,应立即转给甲方以便予以确认或拒绝。

4.6 督促履约:乙方应督促买户严格按照销售确认书或合同的各项条款履约,例如及时开立信用证等等。

4.7 市场情况报道:乙方应负责每月(或每季)向甲方提供书面的有关"产品"的市场报导,包括市场上同类产品的销售情况、价格、包装、推销方式、广告资料、客户的反应和意见等。如市场情况发生重大变化时,乙方应及时以电报通知甲方。

第5条 佣金

5.1 佣金率及支付方式:凡经乙方获得并经甲方确认的订单,甲方在收妥每笔交易全部货款后,将按发票净售价付给乙方百分之_____佣金。为了结算方便,佣金每月(季)汇付一次。如有退货,乙方应将有关佣金退还甲方。

5.2 计算基础:上述"发票净售价"系指甲方开出的"产品"发票上的总金额(或毛售价)减去下列费用后的金额,但以这些费用业经包括在毛售价之内者为限:
(1) 关税及货物税;
(2) 包装、运费和保险费;
(3) 商业折扣和数量折扣;
(4) 退货的货款;
(5) 延期付款利息;
(6) 乙方佣金。

5.3 甲方直接成交的业务:凡乙方"地区"的客户,虽已了解甲乙双方的贸易关系,或经甲方转介于乙方,但仍坚持与甲方直接交易,则甲方有权与之成交,保留百分之_____佣金予乙方,并将此项交易作为本协议第4.3款最低销售额的一部分。

如乙方"地区"的客户在中国访问期间(包括参加在中国举办的各种交易会)与甲方达成"产品"的交易,目的港为乙方代理"地区"者,甲方有权接受其订单,但不为乙方保留佣金,亦不计入上述最低销售额。

5.4 超额佣金:如乙方在本协议有效期内积极推销"产品"并超额完成年度最低销售额(按实际出运金额计算),甲方对超额部分除支付规定的佣金外,应另付乙方奖励佣金:
(1) 超额50%时,奖励佣金为百分之_____;(2) 超额100%及以上时,奖励佣金为百分之_____。奖励佣金在年度终了由甲方结算后一次汇付乙方。

第6条 协议有效期

本协议有效期为_____年,期满自动失效。如双方同意延续本协议,任何一方应在期满_____天前用书面通知对方以便相互确认。

第7条 协议的终止

7.1 终止:协议双方应认真负责地执行各项条款。在下列条件下,每一方得以书面通知另一方立即终止本协议或取消其中某一部分:
(1) 如一方未能履行本协议的任何一项义务,而此项违约在接到另一方书面要求纠正

的通知后_____天内又未能加以纠正；或

（2）如一方自动或被迫申请宣告破产，自动或被迫申请改组、清理、解散或对该方指定了产业管理人；

（3）如发生违反本协议第8条有关商标使用或注册的情况；

（4）如发生本协议第9条不可抗力事由，一方在超过_____天期限后仍无法履行其义务时。

7.2　终止的影响：本协议的终止并不解除双方按照本协议规定业已产生但未了结的任何债务。凡在协议终止前由于一方违约致使另一方遭受的损失，另一方仍有权提出索赔，不应受终止本协议的影响。

乙方特此声明：由于终止本协议而引起的损害，乙方放弃要求补偿或索赔，但终止本协议前甲方应付乙方的应得佣金仍应照付。

第8条　商标：甲方目前拥有和使用的商标、图案及其他标记，均属甲方产权，未经甲方特别以书面同意，乙方均不得直接或间接地、全部或部分地使用或注册。即使甲方特别以书面同意乙方按某种方式使用，但在本协议期满或终止时，此种使用应随即停止并取消。

关于上述权利，如发生任何争议或索赔，甲方有权立即单方面取消本协议，并且不承担由此而产生的任何责任。

第9条　不可抗力：任何一方由于人力不可抗拒事由，以致直接或间接地造成任何迟延或无法履行本协议全部或部分条款时，另一方不得提出索赔要求。此类事由包括：水灾、火灾、风灾、地震、海啸、雷击、疫病、战争、封锁、禁运、扣押、战争威胁、制裁、骚动、电力控制、禁止进口或出口、或其他非当事人所能控制的类似原因、或双方同意的其他特殊原因。

有关一方应在事故发生后_____天内以书面通知另一方，并提供当地有关机构的证明文件，证明不可抗力事故的存在。

第10条　仲裁：凡有关协议或执行本协议而发生的一切争执，双方应通过友好协商解决。如协商不能解决，双方同意提交中国国际经济贸易仲裁委员会按该会的仲裁规则进行仲裁。仲裁裁决是终局的，对双方都有约束力。任何一方不得再以诉讼或其他方式向法院或其他机构申请变更。仲裁费用由败诉一方负担，仲裁裁决另有规定者按照规定办理。

第11条　转让：要协议任何一方在未经征得另一方书面同意之前，不得将本协议规定的任何权利和义务转让给第三者。任何转让，未经另一方书面明确同意，均属无效。

第12条　协议生效及其他

12.1　生效日期：本协议自双方签字之日起立即生效。

12.2　未尽事宜：本协议如有未尽事宜须加补充或修改时，应以书面提出并经双方正式授权的代表签署后方能生效。

12.3　标题：本协议各项条款的标题仅为方便而设，不应限制或影响协议中任何条款的实质。

12.4　全部协议：本协议系双方关于本协议主题的全部协议和谅解。除本协议有明文规定者外，以前其他有关本协议主题的任何条件、声明或保证，不论是以书面或口头提出的，对双方都无约束力。

12.5　正式文本：本协议及附件以中文和英文缮就，每种文本有二正二副，签署后双方各执正副本各一份，两种文本具有同等效力。

12.6 政府贸易：本协议不适用于双方政府之间的贸易或甲方与乙方政府之间达成的交易，亦不适用于易货贸易或投标交易。

甲方： 乙方：
签字：_____ 签字：_____
全名：_____ 全名：_____
职称：_____ 职称：_____

附三

国际货物贸易合同

卖　方：_____
地　址：_____ 邮码：_____ 电话：_____
法定代表人：_____ 职务：_____
乙　方：_____
地　址：_____ 邮码：_____ 电话：_____
法定代表人：_____ 职务：_____

经卖买双方友好协商一致同意成交下列商品，订立条款如下，共同遵守：

1. 商品：_____
2. 规格：_____
3. 数量：_____
4. 单价：_____
5. 总价：U.S.D（大写：）_____
6. 包装：_____
7. 装运期：_____ 收到信用证后____天。
8. 装运口岸和目的地：从_____经____至_____。
9. 保险：_____
10. 付款条件：_____
   （1）买方须于____年__月__日前将保兑的、不可撤销的、可转让、可分割的即期信用证开到卖方。信用证议付有效期延至上列装运期后____天在_____到期。
   （2）买方须于签约后即付定金_____%。
11. 装船标记及交货条件：货运标记由卖方指定。
12. 注意：开立信用证时请注明合同编号号码。

卖方：_____
代表：_____
买方：_____

主要参考文献

1. 冯大同：《国际商法》，对外经济贸易大学出版社2007年版。
2. 冯大同：《国际贸易法》，北京大学出版社2005年版。
3. 张圣翠：《国际商法》，上海财经大学出版社2006年版。
4. 张成武、张宏伟、曹旭平：《国际商法》，上海财经大学出版社2007年版。
5. 张学森：《国际商法》，上海财经大学出版社2007年版。
6. 张月姣：《国际经贸法律评析与应用》，对外经济贸易大学出版社2007年版。
7. 王新建：《香港民商法实务与案例》，人民法院出版社2007年版。
8. 王传丽：《国际经济法案例评析》，中国政法大学出版社2007年版。
9. 王学先：《国际商事法》，大连理工大学出版社2007年版。
10. 王中、王晓菌：《外贸法律实务》，对外经济贸易大学出版社2007年版。
11. 孙国忠：《国际贸易实务》，机械工业出版社2006年版。
12. 孙金刚：《国际商法》，电子工业出版社2007年版。
13. 赵志泉：《国际商法》，四川大学出版社2006年版。
14. 赵中孚：《商法总论》，中国人民大学出版社2006年版。
15. 赵承壁：《国际货物买卖法》，对外经济贸易大学出版社2006年版。
16. 马力、黄辉：《新编国际商法》，立信会计出版社2007年版。
17. 杨良宜：《国际货物买卖法》，中国政法大学出版社2007年版。
18. 董安生：《英国商法》，法律出版社2006年版。
19. 陶凯元：《国际商法》，暨南大学出版社2007年版。
20. 史学稼、乔大：《国际商法》，清华大学出版社2006年版。
21. 彭真明、吕鹤云：《商务代理通论》，经济科学出版社2007年版。
22. 罗洁珍译：《法国民法典》，中国法制出版社2006年版。
23. 杜景、林卢语译：《德国属法集》，中国政法大学出版社2007年版。
24. 苏号明：《美国商法》，中国法制出版社2006年版。
25. 蒋志培：《网络与电子商务法》，法律出版社2007年版。
26. 李志慧：《金融法概论》，中国财政经济出版社2005年版。
27. 周临彬、任先行：《比较商法导论》，北京大学出版社2007年版。
28. 古国耀：《国际贸易结算》，暨南大学出版社2007年版。
29. 余劲松、吴志攀：《国际经济法》，北京大学出版社2005年版。
30. 金春：《国际商法》，北京大学出版社2007年版。